近代人文社会科学译著 2

熊月之 主编

上海科学技术文献出版社
Shanghai Scientific and Technological Literature Press

图书在版编目（CIP）数据

近代人文社会科学译著．2 / 熊月之主编．—上海：上海科学技术文献出版社，2021
ISBN 978-7-5439-7997-0

Ⅰ．①近…　Ⅱ．①熊…　Ⅲ．①社会科学—西方国家—近代—文集　Ⅳ．① C53

中国版本图书馆 CIP 数据核字（2021）第 016822 号

策划编辑：张　树
责任编辑：王　珺
封面设计：留白文化

近代人文社会科学译著．2
JINDAI RENWEN SHEHUI KEXUE YIZHU. 2
熊月之　主编
出版发行：上海科学技术文献出版社
地　　址：上海市长乐路 746 号
邮政编码：200040
经　　销：全国新华书店
印　　刷：常熟市人民印刷有限公司
开　　本：889mm×1194mm　1/32
印　　张：15
版　　次：2021 年 3 月第 1 版　2021 年 3 月第 1 次印刷
书　　号：ISBN 978-7-5439-7997-0
定　　价：148.00 元
http://www.sstlp.com

近代人文社會科學譯著選輯（1807—1919）序言

熊月之

一

人文社會科學，包含人文學科與社會科學兩類。〔一〕

〔一〕人文學科之所以稱『學科』而不稱『科學』，因爲通常所説的科學（science），主要指以物爲研究對象、可以通過實驗進行驗证的自然科學，而人文學科則以人爲研究對象，具有個別、私人、主觀性質，無法驗证。自然科學與人文學科處於比較的兩端，差异較大，而社會科學與自然科學之間，差异較小，且在取向、知識生產模式、研究方法等方面，較爲接近。人文學科與自然科學的區別，也表現在分析和解釋方向：自然科學從多樣性、特殊性、復雜性、偶然性走向統一性、一致性、簡單性和必然性；相反，人文學科則突出獨特性、意外性、復雜性和創造性。它們屬於不同的思維能力，使用不同的概念、不同的語言形式進行表達。自然科學是理性的產物，使用事實、規律、原因等概念，並通過客觀語言溝通信息；人文學科是想象的產物，使用現象與實在、命運與自由意志等概念。所以稱『學科』而不稱『科學』，更爲突出人文學科的特質。參見《簡明不列顛百科全書》（第6卷），北京：中國大百科全書出版社，1986年，第761頁；李醒民《知識的三大部類：自然科學、社會科學和人文學科》，《學術界》2012年第8期。

學科分類在不同歷史時期、不同語境下並不相同，標準、方法也見仁見智。近代以來，學術界逐漸傾向於將人類知識分爲三大部類，即自然科學、社會科學與人文學科。自然科學以自然即客觀的物質世界作爲研究對象，包括數學、物理學、化學、天文學、地學（地理學、地質學、氣象學）與生物學等；社會科學以人類社會作爲研究對象，涵蓋經濟學、政治學、法學、社會學、行政學、教育學、倫理學等；人文學科以人爲研究對象，探尋人的生存及其意義、人的價值及其實現，涉及語言學、文學、歷史學、哲學、藝術等。

本書選輯起止時間爲1807—1919年。

衆所周知，中國近代史的起止時間，亦即中國近代史的研究對象，是從1840—1949年，因爲這百餘年的中國，是相對完整的近代形態，是一個完整的歷史時期。但是，近代西方人文社會科學在中國翻譯、傳播的歷史，與中國近代歷史的進程並不完全同步。

首先，起步更早。1807年，基督教新教傳教士、英國人馬禮遜來到澳門，然後進入廣州，拉開新一輪西學傳播序幕。稍後英國傳教士米憐、德國傳教士郭實臘等，絡繹東來。他們在馬六甲、新加坡、巴達維亞等地，開學校，辦印刷所，在當地華僑中傳播西學。他們所出版的涉及人文社會科學知識的書籍雖然不很多，但這些西學知識，與鴉片戰爭以後傳入中國的西學知識屬於統一整體，也是後者之先聲。

其次，心態轉變也早。近代中國讀書人、思想界對於以歐美爲中心的西方人文社會科學，有個從仰視到平視的轉變過程，其轉折點便是第一次世界大戰。1914—1918年，發生在帝國主義國家之間的世界大戰，有三十多個國家、15億人口卷入，傷亡人員三千萬，經濟損失難計其數。這一殘酷現實，讓中國讀書人、思想界明白，西方科學並不萬能，人類社會的演變，並不總是沿着進步的方向直綫上昇。巴黎和會上西方列强對於中國主權的無視與陵鑠，更讓中國人明白，世界上並不存在什麽平等對待弱者的『公理』。這種世界性的倒退與不公，促使東西方有識之士更加深刻地思考人類的未來，更加理性地思考東西方文化的價值。此後，西方人文社會科學在中國讀書人、思想界那裏，盡管仍然是最爲重要的文化資源之一，但已從至高無上的峰頂跌落下來，成爲與東方文化等量齊觀的一端。

這是本書將下限斷爲1919年的主要原因。

二

在介紹近代西方人文社會科學在中國傳播之前，有必要先回溯一下明末清初那段時間這方面的情况。

明末清初，利瑪竇、艾儒略、南懷仁等耶穌會傳教士編寫、或與徐光啓、李之藻、楊廷筠等人合譯的一批西學書籍，其中有十多部較多涉及人文社會科學內容，如《西國記法》(1595)、《職方外紀》(1623)、《西學凡》(1623)、《靈言蠡勺》(1624)、《西儒耳目資》(1625)、《治平西學》(約1629)、《修身西學》(1630)、《名理探》(1631)、《童幼教育》(1632)、《西方問答》(1637)、《齊家西學》(崇禎年間)、《坤輿全圖》與《坤輿圖説》(1674)、《窮理學》(1683)等，這些書對歐洲的哲學、政治學、經濟學、教育學、文學、歷史學、地理學等方面的知識有所介紹。

比如，傅汎際和李之藻合譯《名理探》，介紹了『愛知學』即哲學的含義。南懷仁編《窮理學》，介紹邏輯學的功用，稱窮理學『爲百學之宗』，爲『訂非之磨勘，試真之礪石，萬藝之司衡，靈界之日光，明悟之眼目，義理之啓鑰，爲諸學之首需者也。』[一]高一志著《治平西學》，爲最早漢譯西方政治學著作，分别從王公、群臣、兆民的行爲準則，説明何者爲宜、何者應戒，還介紹了世界上的三種政體形式：『一曰一人且王之政；二曰數人且賢之政；三曰衆人且民之政是也。』[二]艾儒略譯《職方外紀》，對歐洲教育制度包括學制、課程設置、考試方式均有所介紹。高一志著《修身西學》，述及西方倫理學知識，包括修身目的、修身憑藉與修身方法，主旨在於指明人類通過修德以確保自身行動的善，從而獲得美好，達到幸福境界。天啓年間出版的《況義》，是《伊索寓言》在中國傳播的第一個譯本。

明末清初西方人文社會科學在中國的傳播，傳播主體是利瑪竇等傳教士，中國學者徐光啓等參與譯述潤色，所傳內容從總體上説，比較零碎，不成系統，所譯編成書籍印數較少，傳播範圍較小，很多內容只是在少量學者中流傳。但是，他們所傳許多知識，開啓了近代西學東漸的先河，如地圓説、五大洲説、腦主記憶説；所創譯的諸多名詞，也被近代沿用，如亞細亞、歐羅巴、大西洋、地中海、自鳴鐘、天主等。他們以『理學』翻譯哲學，一度被近代學者沿用。

［一］南懷仁：《進呈窮理學書奏》，徐宗澤：《明清間耶穌會士譯著提要》第192頁，中華書局，1989年。

［二］高一志：《治平西學》，載黄興濤、王國榮編《明清之際西學文本》第2册，中華書局，2013年，第614頁。

三

近代西方人文社會科學在中國翻譯、傳播的歷史，可以分爲五個階段，即1807—1842年、1843—1860年、1861—1900年、1901—1911年、1912—1919年。

第一階段，從1807年至1842年。

17世紀末18世紀初，因宗教禮儀問題，在清朝政府與羅馬教廷之間、中國耶穌會與羅馬教廷之間、耶穌會與其他天主教會之間，出現嚴重分歧。羅馬教廷要求在華天主教徒不得祭祖、不得拜孔。康熙皇帝表示，中國祭祖敬孔，不過是一種崇敬的禮節，並無宗教性質，如果來華西人，不能像利瑪竇那樣對祭祖敬孔持尊重態度，斷不準在中國居留、傳教。雙方交涉多次，不得要領。1717年（康熙五十六年），康熙皇帝下令禁止天主教在華活動。此後，天主教在華再次步入低谷。雍正、干隆等朝，又相繼頒佈禁止天主教的命令。1773年（干隆三十八年），因宗教内部紛争，羅馬教廷下令解散耶穌會，兩年後命令傳到中國，耶穌會正式解散。至此，自晚明開始在中國活動二百年的耶穌會，終於告一段落。西學傳播的細流亦因此截斷。

1807年，英國基督新教傳教士馬禮遜，受倫敦會委派，從英國經美國輾轉來到澳門，進入廣州，以後在廣州、澳門及南洋各地，進行傳教與西學傳播活動。稍後，英國傳教士米憐、楊威廉，美國傳教士裨爲仁、雅裨理、裨治文，德國傳教士郭實臘等，絡繹東來。他們在馬六甲、新加坡、巴達維亞等地，開學校，辦印刷所，出版《聖經》等宗教讀物，也在當地華僑中傳播西學。所出版的涉及人文社會科學方面的書籍有十來種，包括《生意公平聚益法》（1818）、《西游地球聞見略傳》（1819）、《地理便童略傳》（1819）、《東西史記和合》（1829）、《大英國統志》（1834）、《美理哥合省國志略》（1838）、《古今萬國綱鑒》（1838）、《萬國地理全集》（1838）、《制國之用大略》（1839）、《貿易通誌》（1840），所出版刊物《察世俗每月統記傳（1815—1821）》《特選撮要每月紀傳（1823—1826）》《東西洋考每月統記傳（1833—1838）》，都含有豐富的西方經濟學、歷史學、地理學知識。

比如，《生意公平聚益法》，介紹人們相互之間進行貿易應該遵循的基本法則，《地理便童略傳》對世界主要地區與國家均有介紹，對英國、美國政治制度、司法制度介紹較爲具體。《古今萬國綱鑒》，凡244頁，分20册，是鴉片戰争以前介紹世界歷史知識最爲詳盡的一部書。《貿易通誌》較爲翔實地介紹了西方的商業制度，魏源在《海國圖志》中，對許多國家的貿易、商業的介紹資料採自此書。《大英國統志》《美理哥合省國志略》分别翔實地介紹了英國、美國的國情。

再如，《察世俗每月統記傳》所載《論有羅巴列國》《論亞西亞列國》《論亞非利加列國》《論亞默利加列國》《法蘭西國作變復平略傳》等文，介紹歐洲、亞洲、美洲等地地理、歷史知識，介紹了法國的歷史。還在1821年，便介紹了剛剛立國45年的美國，稱其面積寬大，盛産各物，港口衆多，人口增加很快，且有智有力，預料其日後必爲美洲最大國家。〔一〕《東西洋考每月統記傳》所載《通商》《貿易》《公班衙》等文，

〔一〕《論亞默利加列國》，《察世俗每月統記傳》卷七，道光元年。

介紹西方通商理論，認爲通商貿易對商人、人民、國家都有好處，强調通商貿易要篤實誠信，不可食言行騙。

鴉片戰争以前，中國還没有被英國打敗過，中西關係還比較平等，傳教士在介紹西方情況時，心態還不是那麽傲慢，所以，行文常用對話體，以中國人習慣的説書形式出現。爲了迎合中文讀者心理，作者論述問題，每每先引一段中國古代聖賢的語録或故事，然後進行中西比較，説明東方西方，心同理同。這種表達方式，類似於明末清初耶穌會士，而不同於鴉片戰争以後傳教士那種居高臨下姿態。

第二階段，從 1843 年至 1860 年，即五口通商時期。

在 1840 年至 1842 年的中英鴉片戰争中，清朝政府戰敗，被迫與英、美、法等國簽訂不平等的《南京條約》、《望厦條約》和《黄埔條約》，被迫割讓香港給英國，開放廣州、福州、厦門、寧波、上海作爲通商口岸，允許外國人在這些口岸傳播宗教、開設學堂、開辦醫院。於是，傳教士便將活動基地從南洋遷到中國東南沿海，開始了晚清西學傳播史上的新階段。這一階段，通商口岸成爲傳播基地。此前，傳教士的活動局限於南洋一帶，西學書刊雖亦能傳至中國大陸，其所辦學校中也有華人，但畢竟水路迢迢，對中國内地影響有限。五口通商後，麥都思、雅裨理、慕維廉、艾約瑟等傳教士以這些地方爲基地，辦學校，出書刊，進行各種西學傳播活動，東南沿海遂成中國率先接受西學影響的地區。傳教士所出版《聯邦志略》(1846)、《格物窮理問答》(1851)、《地理全志》(1853)、《大英國志》(1856)、《地球説略》(1856)、《地理略論》(1859)等書籍，《中西通書》(1853—1860，年鑒)、《遐邇貫珍》(1853—1855)、《六合叢談》(1857—

1858）等雜誌，包括豐富的歷史學、地理學、經濟學知識，也有一些哲學、文學知識。

比如，《遐邇貫珍》所載《花旗國政治制度》一文，不但介紹了美國的總統選舉制、立法、司法、行政、聯邦及各州之組織，還將英、美政治制度作了比較，認爲各有利弊。再如，慕維廉譯編的《大英國志》與《地理全志》，都是超過三百多頁的大書，前者翔實地介紹了當時世界上最强大的帝國英國的歷史與現實，後者比較宏觀地介紹了世界地理知識。

這一時段，傳教士忙於在通商五口進行傳教活動，出版宗教讀物繁多，所出人文社會科學書籍較少，十來種而已，但是這些書刊在中國士紳中還是産生了比較廣泛而重要的影響。魏源編《海國圖志》，廣泛徵引了《地球圖説》等西書；徐繼畬撰《瀛寰志略》，直接得益於雅裨理等人的西書資料；王韜、管嗣復參加了一些西書與雜誌的譯編，受到這些知識的深刻影響。王韜日後出版《西學輯存六種》，頗得益於他在墨海書館協助偉烈亞力等人的西學熏陶，管嗣復則將其西學知識轉述給其老師馮桂芬，促成馮桂芬名著《校邠廬抗議》的誕生。《聯邦志略》《地理全志》《地球説略》等書還傳到了日本，並有日譯本行世。

第三階段，1860年至1900年。

1856年至1860年，英國、法國在美國、俄國等支持下，發動了侵略中國的第二次鴉片戰争。中國再次慘敗。侵略者逼迫清朝政府先後簽訂了《天津條約》（1858）、《北京條約》（1860）等一系列不平等條約。通過這些條約，外國侵略者從中國勒索了大筆戰争賠款，取得了一系列侵略特權。其中，與西學傳播密切相關的有：一、增開11個通商口岸，即天津、牛莊、登州、臺南、潮州、瓊州、鎮江、南京、九江、漢口、淡水。後來實際開埠時，牛莊改爲營口，登州改爲煙臺，潮州改爲汕頭。條約規定，外國人可以在這些通商口岸居住、賃房、買屋、租地起造禮拜堂、醫院、墳塋等。二、傳教自由。三、外國人可到中國内地各處遊歷、通商，中國政府應提供方便。四、開放長江。這樣，加上先前割讓的香港，開放的五口，中國被迫對外開放的城市達17個。外國人可以在南起廣州、厦門，中經上海、煙臺，北至天津、營口，東起上海、南京，沿江西上，直到中國内地，這樣廣闊的範圍裏自由活動。其結果，加强了西方列强對中國的政治侵略、經濟掠奪，也便利了他們對中國的文化滲透。

在清政府方面，以咸豐皇帝去世、辛酉政變發生、慈禧太后掌權爲轉折點，中國對外對内政策有了重大調整。總理各國事務衙門的設立，京師同文館、上海廣學會的創辦，以學習西方堅船利砲、聲光化電爲重要内容的洋務運動的開展，江南製造局等機構的設立，中國向歐洲、美洲與日本等地駐外使臣的派出，聖約翰大學等衆多教會學校的創辦，都對西學傳播産生了重要影響。1894年發生的中日甲午戰争，中國再次慘敗，激起變法思潮高漲，維新運動發生，更推動了西學傳播的高漲。

這一階段，譯介西學方面，有兩支力量同時發力，即清政府官辦機構與教會機構，前者以京師同文館、江南製造局翻譯館爲其著者，後者以設在上海的以基督新教傳教士爲主的廣學會最爲突出，天主教耶穌會設立的土山灣印書館也貢獻甚多。

這一階段，所出版的人文社會科學譯著，數量較前大爲增多，約130種，超過以往約三百年所出同類書籍總數。内容也更加厚實系統，有適應瞭解國際形勢與外國情況需要的《萬國公法》(1864)、《歐洲史略》(1886)、《希臘志略》(1886)、《羅馬志略》(1886)、《四裔編年表》(1874)、《萬國史記》(1880)、《法國律例》(1880)、《萬國通鑒》(1882)、《八星之一總論》(1892)、《各國交涉公法論》(1898)、《歐羅巴通史》(1900)等；有介紹外交常識的《星軺指掌》(1876)、《公法便覽》(1877)、《公法會通》(1880)；有介紹西方歷史、哲學、經濟學基礎知識的《佐治刍言》(1885)、《西學略述》(1886)、《辨學啓蒙》(1886)、《富國養民策》(1886)、《地球一百名人傳》(1898)；有適應變法需要、介紹外國變法的書籍《自西徂東》(1884)、《列國變通興盛記》(1894)、《泰西新史攬要》(1895)、《文學興國策》(1896)；有爲變法運動提供理論支撑的《天演論》(1898)、《民約通義》(1898)；有爲教育變革提供學術資源的《西國學校》(1873)、《肄業要覽》(1882)、《七國新學備要》(1888)、《教育學綱要》(1899)；有合哲學與心理學爲一體的《心靈學》(1889)、《治心免病法》(1896)。《格致匯編》刊載傅蘭雅所作的《混沌説》(1877)，概略地叙述了當時中國還不大有人瞭解的生物進化論觀點。廣學會出版的李提摩太翻譯的《百年一覺》(1894)，原爲美國空想社會主義小説，影響極廣。同爲廣學會出版的《大同學》(1899)，第一次向中國人介紹了馬克思及其學説。

第四階段，1901年至1911年。

1898年的戊戌政變，1900年的八國聯軍侵略中國之役，使清朝政府的威信跌到最低點，中國國際、國内形勢均發生巨大變化。一方面，愛國人士、知識分子失望到極點，革命風潮因之而生，留日熱潮驟然而起。另一方面，清政府實行新政，鼓勵工商，廢除科舉，改革學制，繼而宣佈預備立憲。這兩方面都亟需西學（新學）資源。在這兩方面因素的共同作用下，西方人文社會科學在中國的傳播，呈井噴之勢，從内容到方式、從數量到質量都有巨大變化。

此前，西學知識主要由翻譯英、法等西書而來。1900年以後，由日本轉口輸入西學數量急劇增長，日本成爲西學輸入主要來源地。從1900年到1911年，中國通過日文、英文、法文共譯各種西書至少有1599種〔一〕，遠遠超過此前90年中國譯書的總數。從1902年至1904年，共譯西書533種，其中日文書籍達321種，占總數的60%。

在繁多的中譯西書中，人文社會科學比重加大。以1902年到1904年爲例，三年共譯文學、歷史、哲學、經濟、法學、政治學等人文社會科學書籍327種，占譯書總數的61%。同期翻譯自然科學書籍112種，應用科學56種，分别只占譯書總量的21%和11%。〔二〕所占比重從多到少的順序爲人文社會科學→自然科學→應用科學，與之前幾十年的情形正好相反。京師大學堂從1898年到1911年翻譯、出版西學教科書有六十餘部一百多册，其中人文社會科學類占62%。〔三〕這表明當時西學輸入的重心，已從器物技藝等物質文化層面轉到思想、學術等精神文化層面。

〔一〕見拙著：《西學東漸與晚清社會》（修訂本），中國人民大學出版社，2011年，第11頁。

〔二〕以上數據均見拙著：《西學東漸與晚清社會》（修訂本），第11頁。

〔三〕範軍：《歲月書痕》，華中師範大學出版社，2017年，第165頁。

就内容而言，這一階段所譯人文社會科學書籍，舉凡哲學、文學、歷史、經濟、法學、政治學等各學科，都有頗成規模的系統譯作。

哲學方面，概論性譯作就有9部，如井上圓了著、羅伯雅譯《哲學要領》(1902)，德國科培爾著、下田次郎述、蔡元培譯《哲學要領》(1903)，井上圓了著、王學來譯《哲學原理》(1903)；邏輯學譯作18部，如楊蔭杭譯《名學》(1902)，清野勉著、林祖同《論理學達恉》(1902)，十時彌著、田吴炤譯《論理學綱要》(1902)、嚴復譯《穆勒名學》(1905)，大西祝著，胡茂如譯《論理學》(1906)，英國耶方斯著、王國維譯《辨學》(1908)，法國孟德福著、李問漁譯《名理學》(1908)。其他哲學著作（含哲學家介紹、各國哲學、哲學史）9部，如蟹江義丸著、範迪吉等譯《西洋哲學史》(1903)、姉崎正治著、範迪吉等譯《宗教哲學》，井上圓了著、蔡元培譯《妖怪學講義録（總論）》(1906)；心理學譯作21部，如元良勇次郎著、王國維譯《心理學》(1902)，長尾槙太郎著、蔣維喬譯《心理學》(1906)等；倫理學譯作10部，如元良勇次郎著、麥鼎華譯《倫理學》(1902)、德國泡爾生著、蔡元培譯《倫理學原理》(1909)；教育學46部，如立花銑三郎述、王國維譯《教育學》(1901)，能勢榮著、葉瀚譯《泰西教育史》(1901)。清末一度流行哲學救國論，一批學者認爲救國應先救其人，救人應先救其心，救心應先救其學，而救學則應從譯介西方哲學始。因此，舉凡古希臘、羅馬哲學，西方近代哲學，以及重要哲學家生平及其學説，幾乎無一不被譯介。

文學作品翻譯更是繁盛一時，内以小説最多。據研究，從1901—1911年，中國共翻譯域外小説547

部，散文集22部，戲劇1種〔一〕。對英、美、法、俄、德、日、荷蘭、奥地利、瑞士、希臘等國文學作品均有翻譯，内以英、法、日三國最多。英國的莎士比亞、笛福、斯威夫特、哈葛德、柯南道爾、司各特、哈代、拜倫、狄更斯、斯蒂文森等，法國的小仲馬、雨果、大仲馬、朱力士、迦爾威尼，美國的斯土活夫人、布萊特夫人等人作品都有翻譯。譯自英國的，僅林紓就與人合譯哈葛德《迦因小傳》和《鬼山狼俠傳》等20種、柯南道爾《歇洛克奇案開場》等7種、司各特《撒克遜劫後英雄略》等3種、斯蒂文森《新天方夜譚》等。同是柯南道爾作品，就有周桂笙、林紓和魏易、陳家麟、包天笑等人投入翻譯。譯自法國的有，林紓與他人合譯的《巴黎茶花女遺事》《賂史》，薛紹徽譯的《八十日環遊記》，包天笑譯的《鐵世界》，朱樹人譯的《穡者傳》和《冶工軼事》，陳春生譯的《獄中花》，梁啓超等譯的《十五小豪杰》，魯迅翻譯的凡爾納小説《月界旅行》。從1899年到1911年，從日本翻譯過來的小説有55種，其中1907年就翻譯了11部，内有《佳人奇遇》《經國美談》《謀色圖財記》《美人島》《世界一周》等。〔二〕

歷史學方面，比較重要的有102部，其中通史14部，如作新社出版的《萬國歷史》(1902)、支那翻譯會社的《萬國史綱》(1903)、杭州史學齋的《萬國史要》(1903)、上海通社的《世界通史》(1903)、山西

〔一〕鄧集田：《中國現代文學的出版平臺—晚清民國時期文學出版情况統計與分析(1902—1949)》，華東師範大學博士論文，2009年，第502—512頁。

〔二〕汪帥東：《晚清日本文學翻譯研究》，《當代外語教育》，2018年，第2輯。

大學堂譯書院的《邁爾通史》（1905）、江楚編譯官書局的《萬國史略》（1906）。其中英國李思倫白著、蔡爾康等譯編的《萬國通史》，規模最爲宏大，凡30卷，相繼於1900、1904、1905年由廣學會出版。地區史、國別史52部，如東亞譯書會《歐羅巴通史》（1900）、金粟齋《西洋史要》（1901）、商務印書館《亞美利加洲通史》（1902）、文明書局的《泰西通史》（1903）等，還有英、美、德、法、日等國歷史。變政史、維新史、獨立史17部，如作新社的《英國維新史》（1903）、文明書局的《佛國革命戰史》（1903）、商務印書館的《美國獨立戰史》（1911），還有關於意大利、菲律賓、希臘、印度等國獨立或變革史。其他專史5部，如開明書店的《近世海戰史》（1903）、文明書局的《世界女權發達史》。人物傳記14部，包括華盛頓、拿破侖、彼得大帝、俾斯麥等個人傳記，還有世界名人、歐洲政治學家、日本維新志士等合傳。

政治學方面，比較重要的譯編有29部，其中政治學概論性的譯作，有高田早苗講述、嵇鏡譯《國家學原理》（1901），德國伯倫知理原著、梁啓超譯《國家學綱領》（1902），德國那特硜著、馮自由譯的《政治學》（1902）、戢翼翬等譯《那特硜政治學》（1901），市島謙吉著、麥曼蓀譯《政治原論》（1902），美國伯蓋司著、楊廷棟譯《政治學》（1904年以前）；政治學理論譯作有英國斯賓塞著作、楊廷棟譯《原政》（1902），法國盧梭著、楊廷棟譯《路索民約論》（1902），浮田龢民著、出洋學生編輯所譯《帝國主義》（1902），西川光次郎著，周子高譯《社會黨》（1902），馬君武譯《彌勒約翰自由原理》（1903），幸德秋水著、中國達識社譯《社會主義神髓》（1903），村井知至著、侯士綰譯《社會主義》（1903），加藤弘之著、陳尚素譯《人權新説》（1903），福井準造著、趙必振譯《近世社會主義》（1903），英國甄克思著、嚴復譯《社會通詮》（1904）

等。介紹各國政治態勢的有《萬國政治叢考》《最新萬國政鑒》《最新萬國政治制度》《萬國國力比較》《歐美政教紀原》《十九世紀末世界之政治》《美國民政考》等。

經濟學方面，1901年至1911年出版譯作23部。其中，嚴復翻譯的《原富》出版，是西方經濟學經典著作首次完整譯出。1902年，《欽定學堂章程》規定，今後學制三年的高等學堂政科，必須設立「理財學」即經濟學課程，這促進了西方經濟學説引進與傳播。此後，楊廷棟編《理財學教科書》、天野爲之著《理財學綱要》、商務印書館出版的田尻稻次郎著《理財學精義》，均列爲中小學理財學教材。1906年至1908年，政治經濟社等機構出版了《公債論》《租税論》《紙幣論》《貨幣論》《財政學》《計學》《比較財政學》等多種屬於經濟學分支的著作。

法學方面，這一階段譯作特多。從1901年至1911年，共譯法學書籍263種〔一〕，是晚清社會科學中譯書最多的學科。1902年，清廷命沈家本等遴選諳習中西律例司員分任纂輯，延聘東西各國精通法律之博士、律師以備顧問，復調取留學外國卒業生從事翻譯。於是，清政府有計劃地翻譯大量法律書籍。民間譯書機構或出於社會需求，或出於牟利目的，也翻譯了大批法學書籍。從國際公法、國際私法，民法、刑法、民事訴訟法、刑事訴訟法、行政法，應有盡有。不但一般性的介紹法學原理、法學流派、國際法的著作都有介紹，而且各種具體法規法制，如警察學、監獄學，也很豐富。有的同一種著作有多種譯本，

〔一〕田濤、李祝環：《清末翻譯外國法學書籍評述》，《中外法學》，2000年，第3期。

單1903年，《國際私法》就有4種譯本，《國法學》有5種譯本，《法學通論》有6種譯本。1904年至1909年，清政府爲適應法律改革需要，由修定法律館主持審定，翻譯了一大批刑法、民法方面的書籍，包括德國、法國、美國、意大利、日本等國刑法、民法多方面具體法規。1906年以後，中國地方自治聲浪日高，與地方自治相關的自治法規、地方性法規書籍翻譯頗多，諸如《地方自治論》《英國地方政治》《歐洲大陸市政論》《日本府縣制郡制要義》，與地方自治相關的警察書籍翻譯尤多，諸如《最近警察法教科書》《德國警察法》《警察全書》《警察學》《偵探學》。這些書主要自日文譯出，法律也以日本爲多。這一時期引進日本法律最爲全面的一部書籍，即《新譯日本法規大全》，由張元濟、劉崇杰等翻譯，內容相當廣泛，對清末法制改良有着重大影響。

第五階段，1912—1919年。

隨着清廷覆滅，中華民國建立，政治建設、法制建設、公民道德建設等任務提到人們面前，這些方面的譯介著作也隨之增多。與政治建設、法制建設有關的譯作主要有：同是英國莫安仁著、許家惺譯的《英國立憲鑒》(1912)、《英議院權力發達史》(1912)，英國布賴斯著、孟昭常譯《平民政治》(1912)，美國麥萊著、陳其鹿譯的《美國民主政治大綱》(1912)，美國約翰·温澤爾著、楊錦森、張萃農譯的《美法英德四國憲法比較》(1913)，日本田中萃一郎著、畢厚譯《歐美政黨政治》(1913)，美國黎卡克著、梁同譯的《政府論》(1914)、法國路易·普羅爾著、高仲和譯的《政治辨惑論》(1914)，日本齋藤隆夫著、姚大中譯的《比較國會論》(1917)。東方法學會譯編法律要覽叢書多種，由泰東書局出版，包括《民法要覽》《民事訴訟法要覽》《商法要覽》《刑法要覽》等，影響廣泛。

有關公民道德建設的譯作甚多，諸如《國民道德談》（1915）、《道德之研究》（1915）、《品性論》（1916）《泰西改良社會策六章》（1917）、《新道德論》等。其中，英國著名道德學家斯邁爾斯（S. Smiles，1812–1904）多種著作被多次翻譯，包括《勤儉論》（1914）、《克己論》（1915）、《職分論》（1917），葉農生、蔣方震、秦同培等均參與譯事。第一次世界大戰爆發以後，有一批與戰爭有關的譯作問世，如《德意志戰論》《開戰時之德意志》《美國總統威爾遜參戰演説》《革命心理》《國際同盟論》。

這一階段，馬克思主義、無政府主義書籍的譯介也有一些，包括1912年施仁榮翻譯恩格斯的《理想社會主義與實行社會主義》，是馬克思主義經典文本在中國早期傳播較爲完整的譯本，是恩格斯的著作《社會主義從空想到科學的發展》在中國的第一次譯介。1919年凌霜翻譯克羅泡特金的《近世科學與無政府主義》。

這一階段，所譯哲學、史學著作，均遠較清末爲少，但文學翻譯勢頭依然很猛。1912年至1919年，共翻譯域外小説250部，散文集35部，戲劇3部〔一〕，涉及英、法、美、俄、德、日、西班牙、奥地利、瑞士、波蘭、比利時、丹麥等國作家，内以英、法作家所占比例爲高，英、法主要作家被譯作品與清末

〔一〕 鄧集田：《中國現代文學的出版平臺——晚清民國時期文學出版情況統計與分析（1902—1949）》，華東師範大學博士論文，2009年，第512—519頁。

有延續性，如英國哈葛德、柯南道爾、狄更斯，法國大仲馬、雨果等，增加較多的是美國作家華特生等人的作品，俄國托爾斯泰等人作品也陸續翻譯進來。

以上五個階段，就對中國社會影響而言，每一階段都不能忽略，各有各的影響。但綜合而言，以清末這一階段的影響，最爲廣泛而深入。數以百計的出版機構，數以千計的中譯日書，數以萬計的留日人員，難計其數的雜誌、報紙，將形形色色的西方新學轉口輸入中國。範圍之廣，數量之多，來勢之猛，是此前歷史階段也是民國初年所不可比擬的。這一階段，正是中國廢科舉、興學校的教育體制轉型期，難計其數的各門各科的新式教科書，大多是這一階段編寫的，藍本多取自日本，多取自這一階段的譯書。各門各科的辭典大量引進、編寫，無形中起着規範語言的作用。

四

近代中國被動卷入全球化浪潮之中，遭遇千古未有之變局。在此以前，中國雖然早已與外族有了關係，但那些外族都是文化較低的民族，縱使他們入主中原，到頭來也終歸爲以儒學爲核心的中國文化所化。在中國接觸的世界裏，中國以老大自居，他國也以老大尊之。但是，到了近代，情況大不一樣。中國面對的英國、美國、法國等，絶非先前的夷狄可比。這些對手，既陌生又强大，突兀而來，猝不及防。中國生産方式、生活方式、價值觀念、審美情趣、教育體系、學術體系、語言詞彙，乃至風俗習慣，無不發生深刻的變化。人文社會科學譯著，既是這一歷史變局的産物與證物，也是這一變局的助推器。

以語言詞彙而言，中國今天所用各類新詞彙，大多形成於近代。人文社會科學方面的新名詞，諸如社會、政黨、民族、階級、主義、範疇、系統、規範、唯物、唯心、主體、客體、法學、法庭、民法、刑法、金融、銀行、生産力、生産關係，都是近代出現的，而且大多是從日本移植而來。日常生活所用諸多新詞彙，也主要形成於近代。比如，以『化』字結尾的複合詞，特殊化、現代化、民族化、大衆化、自動化；以『式』字結尾的複合詞，速成式、問答式、簡易式、西洋式；以『炎』字結尾的病名，關節炎、氣管炎、腦炎、肺炎、胃炎、腸炎；以『性』字結尾的複合詞，可能性、現實性、必然性、偶然性、必要性、習慣性；以『界』字結尾的複合詞，文學界、思想界、藝術界、新聞界、出版界；以『感』字結尾的複合詞，美感、好感、惡感、情感、敏感；以『點』字結尾的複合詞，觀點、要點、焦點、重點、出發點；以『觀』字結尾的複合詞，悲觀、樂觀、人生觀、科學觀、世界觀、宇宙觀；以『論』字結尾的複合詞，一元論、宿命論、無神論、唯物論、唯心論；以『法』字結尾的複合詞，辯證法、歸納法、演繹法、綜合法、分析法。還有以『作用』『問題』『時代』『社會』『主義』『階級』等詞結尾的複合詞，心理作用、精神作用、土地問題、社會問題、舊石器時代、新石器時代、奴隸社會、封建社會、人文主義、社會主義、地主階級、農民階級。如此等等，不一而足。

新名詞如此，學科分類亦如此。以『學』字結尾的學科名，財政學、經濟學、生物學、物理學、心理學、家政學、社會學、冶金學，也都在清末定型。

近代譯介的人文社會科學，不但影響了當時的中國社會，而且業已廣泛融入中華文化傳統當中，幾乎無處不在、無時不在地體現於我們的物質文化、制度文化與觀念文化之中，體現於我們的日常生活當中。倘若不信，你且撇開此類新思想、新觀念、新學術、新詞語，寫一篇文章或者講幾句話試試！

鑒此，我們選編了這套《近代人文社會科學譯著選輯》，選擇不同歷史階段較有影響的譯著，分爲五輯，分類如下：1、人文社會科學總論與政治學；2、哲學、邏輯學、倫理學、心理學、教育學；3、歷史學、地理學、社會學、禮俗；4、法學、經濟學；5、文學、藝術、人物傳記。

鑒於嚴復所譯學術名著、林紓所譯文學著作已有多種刊本行世，本書不再收録。

《近代人文社會科學譯著選輯》第一輯第二册説明

本册選録《社會主義》與《近世社會主義》兩部譯作。

《社會主義》，村井知至著，侯士綰譯，文明書局1903年5月出版。

村井知至（1861—1944），日本伊予松山藩人，1876年赴東京，就讀於三菱商業學校，中途退學。隨後進入横濱一商館當學徒，學習商業貿易。旋入傳教士所辦英語學堂學習，並受洗加入基督教。畢業後進入神學專業學習。1889年留學美國，在會衆制神學校安多弗神學院（Andover Theological Seminary）學習，1893年回日本，在本鄉教會擔任牧師。1894年再次赴美，在愛荷華大學學習社會學，1897年回日本。此後成爲惟一神教派惟一會的傳教士。1898年，在惟一館創立社會主義研究會，任會長，成爲著名的基督教社會主義者。1899年，任東京外國語學校教授，7月，所著《社會主義》，由勞動新聞社出版，爲日本最早的社會主義理論著作，提倡基督教社會主義。此後一直在日本從事傳教活動與教育工作。著作還有《時代思想》（1911）、《無弦琴》（1915）、《人生與趣味》（1918）、《歐文閃光録》（1939）等。

侯士綰（1881—1960），江蘇無錫人，字皋生，1898年考入南洋公學（上海交通大學前身），1902年留學日本，1903年底回國。1904年作爲南洋公學畢業生，被選派留學比利時。學習礦學、鐵路機械等。1910年回國，先後在北京、漢口、上海等地從事鐵路建設管理工作，參與編寫中英法德文對照鐵路詞典，曾任京漢機務副總段長。抗日戰争時期，拒絶日僞威逼利誘，避居上海法租界，潛心研究、翻譯法國文學、科技書籍，與楊蔭杭、高吹萬等切磋學問。1949年以後，以特邀代表身份出席無錫市政協、人大會議。

侯士綰留日期間，翻譯了《社會主義》。此書同年還有羅大維譯本，由廣智書局出版。《翻譯世界》雜誌亦於1902年12月至1903年1月，連載過此書的譯作，譯者不詳。有研究者認爲，《翻譯世界》連載本誤譯、漏譯情况最多，羅大維譯本居其次，侯士綰譯本則較爲完整，但也有部分誤譯的内容。〔一〕

侯士綰在日本留學期間，還譯有浮田龢民的《新史學》，1902年由文明書局出版。

《近世社會主義》，福井準造著，趙必振譯，廣智書局1903年出版。

福井準造（1871—1937），出身於日本相模國大住郡小嶺村（現神奈川縣平塚市）的一個里正組頭（江户時代村政府三主官之一，負責治安）世家，1891年畢業於慶應義塾，任神奈川縣農會副會長，受農商務省指示，調查神奈川縣工廠和職工情况。1899年著《近世社會主義》，由有斐閣出版，爲日本最早介紹社會主義的著作。1908年，當選衆議院議員。以後歷任司法大臣鬆田正久的秘書、小林毛坯貿易股份公

〔一〕 劉慶霖：《譯者的作用：論及馬克思及其學説的清末漢譯日書》，《中央黨史研究》，2018年，第10期。

司董事、東京糧食交易所常務理事、日本輪工股份公司審計、日本倉庫股份公司董事等。據研究，福井準造對於馬克思的認識，部分來自美國學者伊利（Richard Ely，1854–1943）的《現代法國和德國的社會主義（French and German Socialism in Modern Times，1883）》一書。該書對馬克思及其學説進行了概括性介紹，在明治末期日本頗具影響。〔一〕

趙必振（1873—1956），湖南武陵（今常德）人，早年就讀於常德德山書院、長沙嶽麓書院、城南書院。1900年參加唐才常領導的自立軍起義，失敗後東渡日本，學習日語，廣泛接觸西學。1902年返回上海，參加廣智書局等機構的翻譯工作，所譯除《近世社會主義》《二十世紀之怪物帝國主義》外，還有《日本維新慷慨史》《日本人權發達史》《世界十二女杰》《希臘史》《羅馬史》和《巴比倫史》等。後離開上海，到香港擔任《商報》編輯。民國初年曾任職財政部。二三十年代擔任北京民國學院、華北大學和湖南孔道國學專修學校等校教授。1949年以後擔任湖南省文物管理委員會委員，1956年病逝。

〔一〕劉慶霖：《譯者的作用：論及馬克思及其學説的清末漢譯日書》，《中央黨史研究》，2018年，第10期。

社會主義

緒言

余夙嗜社會學頗欲屏絕百務精求而深造之旋航美國謁專門社會學家泰開氏而就學焉未幾因事返國而宿志未遂數年前重過美國入雅哇大學就教授赫倫氏攷究社會問題及社會主義又漫游美境各地視察其社會事業於是益嘆服社會學之妙理忘其固陋時欲貢諸邦人客歲旋歸演說四方屬稿十數蕢於此稍有所盡今者記錄漸多不欲見閣所得日夕湮沒爲別章節以成是書是固零星著述且斯學綱領尚未具詳不足爲完璧今遽以問世甯不自媿然是區區者少資初學考鏡於願已足他之所期請竢異日可也

明治三十二年初夏新綠欲滴之時村井知至識於東京小石川旅舍

社會主義目次

社會主義

第一章 歐洲現時之社會問題

自十八世紀之末以至十九世紀之初。歐洲有二大革命焉。一則國事革命。一則產業革命也。前者之革命爲政治。在法王拿破崙之世。外勤征伐。內立制度。兵威所指。殺人如麻。然終能構成文明之進步。世所稱法國大革命者。今日演其遺事。景象慘然。談治之家。每注意焉。後者之革命爲經濟。於歐洲之工業界。徵之始以一二人之理想。發明其蘊奧。由是而推廣之。倣傚之。歷時未久。風俗大變。然機雖迅速。事極和平。且無敗軍殺將之禍。使見者悲切心目。故人情罕注意焉。不知國事革命。不過一姓。廢興無關於全世界之風潮也。若夫產業革命則以巧易拙。以精易粗。以利易鈍。羣一世之人。爭心計。鬥腦力。於潛移默轉之間。忽而成最著之變局。恰如滄海暗潮。自外觀之。波平浪靜。而其運動之力。一刹那時。有絕大幻象。

者。此亦極宇宙之偉觀矣。故於此究其本原。推其功效。視彼法國已事。豈復可以道里計哉。

當十八世紀之初。歐洲之工業之物產。不過人操其技。家習其勤。甲不與乙謀。丙不與丁計也。迨一千七百七十年。有金姆斯哈利夫者。發謀兆慮。始創成紡績機械。自後二三十年間。人心精巧。陸續發明。遂至用蒸汽於器物。合羣力於場所。而歐洲之工業大變矣。即今日手伎之工業。改為機械之工業。一家人之製造。改為大工廠之製造。所由月異而歲不同也。夫前此歐人勞苦作業。人殊家異。不能不守其舊式。至是而集眾思。廣眾益。技巧日有所擴充。貨財日有所增附。無怪其工業社會面目一新也。然衒此制度不改。外雖示非常之進步。內實藏無限之禍機。蓋文明者。本由生存競爭所生。今日工業雖有進步。恐他日風會愈變。將有破壞社會之時。則為害亦不淺矣。故必去文明之虛美。無滋流弊。恐其禍之自內生也。又必考工業之實因。及其成功。知其事之有終極也。然則此新社會者。乃足供舌辨場中極繁重之問題。吾人於此得不少下觀察之眼乎。

此新社會所生之能力。而卽爲其直接之效驗者。何也。增進富財是也。蓋機械勃興。製造便利。已有增進富財之勢。自蒸汽電氣二力應用以來。工業界之速律愈甚。富財之增進。實爲前古所未有。計自一千七百八十五年。英國以蒸汽機械爲紡績。至一千九百年十五歲間。進步絕偉。出產之多。銷售之廣。殆將壓倒全世界之市場。爾後互相倣造。且恢闊其製。因而動力愈大。觀今日在美洲者。卽馬塞加滋一處機械紡績所出布帛。已較手技者五千萬人爲優。若合全英國觀之。大約可敵七億萬人之手伎。是實佔居五大洲人口之總數。豈非怪事哉。故顧拉託斯敦曰。世界之生產力。藉機械以補助之。每七年一倍。蓋機械之運行極速。成物極易。一人操之。可以食百人。衣二百人。靴千人。此其例也。然則因工業而有機械。因機械而集社會。因社會而生富財。日月增加。不可籌算。亦勢之自然者也。

惟其然也。故今日大資本家。必藉機械之力。求增長其財利。不問可知也。顧當其創建之始。不惜多擲金錢以營工業。迨工業既發達。而財利益增長矣。且此人之金錢。與彼人之金錢較。力鈞則相鬥。一資本家與衆資本家較。勢敵則相傾。營營然惟日不足者。夫亦曰利在則然耳。

顧人人欲利。人人求富之增加。使舉世並蒙其福。不亦善乎。無如購造機械。非資本充裕者力有不逮。則因其有直接之利益。勢必有反對之弊害。蓋彼以資本之多。可以獲計於工業。此以困乏之甚。至於絕迹於社會。富者愈富。貧者愈貧。此始製機械之人。未曾慮及者也。昔亨利覺基著書論此事。所爲極詆現今社會之不善也。

且自機械工業勃興之初。需用多人。一時工價騰貴。勞力者皆獲利數倍。然不過暫時之幸福耳。未幾而新機械出。勞工失業者多。雖賤其值而無所用矣。試觀一千八百五十六年。至六十一年。僅五年間。而阿爾蘭及蘇格蘭之勞工因機械製造而失職者。十四萬六千人。又一千八百四十六年。富倫德史失職之勞工實有二十五萬人之數。豈非極利之中有極不利者在與。加以精巧機械日出不窮。始猶需人操作。終則自能運動。其勞工之職。不過以手足護持之。以耳目接應之耳。故工銀次第減落。甚至不用男子。僅得婦女兒童。可以集事。而勞力者益窘促矣。抑不獨一時之窘促已也。近世工業界產物過多。則有恐懼慌惚之一境生於其間。夫恐懼慌惚。亦大不利於勞工者也。蓋資本家蓄積既厚。製造又速。有時不能盡售。或又有特別之機巧。與之爲敵。則恐懼慌惚之心起。而工業中止矣。此際爲勞工者。無所得食。途窮日暮。不得不爲所謂懶惰之生活。蓋彼等雖腕力甚強。心事甚苦。而社會反覆無常。強使之爲無業游民。是卽謂社會強迫之爲懶惰可也。今舉一二事觀之。一千八百六十年。英國工業停滯。因恐懼慌惚而失業者六萬人。一千八百八十五年五月。美國社會有恐懼慌惚之事。僅馬塞加滋一州。凡有二十五六萬游民。是種乞食之徒。實爲現今文明社會之特有物也。然則勞工之作力。本期叢集社會。丐其餘瀝。以養生。今反爲勝手所揶揄。徘徊歧路。而不知所往也。嗚呼。富者之。恐懼慌惚。猶少貧者之。恐懼慌惚。則多何不幸至於如此哉。是故彼所謂富財增加者。特偏集於一方耳。決不能使同社會之人皆蒙幸福也。蓋資本家獨佔優利。勞力者愈增貧困。無力之人。不能與有力之人。並駕齊驅。茲社會乃生不平不均之極弊耳。夫歐洲非所稱文明進化者耶。而登其劇場忽演出如斯怪事。咄咄逼人。嗚呼。是亦文明乎。

由此觀之。可知社會直接之效驗。非富財增加之公益。實貧富懸隔之顯狀也。一方有少數之富者。一方有多數之貧者。一則富可漸增。一則貧不自保。一則日加勢力。一則日即萎靡。今日之文明。即此二者之軋轢也。且使少數富者役多數貧者之殷鑒也。試觀貴族與平民。資本與勞工。地主與田奴。非互相爭競者乎。而高一籌則勝一籌。殆無異齊人之伎倆。徒見其急功利喜夸詐已耳。

故如今日歐洲各國。其法律所施。外若民主政體。實則權操於貴族少數之有力者。得制多數也。初見之。疑其爲自由制度。實則政成於專制。多數之無力者隸從少數也約而言之則財權卽政權也富商巨賈可以傾動朝廷然則今日之貴族雖無曩時氣燄而實於社會界中得貴族以外之貴族且較古昔貴族更爲有力而不可制馭者也夫富豪操縱治體以求一己之權利則宜于政府有絕大關鍵昔人謂孟木尼孫之富能吞歐洲之政治界者良非誣也

夫金錢之勢旣壓倒政治界何怪其僭奪社會之特權乎且社會所樂有者敎育也文學也美術也謂其能表文明之光榮耳然悉爲一二富者所享用多數人民曾不得沾其澤嗚呼十九世紀之文明僅少數者之文明所謂文明之賜亦唯少數者受之雖日月並明光難普照滿堂宴樂向隅猶多是今日文明所演之最快劇實不啻最慘劇也故自歐洲新社會起貧富之程日益差異有識者常痛心焉以上所陳諸弊悉由現時工業制度所生者也所謂社會問題卽在於此以余觀之文明者斯冰格斯之怪物也（斯冰格斯者希臘之異人每設爲難問令西伯人解之不得其解則殺之後又設難問爲愛迭波所解遂自殺）不得解釋其難問者將盡爲所噬而畧無餘也今歐洲之社會學家社會事

業家索解無從多設爲姑息彌縫之策。然終無以塞其弊竇耳。獨社會主義一書。意在將社會之本原釐正盡善除舊布新永合於均平之治使其說果行則足以盡釋諸問題。恰如利劍之截棼絲。爽快無匹。眞能發明社會使之利益均沾。一切姑息彌縫之策。皆可置之勿論矣。然社會主義究竟爲何物。試於下章縷析而詳言之。

第二章　社會主義之定義

論社會主義。必先明其定義而後知此法有益於天下也。然世之釋社會主義者。每拘執乎偏見或因襲乎陳說。而無以窺見其眞面目。是以羣言淆亂罔所折衷。彼此相反之論。層見迭出殆若社會主義實無一定之宗旨者何其謬也今先揭諸家之說一一辨之。然後發明定義之所在。使人知所執守。一切謏言讆說。不能煽誘人心。而與社會爲難也。

傳林登者。愛亭白路大學堂之敎授也。常著述所見。關於社會義者。曰以予所目覩者而論。則社會主義所立之學說。在各人因社會而得利益耳。曾未計及自由之公理。使各人皆享應得之權利。以成社會組織也。

然有威斯脫各者。英國之名監督也。所論之意。正與相反。曰。

社會主義者。在各人皆發達其能力。使迄於完全之界。然後能成社會組織。不惟可得利益。而並當共保自由也。

由此觀之。兩人之言。同論社會主義。然一以爲壓抑各人之自由權利者。一以爲自由權利實因此而擴充者。是不同矣。

孟鍵珉愷德者。嘗著社會進化論者也。其言曰。

社會主義之眞理。具有不易之定質焉。卽鎭壓競爭是也。

然又有巴德撤巴里斯者。著有社會主義提要一書。曰。

社會主義者。非提倡人心使之休止競爭也。惟欲高尚競爭之分限。示人心趨向所在。勿徒爲產業之競爭耳。

社會主義　第二章

夫於彼謂有鎮壓競爭之功於此謂有高尚競爭之事是兩人意見亦不同矣。

祁愛谷爾登者。白士登之牧師也。其近日著論。謂今日之社會。更有說焉。曰

社會主義者。不過隨風俗爲轉移。或偏狹一區。或增加一級耳。

然路勃伯路紀福者。英之大儒也。其著書有名愉快之英國者。詞旨豐腴。膾炙人口。初授梓時。人爭購之。六閱月而盡百萬卷。其言曰

社會主義者。大旨所在。惟冀勞力之工人。得以受教育文雅生活發達之方也。

夫由前論之。謂社會爲隨俗轉移。無關切要。由後論之。謂社會之意旨。極其闊大。有扶掖世教之功。蓋兩人之思想。不又大相徑庭歟。

或又謂社會主義欲廢私有財產破壞家族及各人之自由也。或又謂社會主義之原理。乃欲增私有財產保護家族及各人之自由者。又有謂社會主義爲革命之制度者。又有謂社會主義爲進化之樞機者。要之此人之所是。彼人之所非。聚訟一堂。有如說禮。烏飛兎走。誰辨雌雄。古今同此浩歎矣。然一偏之論。無當全體。

不得視爲社會主義之定義也。

雖然。社會主義。豈變幻不測如此哉。以上諸家論說。予既平下斷語矣。今更卽其言之最精確者。畧舉一二。

博士耶富倫者。非社會主義家也。然嘗著書名社會本領。其論說較他家絕爲平允。今考之曰。

社會主義者。始終存更革競爭之私有資本而爲聯合之協同資本也。

耶氏此言。可謂語簡而意賅。能道破社會主義之本旨者矣。試更觀楷楷芬所言。益可以明矣。蓋楷氏者著社會主義史。精於此學。實不愧近代之大儒。且常兼爲思宰固路波德波里太尼兩社會中之大主筆。更宜熟悉其情狀耳。彼意蓋曰。

社會主義之本領何在乎。在乎人人各有金錢之資本及物土之原質。協同佽助。而營工業也。蓋現今之社會。其弊在富者握私財而爭利。勞力之徒。受其抑制。曰盆困德。所謂主義者。乃欲更改此制度。出公共之資本。依協同之勞力。去其貧富之差異。而為平等。相與營工業。分利益也。吾人觀於楷氏之說。可與耶氏互相發明。且更能推進一步。似尤得社會主義之眞詮者也。

不特此也。敎授伊林尤有說焉。試為陳之。雖與前二家無大差異。然其意更明顯。亦社會中人所當研究者也。其言曰。

社會主義者主宰在工業社會而不必謂之產業社會。蓋於新立制度之初。廢私有財產。而代之以合同資本。集偉大之物力。效平等之勞工。更宜申明協同而取生殖之議。使一社會中得以平允支配其收入。其支配之分限。卽許為各人私有之財產也。

要之如敎授伊林所言社會主義者。其準的所在。不外乎廢私有資本。而為共有或固有之資本。易現今富家峻厲之競爭。而為各人工業平允之支配。差分財力。

享用福利以爲社會改良之策耳。

然則社會主義者非各人主義也。本於銷除現今社會之氣燄而反抗人心之陰私。計圖社會全體之福利而發露公共之精神者也。徵之歷史所謂由劉色弗挨而生者。當日社會主義正與各人主義相反。蓋壓制之極而生各人自由主義。自由之極而生茲社會主義。各人主義者即各人之私心。社會主義者即社會之公理也。各人主義者。僅以社會爲單純之集合體。而爲各自獨立者之合衆。故于社會全體之利害。有所不暇顧。知有己不知有人。其始也稍得即足。其終也不奪不饜。勢必至陷於慘毒之競爭場而不可已矣。反是觀之。則必歸於社會主義。視社會如有生機之物體。各人協心愛助。即能共享福利。而社會亦可以固結不解。故可知各人爭趨私利。來之社會分裂。各人立志共和。固社會之總合者也。吾人試諦審於此二者。則於社會所有問題。皆不難一一解釋矣。

今試臚舉兩者而言所異。各人主義者。不過謂爲各獨立者之集合體。社會主義者。則以各人必相與相成結爲一大團體。恰如有機杼之組織也。各人主義者。以各人爲社會之單位。無論何事。莫不先一己之私利。社會主義者。以社會爲其單位。凡事必重社會之公益。各人主義者。其關切於社會者。不過頃刻間之契約而已。社會主義者。實見各人有依賴社會之處。而血脈常相貫通也。各人主義者。唯主持各人之權利及自由。社會主義者。則重社會之義務與責任。各人主義之社會。依競爭而動。社會主義之社會。由共和而成。各人主義之社會。從攫利攬權之慾望而生。社會主義之社會。因仁育義正之法則而起。各人主義之原因。發於社會破分之際。社會主義之根本。造於各人協合之時。是兩者之分界。孰得孰失。孰是孰非。可不煩言而解矣。

然則當世學者。雖各主一說。互爭勝負。然社會主義。必有一定之義。示天下以公理而無偏弊。吾人當玩其旨趣之所在。不可以耳代目。徒爲羣言惑亂也。試於次章更申言之。

第三章 社會主義之本領

前章所謂社會主義者。爲反對私有資本之制度者也。然反對私有資本。決非反對私有財產。蓋財產期於安固。人有同心。無可疑者。但私有生殖所需之物（即資本）則斷不許。且必舉其私有者而爲共有。乃社會之眞面目也。如今社會之問題雖多。要不過起於貧富懸隔之二級。夫人惟貧富懸隔。不免衝突爭競。馴至慘毒禍亂之迭生耳。而其基無不由私有資本。故非革此制度。不能泯貧富之階級。且社會問題。亦終無從解釋矣。試詳言之。

當昔社會未起。人人自營工業。自謀生計。資本勞力。併歸一處。不過一人一家之事務。父詔其子。兄勉其弟耳。故資本家卽勞力者。勞力者卽資本家。彼時固無二者之差等。因而貧富亦不甚懸隔。迨十九世紀之初。大機械發明。蒸氣力應用。於是工業界生一大變。相資本家不必勞力。勞力者苦無資本。貧者益貧。富者益富。而種種社會之問題以出矣。蓋機械精巧昂貴。一具之用。多則數千金。少亦數百金。惟大資本家能購置之。小資本家無其財力。惟有依大資本家以求衣食耳。是故一方有金錢。有工場。而生絕不勞力之資本家。一方無機械。無工場。不得不爲俯仰隨人。苟且得食之勞力者。于是資本勞力之二級。劃然而定矣。然究竟有資本家僅得少數。乃於多數無資本之人。至佔威權。頤指氣使。而肆壓力。而勞力者無主持其權制之自由。而惟迎合於資本家之意。一切羈管規例時刻工資等事。悉從所定。唯唯受命。偶一反抗之。則忽沈於飢殍之悲境。故其狀實與奴隸無異。然則勞力者艱難辛苦之餘。所生殖之大利。已悉爲資本家所佔奪。己惟有沾溉餘瀝。藉糊其口。養身家且不足。況望其他乎。是加路孟古斯所謂剩餘價格者也。故少數之勞力者。益困苦無聊。於呼。何不平允若是之甚耶。豈非私有資本之弊哉。

若夫社會主義者。欲治此不平不允之事歸於平允者也。其法全在于廢私有資本。而爲共有資本。不使少數之人。壟斷其利。以圖社會之公益。而又防閑周密。無僭竊政事教育之權。故國家依是制度經營產業。自不生今日社會之弊害矣。且人人知有公德。並知公德即爲己利。自必互相砥礪。爭先進取。而不爲奴顏婢膝。仰求於人之醜態也。然則世界充滿之罪惡。從此絕跡。而不見。問所謂社會。如地獄者。忽焉而至平和之天國。是運轉一大法輪。賫送一大祝福。即社會主義之大慈悲大歡喜也。豈不美哉。

且社會之主義。其關係最深者。則有社會之經濟。蓋其始結社會之時。不過從謀利而起。而收效每在於經濟界。且感覺亦甚偉大。何也。社會主義之行。特欲使少數者所佔巨利。均輸於多數勞力之人。而增進協同之利益耳。試觀富財支配之法。本於私有資本者。則勞力之人日夜經營所出者。其數雖巨。然首爲地租輸於地主家。次爲利息納於資本家。又次爲利潤歸於製造家。而其餘之區區者。乃爲工銀。入於勞力者之手。蓋亦無幾矣。徵英國一千八百九十五年所揭之數如左。

國計儲積總計　一三五〇〇〇〇〇〇〇磅

地租	二二〇.〇〇〇.〇〇〇磅
利息	二七〇.〇〇〇.〇〇〇磅
製造家之利潤	三六〇.〇〇〇.〇〇〇磅
勞力者之工銀	五〇〇.〇〇〇.〇〇〇磅

由此觀之。可見勞力者共殖有十三億五千萬磅巨額之富。其效驗可謂大矣。顧以地租利息之名。奪其四億九千萬磅。又以利潤之名。奪其三億六千萬磅。僅所餘額五億萬磅。（即全儲積中三分之一強）爲勞力者所有耳。而地主資本與製造各家總數。不過全國人口八分之一。然則以八分之一少數之人。安坐徒手而收八億五千億磅之巨利。而餘八分之九多數之人。僅得五萬億磅之薄貲。今試更揭一表以爲之比例如左。

地主資本家及製造家 〇〇〇〇〇〇〇〇

其收入 〇〇〇〇〇〇〇〇〇〇〇〇〇〇〇

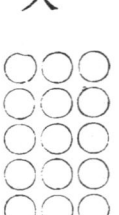

勞力人

〇〇〇

其收入

〇〇

〇〇〇〇〇〇〇〇〇〇

此表據路勃伯路紀福所著愉快之英國

由此觀之。其不平允之實。有可驚者矣。然社會主義之提倡人心者。實在力行共有資本制度。所謂地主資本之分數自減。蓋資本土地。本應爲社會所共有。故地主與資本家龍斷之權利。可移置於社會。使勞力之人。公同享用也。若製造家爲督理工業者。固不可無酬勞之俸。然率是章程。則彼屬欲恣意侵蝕甚難。然則社會主義既行。必有實驗之功效。購置物品價值立見低廉。養給勞工生計日形饒裕。勞力者所得之數。與資本家無甚差異。則於社會有平等之勢。自可以共受教育。涵養智德。因而增生存之幸福。展文明之進步。又烏可忽乎哉。

要之。社會主義。原本於經濟界之織緯組織而成。此經濟即社會之經濟。故正其本而清其原。創建良法。能使人樂而行之。無所違異耳。試思以經濟組織社會。豈復有不合於自然。不見爲便利者乎。是故如上節所稱不平不允之事。獲利者僅少數人。受害者爲多數人。歷時既久。必於社會多所滯碍。而阻生業發達之機。惟其勉强集合。不能有公益於人也。如茲所謂社會主義者。更正一切之弊害。不平者使之平。不允者使之允。開誠心布公道。集羣思廣衆益。乃社會自然之進步。非有新奇而駭俗也。舉行之則發達之程度。有不啻策駿馬下長坂順風而馳者。豈現今社會所能夢見乎。

然而社會主義者。實爲近世特別之精神。發揮盡致。而合於十九世紀思想界之潮流者也。蓋思想界之潮流。近世愈激愈甚。而足增史乘之光者有二。一爲民政思想。一爲人情思想是也。蓋民政之勃興。視法律宗教爲轉移。或於各國政體不能盡同。然人心之趨向。無不欲脫羈束而處寬閒。其事實有不可掩者。抑知社會經濟未能全盡自由之道。則政治之自由焉得有效。故必有經濟之自由。而後能成政治之自由。此定理也。然則所謂社會主義者。實能於近世民政思想代表升進之階也。更就人情之思想言之。十八世紀人人所重之自由。惟主持一己之權利。至十九世紀。而同胞博愛之理想漸著。因而種族之說。浸入人之腦中。皆欲以推廣仁心扶持其同類較之各人惟思利己之時其情之淺深厚薄大有不同矣夫人情重大義而愛同胞是實近代文明之進步尤美麗顯著者也而社會主義則以人情爲本期於人人相助人人相保勉合於義之當然而并發明其理之所以然一也然則謂社會當廢私有資本雖爲勞力者保存利益不過於工業倡協和之議而其精神直貫注於民政人情之際豈非近世思想界一大潮流乎吾故曰組織社會苟能正其本而清其原自能使人樂而行之無所違異也彼德國之俾斯麥謂國家社會主義不得爲眞確之社會主義而亦爲從來社會主義家所不許也

故如上所論以協和而營業以平允而分財本社會之經濟爲基礎而發揮十九世紀思想之精神實社會主義之本領也總之闡發至此無復有一人異議者雖瑣末事務或謂當立中央政府者或謂當立地方政府者或又謂支配富財宜定標準而異其方者尚無定論至於社會經濟之改革由社會主義之本領則懸之

國門。莫能增損一字也。惟當披瀝赤誠。以實力推行之耳。

第四章　社會主義與道德

夫現今社會所甚可憂者。非道德之腐敗乎。自產業革命以來。世界之富。日以加增。因而物質之文明。與之俱盛。學術亦有進步。智識光明照耀宇內。獨於人心所謂道德者。依然株守其舊。毫無起色。雖一二學理倫理學。關係於道德之處。或亦隨智識稍有發明。至如道德之實行。則不唯無進機。且較昔日有退卻之勢。何也。當古封建之時。社會組織。本有一定之裁制。雖國民精進之理想。較近世學理未爲完備。要之精神所注。實能以道德管攝人心。而使忠義奉公之念。勃然興起。不可謂不盛矣。至今時社會封建之制壞。而道德之心。亦與之俱微。以勢力相勝。而無裁制。以利欲相煽。而無理想。上下交征利。而不知仁義。遂使相與相成之感情。一朝冷卻。嗚呼。時會之變遷。亦甚矣哉。

夫惟道德之精神日滅。故利欲之精神日增也。試觀今日風俗。人人以射利爲準的。苟能得利。卽無事不可鑽營。此不獨商業社會之趨向爲然。卽如高等之教育社會。政治社會。及其他凡百事務有聯合之體者。亦無不皆然。然則此利欲之精神無乃卽時代之流風社會之空氣乎。

尤可異者。文明愈盛之國。利欲之精神亦愈加多。蓋物質由粗而得精。人心卽由疏而致密。成之自我者。我應享用之。卽成之自人者。我尤欲駕上之。此近世生存競爭之實境也。然則所謂文明者。徒皮相之觀美。其內實猥瑣鄙陋無事可以對人言。所稱文明社會者。不過相率鬥利。互磨爪牙而肆呑噬。固非有道德以相與維持也。故文明之態。如狼被羊皮。社會之形。不啻轉天堂而地獄耳。何足道哉。試觀東亞日本一國。工藝尙未極盛。已漸折於各人利己術中。雖其弊尙未顯著。而由今日之趨向。可測其將來之歸宿已嗟乎。變本加厲。靡所底止十九世紀之風尙其勢若決江河。人力亦何能挽回哉。

夫論物殖則古不如今。論性情則今不如古。此理果何在乎。有志斯世者。苟憤道德之衰頹。思爲挽救社會之計。實當以此爲第一問題。而加意研究者也。宗教家謂是不過人心潛入罪惡之果報耳。罪惡所以著於人心者。由於豔利太甚。任其發而不知禁止之所致也。蓋宗教家偏執己見。特謂人性已墮入利欲界中。因而罪惡日以蔓延。終至敗壞一社會之道德。是說也。無他精理。不過如基督教會株守亞葛斯金死法。一成不變耳。然可異者。如開德爲近世名人。所著有社會進化論。尙迷而不悟。可知是等思想。於歐美學者之間。大有勢力也。然而宗教諸家。曉音瘏口。孜孜不懈。不過期於各人改良而已。且以各人果能改良。則庶幾社會道德。可望去其不善以歸於善也。卒之誨者諄諄。聽者藐藐。窮年累月。耗精勞力。所得之效。僅此少數之改悔者。而社會之生存競爭。猶激烈而不可止。或並此已改悔者而波溺之。徒善不足以爲政。昭昭明矣。予非以人性爲完美者。亦非以各人道德未嘗腐敗。又非不知各人道德之腐敗。將延社會之腐敗者。而如宗教家之以方今社會之腐敗。歸獄於各人失德所致。則有所不能夫人性之不同乃種傳境遇教育之結果也或胚胎於先天者感受惡質或隨境遇爲轉移其尤不幸者以未得良善之教育致不能發揮其天然之性理是其本體未能完美之故如宗教家及開德所論固亦不爲無見開德曰人之本性僅知自謀利益耳至見之行事則每每自反蓋人者生而爲社會之動物固不能無社會之感情耳目之交與人俱哀與人俱樂不可得而禁絕之也予又信人生而有愛其同類之心實爲篤摯也試觀近代之生物學家於動植各物分界不僅欲自爭生存並欲爭所愛之生存如禽獸之哺子必瘁其體草木之結實必散其華蠢蠢然無知之物皆能不惜勤苦以求達其生生之理是非愛心所流露者乎故由格致之極功可以識生存競爭之外必有盡善盡美之進化法此則生物學家指示吾人者不爲不妙切事理也夫物猶如此人胡不然況乎知覺運動更有較物爲靈者則其感發更不可以言喻矣烏能不與社會加之意也

至人性不同姑置勿論且以彼附和宗教之大謂今日社會之失德悉歸各人之

失德。而恰信各人之失德。實因社會之境遇而生。即所以爲組織社會者也。蓋境遇作人物。人物作境遇。此問題亦大有別也。夫組織社會之制度。乃所以養成各人道德者。且欲聯合各人之道德。而因以著爲社會制度者。理之不可易也。是二者之關係。本有互相爲用之妙。如現今社會道德頹敗。各人以利己爲主義。則其制度之不善所由致也。請詳言其事如左。

當昔封建盛時。政府每有干涉社會之事。社會之階級。儼乎其區焉。劃乎其域焉。士常爲士。農常爲農。工商常爲工商。各分其職。各治其事。爲上率下。下奉上之制度。懍懍然咫尺不可踰。在人情雖不免有畏縮銷沈之弊。而忠孝之感。廉靜之風。自有可觀。迨乎維新以後。遺風舊俗。頓爲一變。上而朝廷。下而鄉邑。無不改弦易轍。政府之干涉減分。社會之階級破裂。人人得以自達其新思想新事業以求立於新世界之上。互相競爭而不可止。蓋現今社會之世界。一競爭之世界也。競爭而勝者。則得享其幸福。其或敗焉。卽生存亦不可保。故人不得晏居而守道義也。

然則現今社會之制度實與人以競爭之權而助長其利己之精神者也彼其熙熙穰穰相率而趨於利場又何怪焉嗚呼長蛇封豕欲而無厭很羊貪狠强不可使斯眞文明隆治之時化爲優勝劣敗弱肉强食之戰場矣

是境也不獨日本然也西歐文明諸國自宗敎界之馬丁路德與經濟界之亞丹斯密出提倡自由主義各人主義而後人心一變莫不以生存爲憂以競爭爲事百計經營思擴張其財產以爲己利此現今社會所由生也

歐美之經世家欲救此弊極力維持而終無成效於是爲正本清源之計微悔社會之立法未備非改革之不能爲功若英國者固已先行之矣

然此改革制度將以何者爲先乎無亦廢今日之自由而復曩時之封建耶是不然矣蓋自由者文明之樂郊封建者壓制之濁世人心豈有去樂郊而適濁世者乎故無謂改革之法不在夢游既往而在期望將來要不外講求經濟以求社會之達於完美而已

完美者何。其惟考求社會主義乎。蓋主義由平等而生。本合於人生之至情。而適於社會之原理耳。故爲公同資本。爲協合勞工。爲斯人共擔之義務。爲天下同享之利源。其殖富也聚而多。其分財也平而允。如是則精神振動。法制完成矣。果能行之。則社會之交際益固。人人勉於工業。自不流於競爭之弊。而各發相愛之情。吾見道義之風。彬彬而起。豈非社會主義之能事乎。予所以極贊社會主義者。誠知其運行之妙。不獨於經濟有益。且關係於道德者亦甚鉅也。

試設喻以明之。人心如薔薇花。社會主義乃植之之地。而經世家則栽培是花之橐駝師也。今有橐駝師得薔薇一枝。種之泥沼之間。栽培極力。非無萌蘖之生焉。然苞甲中已被惡蟲腐蝕。不轉瞬而立見枯槁矣。見者曰。此樹實非薔薇。乃無用之灌木。何勞培植。宜速截而投之火中耳。是卽厭世家之謬說也。或者曰。此樹雖屬薔薇。然惜其質已腐敗。且樹心有禍根。究難望其發生。必取他樹接之。是卽神學宗教二家之論也。更有人曰。否。不然。薔薇非惡。但所植之地非宜耳。試取而移之乾良之土煖之以春風潤之以膏露自能生機勃然開美麗之花矣是卽社會主義所論者也然又有人焉造其室而言曰論土地之不良或爲有理然有法以維持之其所放之花有較良地優數等者強植於此無害是卽道德家之見解也最後復有數人焉携諸種之藥劑而來前曰是良於殺蟲者曰是利於發葩者此扶持樹本彼曰補救地質是卽不欲社會改革而爲是姑息之談者也然而曠時廢日竭慮殫精諸方雜進一效無酬於是橐駝師失望之餘自語曰勉強彌縫終非善策不如從或人之忠告而移植之則取而置之溫風所通之乾土濕風不能至腐蝕無由入乃未幾而萎者振未幾而枯者榮栩栩然裳裳然馨香之味溢於門庭穠麗之容敷於院落是非花木與土質相宜之大效乎觀於薔薇可以知社會制度關係於人生之道德非出於矯揉造作勉力而爲之也較然著明矣

第五章　社會主義與教育

夫現今社會弊端百出其爲教育之害也又甚矣苟欲改革其惡因而規畫其將

來之善策。不外於誘導人心。使之受公同之教育。是爲急務也。

蓋今日之教育制度。所謂自由極弊之制度也。各人得以隨己意而從事。欲受者受之。不欲受者不强之。故必有決然受教育之誠心。而後能獲其益。又受之之人。必得資斧裕如者。而後能遂其欲。何則。今人欲受教育之數雖多。而爲制度所束縛。有不能支持其學費者。由是青年有志之徒。自顧財力空匱。惟有相望裹足已耳。然則宏敞之大學。惟富家子弟可以居之。貧窶之人。向學雖殷。欲一游其門而不得。斯豈教育之本意乎。是故制度不善。則不能收普及之效。卽歐洲諸國文明極盛。亦惟於尋常小學堂强人學之。若其高等教育。固猶是放任主義。來不拒而往不追也。雖有通人。能幾何哉。

在昔封建之時。人民執業。有一定之分限。故亦有一定之教育。爲農工商者。欲改服士大夫之義務。靑衿城闕。路絕而無由通也。夫操賤業之子弟。豈無聰穎駿發之才。而一爲等級所限。而無以達其志。則是教育之不廣。等級害之也。今日制度。

一以自由爲主義。凡在同羣皆得受學。無所謂等級之差異。似較昔者爲優矣。然考諸事例。其名雖異。其實則同。削其尊卑之籍。而生貧富之階。雖教育家立心之始。未常禁貧者之來學。然囊空似水。規費無酬。屨疊如山。觀摩終阻。然則今日教育之制度。少數者享其利。多數者受其害。誠何殊於封建時代之壓制乎。但封建時。由等級之壓制。今日由經濟之壓制。少有區別耳。

雖然物極則反。天道之常。吾觀美國學者思想高尙。有以教育普及爲演說者。殆今日制度不均所由生耳。嗟乎。明眼人可以觀世變矣。

夫如是果足爲文明乎。試觀少數之人民。得以揮霍其財。囊獨游化宇。多數之人民。轉以告空。其資斧同向暗隅。雖造物生成。無私覆載。而國家法令。未廣栽培。一則薰陶於劍杖之間。彬彬文雅。曳長裾而號譽髦。一則暴棄於宮牆之外。擾擾窮黎。披短褐而哀煢獨。政令之不平。一至是乎。如是而謂之文明。則文明實蟊賊耳。更申論之。此多數之人民中。豈無英雄豪傑。惟其未蒙教育。天性之良。無由發揮故難脫穎而出耳。然則由今之制度觀今之社會。其必有無數人物。賚志沒世。與木石俱腐耳。嗚呼。斜陽衰草。憑弔古原。斷碣殘碑。閟音空谷。如不戰之耿威爾。不歌之米爾登。一暝而萬世不醒者。烏知其幾何人耶。夫縱論至此。可知近世教育之弊。汩沒人材。為數頗鉅。倘亦於國家之精神大有損耗耶。安得不瞿然思慄然懼也。

夫思之懼之。則必有以救之矣。救之奈何。其惟行社會主義乎。社會主義者。猶是教育制度也。而必以普及無遺。強人就學為定向。其法以念一歲為教育年限。授以各種教育。涵養其智德。誘發其才能。使定一生之本業。毋為游民而已。又教育責任。為通國共擔之義務。由國庫出貲。凡年屆學齡者。給以衣食居處之費。書籍什器之貲。無貧富貴賤之別。皆使之入學。其狀如今日徵兵之制度而更善也。試觀國家之治軍也。非每歲舉全國之人年念一歲者。課以三年之兵役乎。而其入伍時。非貲給餉銀。無一不足者乎。彼教育之於國家。在培養有用之材。視為國家之事業亦何不可不寧惟是吾人有知其更重於兵事者蓋輸財養兵雖屬今世界不獲已之事然以理論之際萬家之膏血養一國之爪牙以殺伐爲功以戰爭爲務極不仁之事也且勞費無已時吾人每望有止戈之一日若以如此之財如此之力經營敎育自上而下由近而遠實力施行吾見學校如林弦歌載道人民獲其幸福國家收其良才豈不較徵兵制度更爲當務之急乎而現今社會曾無一人識得此理買櫝而還其珠牽車而失其靷舉世茫茫千載一轍可勝嘆哉

若社會主義則當以敎育爲重且擬以國家經費供給此事人每怪擲金錢於無用之地徒托空言不究深理試觀現今社會豈無敎育特苦於制度未能完善耳果實行社會主義則人心進於道德無智愚賢不肖皆與知與能而社會亦得享和平之樂如是則今日之海艦陸營警察裁判監獄諸費可以大減其額費於彼而省於此誠後效之可圖者也且以敎育而支國帑撥諸事理亦未爲過也果然則社會主義可以普及不遺強人就學而其本有三今特辨之如左

第一各人之權利　惟天生人皆稟良能性理充分本無區別故培養之則可賢可聖暴棄之則不識不知此社會主義所以至當不易而各人皆有受教育之權利也蓋欲爲國民則當盡其義務除教育之外更何由曰義務所在乎且現今社會僅少數富者得蒙其利豈社會之義務亦獨使少數富者擔任之耶無是理也

第二社會之權利　夫社會者非一大有機之組織乎非人人互相結合之一大圖體乎然則一人不受教育卽損社會之一部社會損其一部卽不能完社會之幸福故各人爲己之利益起見則不得爲社會中人各人求公利公益必使同社會皆享其福而後可得充周之教育人人知有文明之美報卽己亦無不利焉請設喻以明之假令一人獨坐華屋而門窗之外皆腐質臭物環列衝刺其能晏然游處終日娛樂矣乎吾有以知其不能也社會之事亦如是耳雖一人獨受教育之惠而與蚩蚩者共處亦必有岌然不安之勢安得爲圓滿之幸福乎明乎此則社會對於教育其必當爲全體之權利無疑義矣

第三後世子孫之權利　夫今日之青年男女非他日之父母乎故欲得善其子孫必先求善其父母弓冶箕裘理宜然也使一人不受教育其害必及於子孫此不獨各人之責卽社會亦當爲後世慮也蓋泰東人篤念祖先唯勉于記過往泰西人專求身利則偏于慮現今吾以爲記過往慮現今皆爲人身不可缺之要務但對於祖先而冀爲之似續對於身利而思永其遺傳則尤不可不早爲子孫之計語曰積善之家必有餘慶非虛言也然則吾人之子孫對社而有受教育之權利可知矣

夫今日世界各國競言教育而弊害幾無底極其故何哉如我日本倣泰西法制興學校勉成德然國民之多數尙不能徧沾其澤此亦可以思變計矣吾是以急引社會主義爲教育法也

第六章　社會主義與美術

宇宙間有三大秀粹焉曰眞曰善曰美何謂眞依造物之原理而窮究其現狀卽

科學哲學家也何謂善本人生之行事而發明其極則卽世之賢人君子也何謂美本人情物理之妙用而發揮其光彩以爲樂事者卽詩人美術家也

夫此諸大家言論風采夐絕人寰實上天之使者示吾人以三大秀粹者也而其發人未發之秘奧如古代猶太之祭司長優入聖域而主祭上帝者千載不過一人故吾人生於其後不敢不奉之以神明祝之以馨香守其法而從其敎也

顧但以美術言之彼其稟天賦之良才而暢人情之樂境者歌也有思泣也有懷實宇宙間一大生命也吾人羣居社會之中終日患苦苟欲尋得樂趣則不可不討求美術家之精神以爲玩物適情之助耳然則美術關於社會主義者豈淺鮮哉

江紀路斯葛及威廉木利斯二人者當代美術家之山斗也而木利斯尤以美術家兼爲詩人其詩才比肩於德誼孫思深慮遠建赤幟於美術壇上主持一代風騷莫能出其範圍之外可謂十九世紀之大預言者矣故據美術家之見地考究

現今社會。早已灼其弊端。而思想所及。又有改良之影響。然則彼等之襟懷灑脫。倜乎遠哉。

路斯葛者。屋格士坊大學堂之教授美術者也。擁斯來德之高座。每宣講時。必及己之經濟論社會說。欲以佑啓學者。使有偉大之感覺。又性好勞動。常携其徒至學堂傍近之村落間。手操鋤犁。或修繕道路。而木利斯亦當時受其感化者也。同持高尙之精神。雖己之名位。有所不暇顧。常衣工役之衣。立倫敦通衢。集多數之勞力者。而演述其社會論。嗚呼。如二人者。非洞悉人情之利弊。而爲近代社會改良之大機括乎。

今特揭二人之議論。有關於現今社會制度者如下。

路斯葛守復古主義木利斯守革命主義者也路斯葛欲保存其舊法木利斯欲激動其進步者也。而對現今社會言之。其貌雖異。其心則同。彼等謂現今社會之制度。人尙競爭。甚不利於美術。蓋人人以工業爲利藪。則無暇求美術之發達。譬如名花佳樹不植於幽靜之園亭雖蓊然而抽條郁然而吐蕊亦多有不適於觀者蓋塵俗之思慮不清斯高潔之精神不發美術何以異於是乎今社會人人欲利雖美術家不得靜養其伎世人亦無能樂休閒而求美術者則是競爭與美術不啻冰炭之不相容也故安於現今社會必使美術零替苟欲保存美術必當改革社會二者斷難並立是彼等之意也

第一　論曰現今社會損天然之美　夫工業雖有進步而美術反形衰落者觀於天生之物質不勝人力之工作可以得其大凡矣如英國近代工業亘古無儔然天然物產則不免日銷月耗試一放眼觀之昔之叢林矗立綠雲蔽天者今則斧斤伐之若彼濯濯也昔之池沼淵泉清流滾滾者今則化爲工場之濁水矣且也機械朋興煤烟四塞晴朗天空無端暗黑斯不亦減殺風景耶故英國人民居工業之地不能有美妙之樂且不能製美妙物品又不能養美妙心術斯不亦滅殺人類之精神耶

不獨英國然也卽我國亦可取証矣如上年京都之設博覽會也余以京都爲歷史及地理之名區山河壯麗風景宜人意中事也豈意村井商會希路孫里史之廣告水郭山村揭帖殆徧天然風致幾爲抹煞今日東京橫濱間青峰碧岫沿鐵道者罔不銷沈於廣告看版職是之由雖富士山夙稱名勝居東洋之第一美觀其將來不淪爲市廛者幾何矣要之今日社會滔滔而趨於利藪已如江河之決而不可塞矣吾人不幸適生其際但見天魔之舞誰復聽雲韶之歌也是亦美術家之一劫運耳可慨也夫

策二　論曰現今社會損人工之美　蓋社會以競爭爲務則人心趨於便利無有注意於改良者試觀諸多建築苟其可以獲售卽卑俗有所不顧如工人之函居方形之工藝場穢惡之停車棧等處櫛比鱗次塵垢汚人求如意大利之寺殿崇呟樓臺壯麗者蓋百不得一也且就製造物品而論朝而出貨暮而責效擲棄一二糞倖千百欲速成見小利非所以爲殫精研思日新月異之道也故　現今

之社會相沿不改則凡百器用類皆鄙野粗率無一足以示觀美者自然之理也

第三　論曰現今社會損美術家之生計　夫人終日勞動不能謀衣食之需則無暇更習精良是現今社會之大弊也美術家欲圖生業必竭數年之心力從事其間然後可收成效豈能與瑣瑣者流居陋屋蒙汙穢操作於一場所乎又豈能蕭然四壁專求高尚之伎術坐視妻啼飢兒號寒而不顧乎故自競爭事起美術家實有難保生存者苟謂社會朋興美術愈徵發達是無異徬徨墟墓之間呼陳人而責靈感吾未見其有應者也

然則路斯葛木利斯固不以現今社會爲美事矣但其所攻駁者空氣之腐敗也精神之否塞也此皆僞經濟家所貽之大害如孟堅斯太等提倡自由主義一變而爲競爭世界是也蓋此輩創論惟知人人有欲利之心而復從而縱送之曾不計義理之是非率是道也欲美術家保其權利難矣顧美術家既不能保其權利則社會前途亦必每況愈下此兩人所以深惡而痛詆之也

顧現今社會兩人既出反抗之力以抵制之則於將來社會亦宜有特別之理想深顧却慮以爲善後之圖此可預決者也故路斯葛自命爲共產黨木利斯自稱爲無政府黨而兩人所崇信者實皆爲社會主義之原理吾人思其已事當路斯葛之時人心爲所感化者實有望風披靡之勢而木利斯尤爲之擾首雖至死而不少更變也然究其創立社會主義之由特欲爲美術家除其弊害非有他故也由是觀之則美術之視競爭猶南轅而北其轍也欲存社會之美術必去社會之競爭是兩人之理想相同處其言曰今日工藝非引滿社會之愛情使不爲自私自利之事則美術無由發生何也人必生計無缺經濟自由然後不爲境遇所窘迫精神所注惟期術業之精良術業所成即見精神之煥發是非改革現今社會制度而組織社會主義則不能有至此之一日豈不然哉

然欲知路斯葛之理想社會可讀其所著思奇斯洛史德一書此書精理名言能使聽者忘倦是英國社會所由感動者也今雖不能縷述其辭要其大旨所在不

外於執業有定。爲發揮理想社會之精神。使人相友相愛相養相助。毋貪一己之私利。而謀社會之公益而已。如軍士之職在於保衛國民。宗教家在於勸化國民。醫師必維持國民之康健。法律必董治國民之行儀。實業家給必需之品。勞力家享均分之利。各爲社會盡其本分。自能共爲社會勉其全功。其分也爲社會之支流。其合也爲社會之總匯。所謂大海汪洋萬派朝宗者。社會亦猶是也。尤所重者。人人當委其生命於社會之間。對於社會而切同胞之誼。利害與共。存亡與共。一時組合之。百世保守之。以血性相激。則社會爲血性所凝成。以道義相維。則社會爲道義所集合。如是則人類團結。至極而無以復加。眞所謂社會之完美者矣。理想抑何高歟。

否則無此社會。徒兢兢於利欲而已。則人心迷亂。美術終不能盛也。吾人欲改革現今社會。而別立社會主義者。亦惟信路斯葛木利斯二人之預言。而確見其不利於美術家之積弊也。明乎此義。則社會之轉機。殆不遠矣。

第七章　社會主義與婦人

夫論社會主義之本領。去私利而謀公益。誠爲經濟問題。而其直接於婦人者亦同影響於政治教育。故凡婦人之品位事業福利。若不以當社會之一部。則社會主義。已有偏而不完。廢而不舉之弊予。故特揭於是。以明社會之關係婦人者。非一二細故也。請申論之。

社會主義之婦人論。就婦人之後來者言之也。今欲明其關於社會之故勢必據其過往與現今已然之跡一一詳察之然後利弊可得而悉也蓋婦人之思想及其所居之品位。古今次第不同。將來尚有變遷。是亦物極必返之常道也。

據歷史考之。古代婦人。權力自由。或有出於男子之上。統攝一族而行女系相續之事者。如埃及之顧洛派德日本之巴御前。此皆巾幗英雄克自遂其本性是也。然由優勝劣敗之勢力日以增長。因之婦人腕力柔脆。不能與男子相抗。漸以其自由之權授之男子。且婦人有懷妊產育等事。須男子之保護者多。又不能不益加忍耐。故遂受制於男子。而隨從之耳。

職是之故。社會之視婦人。恒如奴隸。又如日用之物品。僅足供男子玩弄而已。試觀古代希臘羅馬之社會。彼其智識優長。雖已達於文明之域。然待婦人極薄。雖以蘇格拉第•亞立斯大德•之賢。視婦人仍爲劣等。其他學者更甚。繼而歐洲封建時代。貴賤等差。軒若劃一。而男尊女卑。遂爲社會中牢不可破之風俗。至於今日人習爲常。莫知其弊。要之過往之婦人。以順爲正。早已失其自由之本性。工容色以悅男子。甘受壓制而不辭也。

反之現今社會。其對於婦人也。思想絕異。高尚婦人之品位。發揚婦人之事業。因而增進婦人之權利。理由繁複。不可殫論。而其原有二。一則耶蘇教規破男女之資格。特表同情。一則德意志北方種族。崇敬婦人。尤爲異數。二者相合。而社會之風潮。猛然一泊。迨至法國大革命之時。人心益趨於平權博愛之公理。近代如覺期•史賢•愛德彌兒•輩偉人迭出。莫不擴張女權。提倡男女平等之說。使女子知所以自勵而立於競爭之世界耳。此其別於過往者也。然如彌兒等之議論。即就各人主義倡導女權者。婦人既得自由。與男子並馳逐於競爭之場。高其位置。完其幸福矣。獨不思工業之關於婦人者。猶有不可逆覩之弊乎。蓋現今社會。工業大興。婦人受事其間者。額數尤鉅。觀一千八百八十年合衆國統計表。凡製造廠及鑛山婦人執業者。無慮六十三萬二千人。實佔合衆全國工人之半。至紡績業則女子之數。較多於男子。然則婦人對於社會究竟何如。吾約言其弊有三。

第一　女子性質柔脆。不敵男子之剛很。使之同出於競爭。是背其自然之天職也。雖可謀得生理。終必損其良能。徒列於第二等之人間。

第二　使女子勞力營業。其工銀較男子爲廉。資本家愛其廉而皆雇用女子。則男子無所得食。亦必減價求售。而勞力者之工銀。愈以低落。卒至男女俱困而已。

第三　自女子充入工場。則道德因之毀敗。男子之結婚日減。而離婚日增。是由競爭不已而生者也。夫女子以營利之故。去其溺情私好。而欲獨立於工業界上。卒之腕力不繼。貧困無聊。不得已而鬻賣其身。仍以備男子之玩弄物。是非現今社會之極弊。而吾人所預料之悲場乎。故萊葛曰。女子豈不以娼妓爲恥。無如其生計艱難。不得已而出於此路也。嗟乎。競爭世界。流極不返。其禍乃至於此耶。如斯則女子雖得自由。而生理不見其盛。徒使淆雜於工廠之間。敗壞其閨門之德。佳禮缺而淫風熾。姦生多而嫡派步。是欲高女子之品格。反以墮落之也。然則由各人主義而倡導女權。女權張女禍重矣。是現今婦人對於社會之實境也。如社會主義。則必去現今之弊害。求將來之利益。然亦不過使婦人高其位置。完其幸福而已。惟其本原先正。如基督教所謂崇拜婦人者也。若今日社會私有之制度廢。而國有之制度興。競爭之精神去。而協合之精神生。則主義一定。實力行之。其影響於婦人之處。大旨亦有三。

第一　社會主義增進婦人權利。不使爲男子之奴隸。又不爲如現今之競爭。惟發明人類之平等擴充天賦之良能和平靜謐與男子相親睦相扶持爲男子之協力者爲男子之友生同爲國民擔其義務同爲社會造其幸福則社會主義所以冀望於婦人者盡矣此其一也

第二　使婦人得展其所長自列於社會蓋社會主義亦非使男女共營一業者也夫禀賦之初男女之氣質已異彼女子溫和柔脆誠不能與男子相頡頏然其天然雅趣善能感化人心以與男子相祐助相慰藉者是亦特受之良能也故裁其所長補其所短較男子何多讓哉社會主義不過使女子操其本業無失良能而已否則欲擴張其權先使之立於競爭場中適以增其困苦耳此其二也

第三　使婦人獨立經濟夫社會主義本視人類爲平等雖女子必受同一之資産享同一之利源理之無可疑者故操業卽不盡同而或爲社會而動或爲室家而起要其爲國民之公務社會主義對之實不容置軒輊於其間也蓋女子所以爲人玩物者惟其不能獨立經濟依男子求生活耳現今社會欲爲女子擴張權

利俾任其自由之競爭而不圖其獨立之經濟所謂知其一不知其二也終必歸於失敗何足怪哉此其三也

然如上所言弊猶未盡蓋婦人不能獨立經濟雖小事必依於男子男子亦知其無他技能也結婚之際惟利是圖女子亦無所擇於其間故觀於今日世界思匹偶而通媒妁者富商鉅賈求之惟恐弗得紈袴子弟雖其人痴騃無識相攸者亦踵相接嗟乎男女居室人之大倫今也不然見利則趨買笑纏頭何異娼妓尙得爲夫婦哉競爭之弊一至於此無怪乎利盡交疏有謫於室而訴於堂者夫聖人制爲禮法豈不欲衣冠尹姞常爲人心風俗留萬古不易之伉儷乎徒以女子不能爲經濟之獨立遂使非偶相從之敝習比比皆是亦可慨已若社會主義行則男女可以互擇非眞意氣投合心志相同者不得濫爲締姻如是始有相得之夫婦矣且女子之智慧益增男子之道德愈進絕不至有中道相棄之患因而離婚之數簡矣子孫生其間者亦得非常之良結果誠如是也家庭以治社會以和後

世子孫之教育以興其大有裨益於人種之改良豈淺鮮哉

夫言社會主義至能使人種改良是不獨擴張女權已也然即以女子論其得荷社會之光榮者固已無加矣吾故謂社會主義其關係於婦人者惟當舉品位事業福利即使之當社會之一部也

第八章　社會主義與勞工組合

本章特明社會主義與勞工組合之關係蓋勞工組合者不過挽救一時之策而欲眞保其自由之權利則非社會主義不能達其旨趣也

何謂勞工組合蓋勞工受資本之家虐待生計索然因而合羣罷工邀與資本家結一定之約期於保護其權利毋使爲資本家所壟斷也其意可謂美其功可謂大矣然徵之事實有不然者往年歐洲各國勞工組合之起曾未計及後來利益惟汲汲挽回其失墜者耳蓋西歐之勞工受困於資本家者絕非我東人所能想像名爲自由實則其苦甚於奴隸終日營營悉爲資本家所佔奪已惟沾潤餘瀝

以資生計甚或不能自給于是勞工皆動公憤起而與資本家相抗而今日之勞工組合以生。

然此勞工組合。其初爲社會所擯斥。與政府爲反抗。欲達其志願甚難。惟能耐久忍苦。年以加盛。至于今日。既得社會之同情。且爲政府所准允矣。究之勞工組合。不過集合多數之團體。僅能運動耳。實非盡善之策也。予謂勞工組合。乃勞工之城砦。所據守以與資本家戰爭者。欲卜其勝負。必得最後之救主。始能策其萬全。何得專恃勞工組合乎。

然亦非謂勞工組合全無功績也。如欲使工銀稍增。得以養身家而無匱乏。或節縮勞工之時刻。爲八點鐘至九點鐘。此等之纖小利益。不難得之。若於此外復求大欲。則決不可望者也。故如今日經濟家所論。與歐美勞工之首領所提倡者。乃勞工組合之最後救主也。

何也。勞工組合。不過能使資本家稍戢威權。不敢恣行其壓制耳。決非能使勞工與資本家平等相視。保均一之利權也。矧欲淩駕其上乎。試觀勞工與勞工相團結。資本家亦與資本家相團結。各欲保其應得之利益。久爭之後。勝算終操於資本家之手。何也。彼則財富力雄。指麾如意。此則枵腹從軍。戰守俱困。終必棄甲曳兵。脫兜鍪而降於資本家耳。然則勞工雖理直氣壯。而勢有所不敵。固無俟勝之一日也。

今籌一良策。不專恃勞工組合。而歸於社會主義。此卽勞工所據之金城湯池。且爲勞工之最後救主也。蓋社會主義欲淸澈社會之夙弊。故其宗旨絕非勞工思想所及。不獨可獲勞工組合之利益。且連綿不絕。更有進而益上之勢。又何必同盟罷工。操戈以與資本家戰乎。

社會主義何如乎。在革去資本制度。卽將今日所謂資本家與勞工之階級。盡剷而平之。是乃總釋社會之問題。而爲對病發藥之良醫也。故如今日之資本家游手好閒。而享用厚利。勞工終歲勤苦。不得休息。反對之極。必有衝突。衝突之久。愈生危禍雖有勞工組合終不能保其萬全若一行社會主義則少數之資本家不得獨佔其富多數之勞工可以共享其利土地鐵道鑛山本屬官有者無論矣至如工場機械等生殖資本悉離私人之手而歸諸公辦舉國民皆任資本皆作勞工又何衝突乎又何危害乎吾故欲剷二者之階級而平之也

然則如此論旨眞勞工所夢想不及者矣始以勞工組合不過爭工銀之高下與資本家爲小戰爭今以社會主義將欲分政治之權利與資本家挑大戰爭矣此必出代表於國會使政府曉然於利弊之所在舉從前社會之制度悉與更張然後資本家無所把持勞工乃可以大獲全勝也

試觀今日英國之勞工組合自一千八百八十九年思想煥發一掃昔日之陋見恍然悟社會主義之新理可以濟勞工組合之窮非行社會主義之法終不能完勞工組合之本旨可不謂英人一大進化乎雖其至此之由難以縷述然大要約有數端如（甲）亨利覺期發明進步與貧困一書人心大爲撼動（乙）自一

千八百八十一年至一千八百八十三年。社會黨復興（丙）自一千八百八十四年至一千八百八十六年。勞工遭大恐慌因悟社會之組織有未完備者。（丁）加利斯巴史等·以及社會慈善家。探究貧民之情狀。不在道德衰廢生理奢靡。實起於社會制度之弊。（戊）德孟·及約翰本史之偉人。起於勞工之內。大呼勞工組合之無能。而提倡社會主義者皆是也。爾來。英國之勞工組合。據社會主義而鼓動其新元氣。至今日益進步。果得竟行其志。爲勞工者猶時時遣其徒于國會市會教育會倡議。豈非理想之實境乎。

然空言未足取信。吾請徵之實事。如一千八百六十四年。萬國勞工同盟會首次開於倫敦時。所議之綱領。抄錄如左。

吾黨思爲勞工者。欲脫資本家之羈絆。必先自爲戰備。且吾黨以欲得自由而戰。決非欲與資本家俱分階級制度之特權。實欲全廢此階級制度。使人人均享其權利。而各負其義務。

吾黨知爲勞工者以資本家專有生產機關。可爲生命之源。因而降心相從。奴隷之唯命。牛馬之唯命。所以致社會之困窮精神之疲敗也。

吾黨知爲勞工者。解目前經濟界上之束縛。最爲此會之旨趣。他日無論政府。如何處置。皆宜準此旨趣而行。

由是觀之。現今社會。苟不澈底澄淸去其弊源。則勞工最終之旨趣終無由達耳。且各國勞工之同盟會。既已正其轡策。向社會主義之徑路而馳。則勞工組合眞爲挽救一時之策。而要其終極必歸於社會主義。此尤在有識者見微知著所共嘉許而無疑義者也。

第九章 社會主義與基督敎

徵之歐美近今之事實。則社會主義與基督敎恰如仇讐如冰炭之不相容。基督敎徒。大都忌社會主義。而社會主義亦盛與基督敎反對。此人所共見共聞者也。然近今之基督敎。漸染於貴族習氣。全失其本來面目矣。至如初代之基督敎大與社會主義相似也且不僅相似其精神思想殆有異名同實之觀故法國之孫希孟者爲社會主義之鼻祖彼其著書發明社會主義謂合於古代基督教之神髓至哉言乎余甚服其卓見也余又嘗研究古代之基督教而識社會主義之眞詮由篤好社會主義而悟基督教之新理是二者殆兩而化一而神乎故余今此論旨卽爲古代之基督教代表近時之社會主義且爲近時之社會主義闡發古代之基督教也請條舉其類似者一一言之

第一　理想志願之相同

夫古代之基督教徒果何如乎決非如今日之教會但導人入於天國勉增天國未來之戶籍托爲惝恍無憑之說也試觀耶穌當日其教徒熱心傳道總無希冀來世之心惟欲協力同謀救濟人類相與建天國於地上耳且彼深信人類爲神之子又信其同類皆爲兄弟謀使人互相輯睦互相協合故其宗教爲愛之宗教其道卽人道也由是思之彼意中所欲言未言者正如近世所謂人類同胞主義

而發現平等社會之活相也然則古代之基督教固發於人類相愛之大道協同社會保合性命非如現今之競爭制度也志願如是思想如是豈不光明俊偉矣乎若以社會主義論之固無毫釐差異矣夫社會主義斷然廢各人主義而掃其自私自利之戰場歸於相愛相助之樂國故其本領在於人類平等在于人類同胞其愛力之團結直與基督教之道德同其精神唯基督教始由少數人之思想鼓舞之以及於全社會而社會主義更進步而直施之于經濟界工業界企圖變更社會爲政治改良之全功僅此稍有不同耳然方策雖或不同而宗旨則一而已矣

第二　傳道之熱心相同

古代基督教之歷史其最著之事如新約聖書教徒行傳等作皆有濟人之熱誠溢於語言文字之表非篤信教事而能如是乎且其舍身徇道不慮其身之不安而惟恐其書之不行有至死不變者非愛心達於極度而能如是乎故叙述教徒

行傳者謂教會中人皆已優入聖域非溢美也總而言之古代之基督教未有不獻其身以傳道者此吾人所深信者也

觀近世社會主義之運動力倘亦有相似者乎教授依里曰社會主義要使人人擴其良知先求一身之係于社會者若何再求社會之切於一身者若何由小而大由近而遠若火之始然泉之始達不得纖微有所間阻夫而後博愛之心可以充塞于一社會之間若英國中央郵便局有以年俸六百五十金而雇用信社會之青年子弟者使爲富愛貧之會員暇則與妻携機及腰掛立街衢之上演說社會主義其妻亦販賣社會主義册子勉人聽從其狀非如古代基督教徒集市人而講教同一熱心乎試一游法英二國彼其人之篤信社會主義而說法宣布者如斯之例不勝枚舉也

第三　遭社會之危害相同

試觀古代之基督教初出于猶太羅馬兩國非受無限之壓制者乎彼其教徒及

信士。世人以邪說目之。謂其破壞社會。至加以亂臣賊子之惡名。或引之法庭。或係之獄舍。或罹刑之威。或受石之壓。危害可謂極矣。顧彼實由反對于社會而受社會之虐遇者也。抑其虐遇敎士之人。則皆把持社會之政治家。以及富豪貴族也。

若夫社會主義。則亦忍受虐遇者也。如法德二國之社會黨。提倡社會主義。當時政府與之反對。或嚴訊于法庭。或雜燒其書籍。又如法國之孫希孟黨。受危害益甚。嫉惡之者。謂如蛇蝎。其徒黨在法國南部。受石擊之時。乃能以和平之語。對嫉惡之人。精神暇豫。何其與基督敎徒異世同揆耶。要之。基督敎之初起也。人以爲紊亂社會之紀綱。社會主義之始興也。人以爲遏絕社會之和平。然其公理固有不能沒者。故忌之者雖多。好之者尤多。互相衝激。且相爭戰。終必有決去危害挽回幸福之一日也。

第四 傳播之速亦相同

殉教者之血肥社會也社會愈逼害基督教愈昌試觀教徒初傳教之時臨其上者壓制之睨其旁者蜚傷之甚至舉世之人欲殺欲割不能以一日安而彼等持守愈堅信從愈衆決非如今日教會一年僅增數人之比也蓋其教初行根本甚大遇禍益烈則教徒之熱心愈以上騰而炎炎焦天遂被於羅馬之天下矣近代社會主義其傳播之速不亦有然乎德國于一千八百六十年以前無所謂社會黨者然据前六年調查之數考之則其後每一年有六十萬人一日有二千六百四十四人之多何人心轉移之捷也彼夫新改宗教如愷德所謂吾來吾觀吾勝者社會主義亦猶是而已

第五　其思想俱以世界爲本

猶太教其國人甚頑固誓以非猶太人不得入教而基督教出則大啓其門戸包乎世界之內無不可與之入教者故自初代思想發達既溢出於猶太國境之外漸擴漸充教堂遂徧設於全世界矣社會主義思想亦極闊大觀加爾孟古爲社

會主義之倡首者而其組織萬國勞工同盟會之綱領大膽炙人口曰吾黨無國與人種之區別惟望同盟之中人人信從人人奉行使社會主義之眞脈運輸於萬國無一人不得其所而已是其動力不亦大乎

第六　其對貧民共濺同情之淚

是二者有不俟擬議而卽知其本同者哀念貧民是也孫希孟謂古代之基督敎與社會主義其理本出於一原如新約聖書與貧民者多慰藉路加傳第六章有曰貧者當聞福音又其敎細民之貧者曰吾之所來欲尋失者而救之等語則耶穌當日殆有黨貧民敵富者之意若夫社會主義去私利謀公益廢各人資本歸國立制度尤勞工之將伯也吾故謂社會主義之原動力實人情之大道也

第六　其同胞相愛之精神俱盛

古代之基督敎對於衆人皆有同胞兄弟之情其能感發人心實由此也而其信士所率行者恰如今日之共產黨共有財產聖書記曰信我敎者必同心協力無

論何等物品皆屬公產不得私爲己有又遇有疾病者共相扶持能使異教之人感歎其相愛之摯近代之社會主義以愛情相團結以能力相資助立法尤爲美善或謂予曰今日敎會其愛僅屬虛言而社會之行事實能表其兄弟之愛然則社會主義之愛力之精神非較基督敎爲尤盛而得多人之贊美者乎

以上所論特就兩者之現象而舉其類似者言之耳雖然不獨其現像爲然即其精神宗旨亦復如一脉所貫注故能演成此類似之現像也要之近代之社會主義非但爲改革一時之社會實又可發揮萬世之宗敎是蓋人性本然之道最有生機之源與血所鑄成者也然則即以社會主義爲今日之宗敎亦無不可乎有志世道者苟期社會之改良由是而獻其身行其道雖力有不逮抱此大主義以斃夫何憾哉

第十章　理想之社會

予更由社會主意進推之而得一理想之社會焉即社會與各人相資助共營社

會全體之幸福也蓋各人對於社會當自負責任而社會對於各人亦共負責任互以責任維繫故社會主義之終極必有理想社會出焉實可謂之責任社會也

試於社會主義中表証社會對各人之關係有簡切而易明者卽法國之社會主義者路易富倫之言各人當致其力量而盡於社會社會當隨各人要需而給之是也所謂各人盡其力量於社會者乃示各人對社會當有負之責任所謂社會給其要需於各人者卽社會對各人當負之責任也故如斯而相與相成社會與各人乃能團結一氣雖然二者果孰爲先後乎曰各人對社會之責任爲主社會對各人之責任爲客此語誠爲簡捷於社會及各人間複雜關係了然解辨實理想社會之憲法也請更申言之

第一論各人對社會之責任蓋所謂責任者實含英語予負予借之意如所謂假人物品借人錢財而必承任償還之義務也然則各人對社會所負者謂各人假借社會之物卽各人不得不思所以償還之然因此疑問以生曰吾人對社會果

負何物乎。對曰。吾人凡百物品悉負之於社會。雖吾人之性格氣力品位。皆依托乎社會而完備者也。美國人之常談。謂人當自助自成。爲世界獨立之人物。此語似是而實非也。夫不藉他人之力而爲獨立之事。精神極爲美大。噫不欲然。然試思世界中純乎獨立自成者有幾人哉。苟精察之。無論何人之事業。未有不假外來之力相助而成者。巴倫曰。汝果有何物不外假者乎。蓋人之性質惱力智識功業。皆必有所憑藉。此理最易明耳。如謂天下果有自成之人。確合獨立二字之義而不悖者。予竊不敢信也。

且吾人生此社會中。實不過種傳教育境遇之一動物而已。雖志願如何雄偉。要非己身所自具。實父母教育之賜也。雖事業如何壯烈。要非我一人所獨成。實藉羣才之助力也。然則謂純以己力成功。殆無一人耳。試使明達之蘇格拉第生而置之野蠻之中。安能闡發如彼之哲理乎。雖如大詩家之獻克史比生而與不知文學之番酋同處。又安能揮其英妙之才筆哉。今日之人。尤重發明家。以爲彼等思想新奇。實能轉移社會之風氣。而創特別之品物。因得專擅其利。載之法典。不許他人仿造。其狀恰如獨立自成者然。然熟思之。則彼之功績固無幾耳。彼其所發明者。因昔人之基址實多。且假今人之智力亦不少。特於此更推進一步。總集其益。而倖收其功。因而竊爲己名耳。譬之作室。有爲之相宅者。有爲之墉基者焉。後來者。稍加結構。卽已如翬斯飛。如鳥斯革矣。然豈可謂功皆出於此一人哉。

今有小說一則。頗足助趣。一日有三猿集於池邊。會有蘋果浮水而來。第一猿緣木臨池。出手取之。不能得。第二猿來。掛其足。出手取之。又不得。第三猿復來。更掛於第二猿之足。而出手取之。於是蘋果得矣。乃第三猿詡詡然曰。是我之功也。遂奪蘋果而有之。社會之事。大抵如斯。萬事皆成於協同。而彼少數人者。顧欲攘爲己之獨能。不亦異哉。

更宜注意者。在吾人所得之財產。究其如何積累。則如今日社會。保護各人之私有權。因而各人可以任意揮霍。無少忌憚。然試思此私有財產。果皆一人之力所生殖者乎。抑合衆人之力而生殖者乎。予答曰。吾人財產。實不過社會協同之物品耳。彭建民開德亦曰。各人財產。其千分之九百九十九。皆由社會中相續而成者也。然則人豈可徒誇一己之功哉。

果然。則吾人之對社會。實有無限之責任焉。吾人之有資財。有智識。有才學。雖爲我所依托社會之本領。然其實則社會之畀我也。故不可任己所欲。爲宜獻之社會。以爲公益耳。嗟乎。吾人者。社會之公僕隸也。公臣妾也。固宜竭其力。輸其忱于社會者也。故奉公者。吾人之天職也。吾人能擔其義務。則可謂忠於社會。爲社會中最有勞績之元勳。夫豈可飽食終日。虛過此一生哉。然則有資財。有智識。有才學之人。必爲社會所多與。決不可以自誇豪舉。而不思其責任之重也。新約聖書曰。與多者。求必多。眞社會之大例也。且卽社會所與少者。亦不得自甘暴棄。不竭其力以相資助也。如彼貧苦寡婦。財囊空匱。猶能獻二美來富斯。不可因以見社會之精神哉。

所謂各人盡其力量於社會者實社會所必求也且社會有求之權利對于吾人而後吾人克勝責任與否始可表見路斯葛曰兵者所以保國民學者所以敎國民醫者所以輔國民之康强商者所以給國民之需用夫非各施其長技用以助長社會之生機者乎予在美國得一友人于演說此理之時宣言人之生活苟不爲社會之公生活而然則無生存於社會之權利一時聽者駭異爭辨鋒起然予則歎息其爲至言也何也人能對于社會自知其責任則不愧爲社會之一員故於理宜生存也

以上所論卽爲各人對社會之責任也是爲社會主義論責任之第一義尤爲重大者也而繼之者則爲社會對各人之責任而予欲列爲之第二義者也然恐誤解者多亦不得不先辨之所謂社會對各人而負責任者謂吾人亦有可求之權利對于社會非謂社會因人有存立之意必與反抗也蓋吾人既爲社會之臣僕則社會亦不可無以酬其勞如軍人之於國家獻其身命爲之干城而有防衛之

責任。故國家亦必要養之而有給需用之義務。非謂國家因軍人而存也。然則社會對各人之責任果何在乎。曰如前所舉社會者隨各人之要需而給之。此言已極明確。卽謂給各人所求之利益也。今畧舉之如下。

第一　社會于各人之生活有給其安養之利益。

衣食居處人之生命係焉。今日社會競爭不息。汨汨然日趨于汚下。罕有勉高尙事業者。皆爲此累耳。由社會主義觀之。曾不値一噱耳。夫吾人出而膺社會之責任。自當游心曠渺。做成世界上轟轟烈烈之人物。但社會宜有以培養之。使不爲境遇所困。然後能伸其腕力耳。如軍人以生計艱難。別營他職。人必笑其愚。以社會主義視各人之生計。非實與軍人相等者乎。故社會給各人之衣食。其當然者也。

第二　社會于各人之道德有授其敎育之利益。

人苟欲於社會創美大之事業。此非昏昏之徒。放棄道德之所能望也。蓋人生之初卽具有高尚之性格偉大之能力者千百中不得一二惟賴有教育以涵養之磨鍊之然後精神可以發達耳然觀今日教育之制度雖學堂林立而得入者惟限於有資財者之子弟貧人不得沾其澤則以可造就之才埋沒於風塵鞅掌之中卒與草木同腐者何可勝數也故據社會主義之理想而言則以教育爲國家重務使國家擔任之亦不易之道也

第三　社會于各人之娛樂有備其需用之利益

如美術品運動機械定居音樂旅行漫遊各事皆政府所宜備具者也蓋人之精神有時疲萎必得娛樂始可舒暢此自然之理也今日文明國之工業界往往有閉塞勞工娛樂之途因以迫發禍機者其不能踴躍從公無論也故倫敦有社會殖民事業專以助勞工之娛樂爲宗旨社會主義亦欲以國家之費多設娛樂之場所使人得以博游觀之趣而陶寫其天和觀俾拉密之路磴伯郭德以政府之大員每日必奏美妙之音樂以傳線達之樂室各所縱往來人聽之社會者亦當

如是慰勞於人人者也。

第四　社會于各人之患難有予其保護之利益

今日各人自爲貯蓄或加生命保險爲疾病死亡之備其實社會所當爲人經營者如疾病衰老廢疾死亡等類皆宜立之塲所使有所歸養夫然後各人不苦于生理之煩累自能謀社會之公益矣

夫如是社會因各人而盡其責任各人亦對社會而共盡其責任相與相成各得分願結構一完美之社會此卽所謂理想社會之責任社會也波爾德古曰完美之社會如蟻如蜂各自戮力圖全體之利益以之分給於人而無不足亦卽基督敎所謂天國社會主義所謂加篤魄之世界也如是則可爲人類時代爲道德時代社會之進步至此而無復加矣夫吾人生於生存競爭之世禍變益亟則理想益高志向益定前者戰爭之時代去而工業之時代來今則工業之時代將去而道德之時代將來嗚呼天國在前不遠伊邇奔走偕來同我太平豈不樂哉

光緒二十九年五月印刷
光緒二十九年五月發行

（社會主義）
（每部大洋三角）

原著者　日本村井知至
繙譯者　金匱侯士綰
參校者　桃源陶懋立
印行兼發行者　文明書局
上海四馬路胡家宅
印刷所　文明書局
上海棋盤街北段
發行所　文明書局

欽差大臣太子少保兵部尚書兼都察院右都御史辦理北洋通商事務直隸總督部堂袁　爲

咨明事據戶部郎中廉泉具稟京城設立文明分局由滬運京各書請豁免水脚並請各省保護版權等情到本督部堂據此除批據稟該員在滬設立文明書局編譯教科并新學各書復於京師設立分局以便士林請將由滬運京各書概行豁免水脚查招商局輪船裝運官書向免半價現在興學爲自强根本但能全免卽可照辦候行該局核議詳覆飭遵至該局編譯印行各書無論官私局所概禁翻印以保版權並候分咨各省督撫院轉行遵照抄由批發等因印發外相應咨明　貴部煩請查照施行須至咨者

光緒二十八年十二月　日

近世社會主義（上）

欽命二品頂戴江南分巡蘇松太兵備道袁　　爲

給示諭禁事本年二月十二日接

英總領事霍　來函以香港人馮鏡如在上海開設廣智書局繙譯西書刊印出售請

出示禁止翻刻印售並行縣廨一體示禁附具切結聲明局中刊刻各書均係自譯之

書等情函致到道除分行縣委隨時查禁外合亟出示諭禁爲此示仰書賈人等一

體遵照毋得任意刊印漁利倘有前項情弊定行提究不貸其各凜遵毋違切切特示

光緒二十八年　三月　初二　日示

欽加三品銜賞戴花翎在任候選道特授江蘇上海縣正堂汪　　爲

出示諭禁事奉

道憲　札接

英總領事霍　來函以香港人馮鏡如在上海開設廣智書局繙譯新書刊印出售請

給示禁止翻刻印售並行縣廨一體示禁等由到道札縣示禁等因到縣奉此合行出

示諭禁爲此示仰書業人等知悉嗣後不准將廣智書局翻譯各種新書刊刻出售

如敢故違定干查究其各凜遵切切特示

光緒二十八年　三月　十七　日示

日本福井準造原著

近世社會主義

上海廣智書局印行

近世社會主義自序

社會主義者。何也。所以稽社會黨之行動也。然或因孟浪過激之兇徒。爲安寧秩序之仇敵。以招世界之嫌惡。然而文明所到之處。則社會問題必隨伴之。而社會黨亦隨而興。余素暗於實事。迂於時勢。而豈敢以慷慨自任。每以國家之大事爲憂乎。而敢以能文達識之士自命。而衒其博覽多才乎。然當此滔滔社會之潮流。靜觀事物變態之蹟。徐徐視察其趨向。我日本今日之形勢。社會問題。亦隱約胚胎於其中。貧富懸隔之弊。亦將漸顯於社會。是經世憂國之士。所不能漠然置之者也。此所以稽察歐美諸國之事例。以講究近世之社會主義。其微意之所在。卽注於茲矣。世界識者。披閱一過。當亦恍然於社會問題之不可輕忽。是著者之所厚望也。後之讀者。其不以爲覆瓿之具歟。

明治三十二年三月福井準造識於相陽豐田寓居

近世社會主義序

政友福井直吉君之哲嗣準造君。好學修文。研究社會主義。博採泰西諸家之說。頃者著書。題爲社會主義。公之於世。夫社會問題之講究。爲近世之最急要者。而發明社會主義眞相之著作。吾國尚闕而不詳。以致研究社會主義者每每誤解。今此書出。關係於吾國者不淺。因贅一言以爲叙。

明治三十二年六月栗原亮一序

近世社會主義凡例

一本書描寫法蘭西革命以後歐美諸國之社會主義爲主。於革命以前。雖間採社會主義者之議論。然社會之勢未大。其足以當講究之價值者甚少。故省畧之。

一社會主義者。以經濟學上之一學說與政治學上之一議論。以判定此主義之是非善惡。爲本書之目的。然爲解釋社會問題。自信爲講究社會主義者之必要。著者特蒐集多種之社會主義的議論。以供社會問題解釋者之資。

一本書之目的。說明社會主義之本質。然於其黨派之運動。亦爲講究社會主義者所不容忽。不可附諸等閒。然本書先記述歐美諸國社會黨之狀態。至其運動。於他編再述之。

一本書所揭載之人名地名等。於固有之名詞。大抵隨其原者。而附記以片假名。然於從來一切所慣用者。則不別改之。

一本書所參攷之著述。於其最重要之書典。揭載於附錄第二。以供讀者參攷之用。

著者識

近世社會主義目錄

近世社會主義目錄終

近世社會主義

日本　福井準造著　　中國　武陵趙必振譯

緒論

政治的革命

百年以前。法蘭西之革命。實爲改革社會之一大原因。剗除君主之尊嚴。打破貴族之階級。絕滅僧侶之特權。各國效之。而求改革社會之策。於專制之君主。則强請而布其憲法。或分離。或聯合。或拔劍而抗世之壓制自由者。苦楚辛慘。國家改造之大業。乃漸完成。於是全社會之形勢一變。於是於『不公平』『不平等』『專制』『壓抑』等。皆諱言之。一洗舊來之面目。而高唱民權。其所主張者。凡平民與其餘之人民。皆得享有自由平等之權利。擺脫舊來專制之習慣。而求政治上自由平等之眞理。以求自附於文明之諸國。所謂王者無上之權力。一切裁制之法。皆不得加之。政治的自由之聲。普及於天下。四民平等。無有階級。所謂普通選舉等無數之政治的難問題。亦因之而解釋。乃遂確認人民上之參政權。確立法律上之平等權。而向日呻吟於君主之壓抑。貴族之專橫。僧侶之干涉者。芸芸蒼生。擾擾黔首。皆大歡喜。齊聲而謳自由平

殖產社會之現狀

等之歡聲。是爲政治的之革命。達其目的之時期。

政治的之革命。其成就雖已如斯。然而社會之混亂。仍未平愈也。政治上之自由平等。雖已如斯。然而無形之權利。仍然伸暢也。試一觀察有形的社會之狀態。然而不平不滿之聲。仍未易除去也。物質的文明之發達。則不平不滿之聲。亦隨伴之而愈高。試一觀察殖產社會之現狀。與勞働者之狀態。所謂政治上之自由平等者。其對此等多數之勞働者。果能恩惠普及乎。果能認其人類之平等。許以人間之自由乎。非亟撤去階級間之深溝。而欲成上下平等之社會。果可望其成就乎。彼熱中於擴張民權者。火水尚不足辭。何爲而不改良社愈之狀態。而使萬民享有福利乎。於政治上。既暢增無形之權利。雖收參與公政之權。恐不足以敵之。試觀當世文明之現狀。所謂無形之自由平等者。僅虛形乎。僅空名乎。擁虛形。尊空名。而輾轉於溝壑。果何爲乎。所謂社會既奏改良之功者。不過自政治上之改革以來。得理論上之平等。於勞働者之地位。於其生活之必要。免其無情之冷酷而已。雖有契約之自由。雖有平等之權利。而社會經濟上之大勢。仍爲彼等資本家隸屬一種之奴隸而已。雖云公政之參與。雖享法律之保護。然亦不過虛榮而已。夜以繼日。營營勞働。所得之勞銀。不足以供一身自活之費。病妻饑兒。耳側交訴。薄運亦此至極也。社會革命之大勢。雖除僧侶貴族之專横。而著殖產社會之顯象。然而資本家之壓抑專制。以驅此等不幸之勞民。爲其賃銀所繫留而桎梏。而生產社會產出之富額日亦減少。其事業亦日漸衰微。於是多數之勞働者。亦日陷於非運。而公平之自由。不能助之。平等之法律。不能救之。世界之富者既日增。世界之貧民亦日益。貧富懸隔之現象。亦復大顯。是豈十九世文明之特兆歟。

貧富懸隔之現象十九世紀文明之特兆

勞働社會之狀態

交通運輸之便開。器械之發明。亦大進步。工業社會之大變革。亦由此而呈。手工與勞働者。皆失其業。小資本家遂獨立而經營事業。於是資本主與勞働者之間。遂築一大藩籬。殖產界之面目。全然一新。富者益富。貧者日貧。其懸隔亦共製造事業之發達而高其程度。傭者與被傭者之關係。宛然而似主從。更下而至勞民之地位。竟與昔時之奴隸等。天賦人間之本性。亦幾不能享有之。多數之勞働者。遂不能保其資格。若牛若馬若器械。力因其力量之多寡。而評定其價格焉。勞働社會之狀態。竟至如斯。彼等陷落於無底之地獄。而受此有名無實之自由平等。於彼等究何所益也。

政治的之革命。以政治上之不平均而起。於是遂勦滅其壓制。此政治社會者。今也財產上之

殖産的革命

不平均。更現異樣之壓制。若此壓制者。俄然逞其勢力。以極專橫。亦必如政治社會之革命而起。則殖産社會。及其餘之革命。踵之而生。何以禦之哉。

革命之文字

一切之革命。必先自文字始。其由來非一日矣。如彼宗教之革命。開發迷信者之頭腦。覺醒積年之迷夢。如彼法國之革命。遍灑壓制者之鮮血。終奏自由之凱歌。如彼亞美利加之革命。開放奴隸者之沈寃。得證正義之勝利。腥風慘憺。招國家之擾亂者不少。然今日歐洲諸國。概得憲法。得沐代議政治之恩惠。然而此等諸國。雖脫專制之羈絆。確立立憲之基礎。而多數革命的之非常手段。屢次舉行而不已。則殖産社會之革命。其如何之手段。其如何之運動。其如何之進步。實社會將來之一大問題。不易解釋者。今日社會黨之題目。自數十年前。已開其端。則將來顯然之實事。可拭目而覩也。

社會黨之組織

然而社會黨之組織。果自何人而成也。或謂無賴無謀之徒所教使。以絕滅資本家者也。是爲破壞黨。或謂欲打破現制社會之秩序。而現出無秩序的社會。是爲過激黨。嗚呼。社會黨者。果國家之賊歟。秩序之敵歟。無識之徒輩歟。抑亦不過孟浪過激之兇者歟。

吾人試論而斷定之。社會黨之懷抱之主義之綱領。不難揣測而知也。彼等畫種種之方策。布種種之計算。或主張共產主義。或唱導無政府主義。或望施行極端之共和政治。或冀設立强盛之專制政府。或冀希望絕滅資本家顚覆政府等。以試其運動。此所謂過激派是也。其最後之目的。而勢力所集注者。則曰均一之分配。夫惟希望均一之分配。其極端則流於無政府黨。其强盛則變爲專制政體。常爲一致之結合。然抱改革社會之大望。而欲興起社會黨。於經濟上之主義。亦同一致也。悲賤民之窮狀。而欲表同情。憐社會之弊害。而欲和其不平不滿之念。憫流離困德之人民。而欲脫其人生悲慘之痛苦。此固社會黨之素願也。然此等之念慮不獨。爲社會黨專有之感情。凡富於慈善之懷。深於同情之念者。何人亦不同此感念也。而如何改良之。如何匡正之。是卽社會黨派之主義。綱領彼等所以或相結合。或相分離者。未嘗不由於此也。彼等之主義不過二端。一則改良現時勞働者之狀態。以一層少量之勞力。而收多額之結果。二則平均富者之均配。取其收穫正當之權利。而對勞作之人民。以平其財產之不平均。而除諸般之弊害。

惟其然也。於是社會黨突然而起矣。乃悍然曰。奪地主之土地。奪資本家之資本。廢遺產相續之制。全滅其私有之財產。而握國家生產機關之全權。以其所得之利益。均一而分配於各勞働者之間。以止不法之競爭而改悖理之箇人的制度。杜絕資本家地主等營不義之富貴之途。以救濟可憐之勞働者悲慘之狀態。此其宗旨也。殖產界自然之趨勢。逐年而增。則事業亦必逐年而發達。則大資本之集中者惟國家獨能之。決非一私人之所能。而勞働者。亦非一私人之所使用。則生產機關之全都。全然國家而握其主權。此社會黨中共產主義之一派也。

無政府主義

更有唱過激之論者。全然反抗社會之現制。舉社會上之『法律』『警察』『議會』『政府』等之諸機關。而絕滅之。其論專制政體與代議政體也。不問其爲君主政與共和政。悉欲驅逐之於社會之外。一掃現社會之制度。以增進萬民之福利。衛科意所謂『掃除現時之制度無論何物。概勦滅之。』是也。彼等之欲組織國家。爲無拘束之社會。故彼等輒謂警察之保護。法律之支配。政府議會等。皆爲無用。以及私有財產及遺產相續之制。皆彼等所最反對者也。且彼等所謂眞平等者。服制如一。男女如一。無宗教。無政治。此社會黨中無政府主義之一派也。

公有主義

以財產之絕對的平等爲目的。以公有主義派之議論爲主張。視彼等全然破壞顛覆現制度之急激社會黨。較爲溫和。然於私有土地制及遺產相續制之兩者。亦彼等之所反對也。彼等既欲行其目的。於現社會之組織。所欲舉行非常之改革者。即先收私有之土地。而爲國家所

講壇社會主義

有。禁資本家蒐集箇人之資本。而役使勞動者。以從事其生產事業。其於財產之種類。雖不許其私有。而行均一之分配。然必自其分量而度之。一視其勞力之功果何如。居高職者受多額之給俸。其下者量其報酬而遞減。以幾分之等差而分配之。則人皆視其勤勞之多寡。與才能之良否。而無有偏私。然於居高職而蓄積資產者。則又禁其子孫相傳。且於生產之機關。凡爲國家所有者。又禁私人之計營。雖或貯蓄多額之資產。不得以爲殖產事業之資本。故凡爲父母者。必教其子。於社會地位之高下。必視一己之智識才能。決不能依賴祖父之地位財產。而自惰焉。蓋彼等乃認許一部之財產私有制。悉委任於國家而爲生產機關之全部。各以其勞力勤勉之功果。而受國家應分之報酬。是爲共產制度之稍溫和者。此社會黨中共有主義之一派也。

晚近之所創立。諸學者之所唱導。又爲一派之社會主義。其唱導之者。大都大學之教授及其門下生。世所稱講壇社會主義者。而其起源自德意志始。彼等不願改革社會之秩序與其根底。又不欲舉國家而全然改造之。不過維持現制。企圖社會漸次之改革。一任箇人主義之發達。而行其生存競爭之自然。雖貧富之懸隔。未有甚於今日者。然自然之競爭。自有自然之優

社會黨中之各派

勝劣敗。不幸而貧民萬不能堪。與富有巨萬之資本家。赤手而相抗對。則螳臂當車。必不能免。而後彼等以政府之力。調和於資本家與勞動者之間。彼等又爲勞働者組合同業之貯蓄銀行保險及製造所條例等。而研究種種之勞働問題。及關於婦女兒童之勞働。及日曜日勞働等。皆一切而研究之。彼等借國家之力。以制資本家之專横壓抑。而謀一切之攺良。其依賴於國家者甚大。故稱之爲國家社會主義云。此社會黨中講壇社會主義之一派也。

要之社會黨之懷抱。其議論之根底。必置於經濟上之主義。而土地資本之兩者。其對勞働者之關係。必力圖其攺良。以分配其利益。而變更其不平等。以採均一之制。不達彼等之希望而不止。或講究經濟以外之諸問題。於政治倫理及科學上。而行一大攺革。企圖攺造社會之全體。或欲依賴國家之力。以組織勞働者。而獨注意於生產上之問題。以期政體變更政度攺革等。因其手段方策之相異。而各種之黨派以生。一爲企圖施行共和政體者。是爲共和社會黨。一爲欲依賴國家之權能。以攺造社會者。是爲國家社會黨。一爲喚起人類之慈善心。依宗教之力而達其目的者。是爲宗教的社會黨。一爲豫盡未來遠大之理想。而望顯出『爵托卑耶』的社會者。是爲理想的社會黨。一爲攺革現今之制度。依賴人間之公共心與慈善心。欲以輿論之力而改革勞働社會者。是爲漸進的社會黨。又其極端之所至。欲以鐵血而改革社會。以一挺而勝百枚之投票。（言執武器而抗議會之意）囂囂然而奮一臂之力。以爭吾人之自由。以火藥彈丸雜血肉之軀而薄之。是爲革命的社會黨。理想既異。手段亦異。方策遂異。而其歸宿。終亦無殊憤激之極端。同以厭世的觀念（捨身而從事於鐵血亦厭世之觀念也）而企圖理想之世界。徹頭徹尾。以破壞現制爲主張。純然而同唱破壞主義。切望勞働社會之改良。而共享平等之福利。以行均一之分配。社會主義之目的。此其大端也。

社會之主義發達

蓋自打破封建的舊制以來。中級之社會。同時而得參與政權。器械之應用。與物產之數。亦大增加。於是社會主義。乃發其端緒。其對現時之制度。而不平不滿之念慮。亦逐之而增加。不僅得下級賤民之贊同。其餘階級之間。亦大喚起其同情。其地步遂愈鞏固。因十九世紀之文明。將欲舉行一大改革。其勢燄遂愈愈而增高。

現時之經濟組織

則試探十九世紀之經濟的制度而評之。除私有資本家之競爭的組織之外。凡原料及器械器具等。皆爲比較的少數財產家之私有。彼等役使勞働者。而製造有價之物品。而勞働者無器械及原料。而不能執其業。不能不應資本家之僱聘。割與僅少之利益而已滿足焉。而資本家除此僅少之賃銀。其利潤之全部。悉藏於一人之腰橐。於是一方（猶言一處）之富者益富。而地方之貧者益貧。兩者既相反。則必互相妬嫉。而爭鬬之事。因之而起。加以此等之資本家。又各施其善惡之手段。以試彼等不幸之勞働者。爲賃銀上之爭擾。遂顯生產社會無政府之慘狀。僱者與被僱者。共謀私利。而各逞其野心。生產社會之狀態。既已如斯。而社會主義之論難攻擊。以求改良之方法。此事理之不容已者。

試代此經濟的現制度。而別求理想社會主義之經濟的組織。而攷究之。蓋現制度者。凡諸製造事業。不如舊時。而欲依賴箇人的勞働。各自支辦其原料器具以從事焉。勢必不可。則勞働與資本家。萬不能分業以計營生產事業也。然則如何而去資本家與勞働者不相分立之弊。勞働者得自由之職業。且得適當之報酬。則必依社會主義之持論者。凡社會全體之人類。悉皆勞働者而後可。則彼無意之徒食者。全然而驅逐之。凡公私之資本。皆爲此等勞働者之共有物。其資本悉以供給原料器械。以製造種種之物產。所得之利潤。勞働者全體而分潤之。以勤勉勞力之多寡。而聽各人之分取。庶爲得之乎。

勞働者果遵如斯之方法。則與國家相組織。凡以資本而製造物產及分配之事。更於勞働者

所謂均一之分配

之中。舉其二三人。主治管理資本及各種之事業。與現時之政府相類似。彼等諸般之事業。各定其方針。但其社會之所產出之財產。雖經其配分處理。然不過委任以勞働者全體之財產。而爲支配人管理者。其整理之完不完。其處置之善不善。皆爲被委任者之責任。

依此社會主義而組織之。則富者之生產日見其多。且得均一之分配。此二大目的。庶見其成功。則彼等合同資本之轉運。及合同勞力之組織。箇箇分立。以圖職業及勞働之效果。則冗費日淘汰。產出日增加。且勞働者亦因均一之分配。而得直接配當之利益。精銳勤勉。以從事其事業。則其効果。必有非常之隔絕者。可佇足而待矣。

所謂均一之分配云者。與唱共產主義之意見。非有絕對的之意也。向後投入之事業。除資本之全部。其餘剩之利潤。則以勞働之多寡。任其各自而分配之。

以如斯之組織。其結果究如何乎。凡世界之勞働勤勉者。大抵爲其衣食田廬。仰事俯蓄計也。遂其願者則逸樂。失其望者則悲歎。各種類之財產。既得貯蓄之自由。則又希望箇人之暴富。又或以多額之財產。而供箇人的生產之用。則生產社會。其惡弊又將自此而生。而資本家專橫之惡習。復不能絕蹟於社會矣。是又唱社會主義者。不得不以理想而求生產組織改革案

其極端則社會黨流爲破壞黨

之大要也。惟其然也。則貧富懸隔之弊。又興。而非企圖其平愈而不可。其終極之目的。必以均一之分配。實行於生產社會爲必要也。果以如何之手段而實行之。則社會主義中。亦有數多之議論。各就其所見而歧出焉。然其最後之目的。大抵相同。其組織社會之方策。亦無甚異者。凡此各種之黨與。概括之以社會黨之總稱。亦無不可。惟其極端。則必流於過激之手段。必以顛覆政府破壞國家爲目的。而希望絕對的之自由平等。則所謂社會黨者。一併於無政府黨之黨與。此又爲社會黨之問題。而且彼等於破壞秩序顛覆政府之外。別無所期。其舉動純然爲破壞黨之社會黨。雖然其目的亦不過欲自由平等之普及。而匡正財產之不平均。然其極端竟至於此。則社會黨中之一派。更不容輕視也。吾人今就泰西諸學者所定社會主義之定義。攷察其二三而論定之。

社會主義之名詞

『社會主義』之名詞。其使用之者。實自英國始。千八百三十五年。當時英國之創立社會黨者洛威托。拿夷。組織各種族之團體。其談論之際。始用『社會主義』或『社會黨』等之名詞。於文字之中。其後法人列布題其所著『近世之改革』書中。泛論沙希賀卜釐陸等之學說。每採用

社會主義之名詞

此語。遂傳播於歐洲諸國。於是各國皆沿用之。

社會主義之定義。諸學者之論定。亦有數種。據亞度列、海陸度之定義曰。『爲社會而要求服從箇人之志意。』洛西路曰。『注意於人間本來之性質。以要求一般之幸福。』拉烏列曰。『其第一着於社會之狀態而要求其平等。其第二着。不必依賴國家之力。以求其改革。』希耶尼曰。『社會主義者。匡正人間貧富之不平等。取其充分所有。而與不充分者。以保其均平。如饑饉災禍之時。國家權能所不及者。』而列希路則以爲專指『貧困社會之經濟的哲學。』要之社會主義之目的。決不依賴政府之力。惟恃勞民自身之力。以改革社會組織。以打破貧富之懸隔。余輩則以爲『要求貧富之平均以改革社會之組織。』爲定論焉。

社會主義最後之目的。切望財產上之自由平等。與勞働者悲慘之狀態而表同情。以計畫社會之改善。彼等非甘爲社會之敵者。其方法之不善。至其極端。則用非常之手段。而有紊亂秩序妨害治安等之非行。竟陷於社會之罪人。且妨害其目的之成功。世人竟目彼等爲國家之賊。社會之敵。欲排斥而去之。職是之由。固由彼等之過激。而亦不諒其心矣。今也有深遠學識之諸學者。參與國家之樞機。爲大政治家。以左右天下之商政。而大資產家等。又皆傾意於下層賤民之狀態。感悟貧富懸隔之顯著。而爲文明特色之累。欲亟意而補救之。於是社會之問題。彼不平不滿之兇徒。而思紊亂秩序者。漸減其數。經濟社會之現象。出以眞摯之意而研究之。則後日之社會主義。善爲用之。或不至妨害治安。而得自由平等之眞境也歟。

第一編　第一期之社會主義

英法二國之社會主義

緒言

社會主義者。其發生於現世紀十九世紀之初。至本世紀之中葉。英法兩國之外。乃波及於他國。於英國則洛威托拿夷。於法國則沙希和布拿等之徒。共爲運動之發開者。兩國之社會的問題。所以率先他國而興起者。實彼等之力居多。當時兩國社會之狀態。實甚不振。其時人智則漸發達。人人皆於社會制度而生不滿之念。資本主與勞働者之間。分配不能均一。各人逞其私利私慾而不顧他人之不幸。於是公理漸起。咸欲享受社會之幸福。抱不平之觀念者漸多。世人亦大注意於社會的問題。是爲社會主義之起點。然當十九世紀之初。社會問題之聲。尚未震全響於世界而聳動世人之耳目者尚少。獨英法二國當時關於社會問題之運動與事蹟。其發見爲最早。是爲第一期之社會主義。而英法二國。獨占其先聲也。

社會主義發達之事蹟。自其遷變之時期而區別之。分之則爲三期。其第一期。爲創成之時期。

第一期

第二期

第三期卽近時社會主義

始於法蘭西之革命。終於千八百四十年之革命。於英則爲拿意。於法則爲加威希和等。空懷改革社會之理想。而偶實旋於社會。則反爲證明其失敗之時期。絕入第二期。由拉梭列馬陸科斯等之學理的研究。於社會主義運動之進路。遂開一生面近時之所謂社會主義者。其根蔕多採於彼等之學理。以排斥架空之妄說。而肆口慢罵之聲。其數漸滅。於是沈思熟慮講究學理。其步由此漸進。而一段之眞理。遂由此而首肯。其開此派之人。遂組織爲同盟會。千八百七十三年。因衞額之大會。偶生同志之分裂。社會黨派與無政府黨派。全然又遂分離。社會之氣談。一時頗有閉熄之狀。既而再於日耳曼因社會民主黨之運動。漸有轉機。卽所謂近時之社會主義之發現。而入第三之時期。既而學者之主張、與經世家之考案。相俟而爲國政之應用。於各國社會政策實施之事蹟。乃歷歷而可尋。研究社會問題之聲。反響振於世界。終至聳動一世之耳目。然其運動雖由此而漸盛。而黨中之異論。亦由此而生。數派各歧。門戶遂異。同居社會黨之中。互相結黨造派。其持說與抱負。各異其旨。時形反對。故雖統謂之爲社會黨。其黨中之內情。紛雜混亂。殆難收拾。此談近時社會黨之狀況者。不容不深考慮者也。

則就社會主義之發達上。稽其隆替之際。雖區分之爲三期。然所謂社會主義之根本與目的。

英法二國社會主義所以發生之早

更有非常之變態。第一期之社會主義之目的。至第二期而始達。第二期始發達。至第三期而養成貧民與勞働者。始分配自由與幸福。以至今日。其當初之目的。尙未能貫徹焉。於現時之社會。把持最大權力者。爲上中級之社會。或起嫌惡之念。或抱仇敵之情。吾人今特稽察彼等之事情如何發生。其徑路如何運動。其極點如何成功。其向點如何失敗。其境遇如何甘苦。以解說第一期之社會主義。追序彼等之現狀。以爲世之研究社會學者攷焉。

第一章　英法二國之社會的狀態

英法二國之社會主義。果何故先於他國而發生乎。果何故先於他國而長成乎。而欲解說此問題。非於十九世紀之初。而稽察此二國之狀態。不可也。蓋當現世紀之初。其弊最多者。以下等社會爲最甚。當時之社會黨員。多爲層下貧困之勞働者。於貧困之狀態。或目擊之。或身受之。故其社會改良之方策。皆由貧民救助的之方法而現出。

至於法國。其弊害更有甚者。中心既傾於腐敗。此社會者。遂依革命而打破封建之舊制。以壓抑王侯之專橫。絕滅社會之階級。雖其如此。然而腐敗之空氣。尙未能除。亦其政府之施政而失其宜。而亦當時之社會所處之時之不幸。其下級人民之慘狀。殆出於想像之外者。因此等

英國之社會的狀態

之惡害。隨伴改革社會之計畫而並生。故社會黨遂以過激疏暴之舉。以強迫其豪富紳商。此又當時自然之趨勢。而出於不得已者也。

吾人先觀察英國之社會的狀態。以畧悉其概要。蓋英國因斯茲哇陸度王統之虐政。久於爭鬭。以千六百八十八年之革命。漸脫專政之羈絆。破封建之舊制。改壓制之惡政。布憲法。開國會。以出改革弊政之途。惜哉。其改革之步。僅止於此也。於政治上之權利。仍歸於上級少數者之手。然此等少數者。皆注目於一己之私利。而多數貧民之休戚。漠不相關。其結果也。如勞働者之賃銀。其高低之額。任管理者之意而定之。且以各種之目的而禁勞働者多數之結合。凡輸入之物品。又課重稅以謀地主輩之便益。其課食料亦同。以種種苛刻之租稅。於是貧民困於衣食。流離顚沛。日沈於窮乏之悲況。而殘忍之富者。視以爲常。如教育之事。決不普及於庶民。蓋欲養成其愚衆以爲爲政之秘訣。故其多數之人民。大都無學之文育。加之刑律甚重。囚人不絕。囹圄之中。爲惡疫之巢窟。凡入獄內一度者。則人間之性情一變。其獄官絕無勸善懲惡之旨。大抵險惡猙獰之人。竟爲世人夢想所不及者。社會上道義之頽敗。一至於斯。下層之貧民。雲集於街衢。無所歸宿。社會絕不顧慮之。而富豪搢紳。高樓大厦。高聳於雲表。

勞働者之情形

不獨此也。更細察其內面貧民困乏之狀。更有甚者。絕無救濟之良法。其所謂貧民救助法者。不過徒供惰民坐食之資。以八百萬磅之大金。而庇蔭無賴之輩。而貧民絕無被其恩惠者。多數之勞働與婦女幼童。皆服苦役。其婦女幼童等。勞働於煤鑛。腰纒鐵鎖。從事於搬運之貨車。匍匐於狹隘陰鬱之坑內。恰如牛馬。幼童之六歲者。一日從事於勞働者。竟至十四五時之長。鞭撻毆打。屬於峻嚴苛刻之監督之下。因之而夭折者。不知其數。甚且使役童子。以供掃除煙筒之役。蓋當時之煙筒更狹。非若今之闊大者。令兒童匍匐於筒內。有不入者。則鞭笞之。而僱者又不注意。每每煙筒未冷。卽迫令其掃除。兒童每有燒死於筒內者。或燒爛未甚。而僅免者。其慘虐之狀。大抵如此。彼等所得生活之資。仍苦不能自給。饑寒交迫。民不聊生。其敎育衛生

教育社會之狀態

等之不完全。更無待言者。據千八百十八年之計算。已及學齡之兒童。有一半無敎育者。全國學校之數。不過三千三百有餘。後五十年。其數增加至四萬四千。足見當時學校之不足。至於關涉衛生之事。十九世紀之初。倫敦死者之數。多於生者之數。其人口幸賴他方人士之移住者。以補足之。今日所稱文化之中心。世界之富國者。其當時社會之狀態。乃如斯也。

加之機械應用之術。日益進步。工業界之面目又一變。獨立之小製造家。（即以手工而自製造貨物者）亦已全

勞銀之低廉

滅。遂不得不奪勞働者之職業而謀生焉。於是以前之製造主而兼勞働者。並其家內之職工。亦皆俯首哀願於資本的製造家之使役。否則饑餓而死。大抵不出此二途。而資本家但謀其私慾私利。其酷待勞働者日亦加甚。而工業界自然之趨勢。勞民之數同時而非常增加。其賃銀遂日低一日。卽如從事綿布製造之勞働者。一週之賃銀。不僅六希盧釐額。而勞働之時間。其延長無制限。且迫於生活上之必要。婦女倂幼童。悉投於勞働社會之毒渦中。而小兒尤甚。僅能步行者。亦强其而就職業。其執務之時間。與成人等。且其監督嚴密。如上者之所述悲慘之狀態。凡各處之製造會社。視爲普道之事情。無怪之者。以故當時之諸製造會社。發表之報告書。宛然一種悲慘之哀曲。今日讀之。令人酸鼻而慘毒之狀。躍躍若繪於紙上云。

英國之社會的狀態、既已如斯。則經濟上之發達。與機械之發明。資本家與勞働者之間。畫若深溝。而貧民之狀態。日增困憊。千八百十七年之頃。社會慘憺之悲境。殆已達其極點。自拿破侖連衡歐洲諸國。試一大決戰以來。戰後之餘響。國民之經濟界乃大擾亂。而國家之前途。日卽於非。於是英國社會黨派之巨擘洛威托拿尼。乃獻救濟之策。盡力旋斡。以經營社會組織之改良。乃於此時。應運而起。

於是英國社會黨派之泰斗拿尼唱導社會主義。全英國爲之風靡。自由民權的運動之勢力。視法蘭西更爲豐富。社會黨派之勃興。日益強盛。更喚起法蘭西國民之注意。於社會突增一大勢力。乃爲社會主義之前鋒。

法國之社會狀態

更察法蘭西當時之狀態。布路賀王統積年之餘威。日漸於弛。於社會階級。而抱不公平不滿之念者。皆與貴族僧侶輩而反對唱導社會之公益者日多。千七百八十九年。爲救治國家之積弊。召集千六百十四年以後國會之會員。下層社會鬱屈平民等。結爲議會。更結合唱導自由平等之輩。而爲民權黨派。以反抗國王及貴族僧侶等。以占國會勢力之地步。於是新舊兩派之爭鬬。不絕於時。跋扈跳梁。內訌大起。黨派之歧。條分條合。乃有契洛茲斯托黨。茲可卑黨。是爲過激黨。激之愈甚。遂成爲破壞黨。遂殺國王路易與王后馬利亞托亞尼托於處刑壇上。（又稱爲斷頭臺上）

革命時代

主其事者。爲米拉賀達托賀衛斯卑陸等。是爲『恐怖時代』。法蘭西之紛亂。達其極點。貴族壓抑之弊雖除。而亂民暴逆之政。襲之而起。自由之奮鬬。民權之抗爭。紛紛擾擾。自由民權之至理。用之而失其宜。反爲世所詬病。國政之敗。革反無其期。其國民又大希望英勇傑士。或早一日而降臨。庶以調理國政。而朝野之間。大都豎子。舞弄政權。強者立於上。以苦其在下。

盧騷之社會主義

者。而在下者。理必起而反抗之。互相殺戮。以爲畢生之能事。檻車相續。囚人充獄。處刑壇上。受絞首之刑者。前後踵接。日幾盈千。天日夢夢。陰氣沈鬱。民不安枕。且握政權而立廟廊。夕受縲紲而泣楚囚。友誼交情全然廢絶。社會之中。純爲恐怖之時期。國家之政治。紊亂如麻。革命之慘劇。爲前古之所未有者。嗚呼戚矣。

世運變遷。達其極點。然而社會主義之實說。於此際亦頓發達焉。唱導『四民平等說』與『財產共有說』者。亦漸不少。當時野心之士。欲得國家之勢力。必先得多數賤民之同情。故其唱導學說者。極求恰適下等貧民之意。然各種之學術。雖受其餘弊。而自然社會主義之統系。由此而注入焉。

先是法國一派之論客。咸論『土地私有制』及『財產制度』之不可。其對現社會之組織。全然已漏其不平之念。其黨魁盧梭以『社會契約論』而顯其名。以論難社會之現制。而決其『虛僞』『虛飾』『不條理』『不平等』之甚大者。以倫理道德而排斥人心腐敗之結果。以文明而戰刺於人間之心意。以華美之域而非難狂望之名稱。論定『教育不善之結果』以『流毒害於世界。不知學問爲何物。美術爲何物。技藝爲何物。而人心之孱弱。已蕩盡而無所存。』更決

『不平等之根源』列記現制度之惡害曰『以財產屬於政府者究爲簒奪莫大之甚者其先占領一部之土地據之而爲己有子子孫孫相襲而握其私權故曰凡私有土地者實無異於奪掠與强奪也歲月者以積歲月而成習慣者以積習慣而成以人間天賦之本性而改鑄於人爲的鎔鑪之中或稱貴族平民或分國王人民或類別傭者與被傭者或區分地主與小作人或爲暴君或爲奴隸是皆改造天禀之人間而從於人爲之强制法則人生墜地以來素有平等之權利與幸福昊天豈獨私於彼少數之握强權者夫自主自立自由及平等之大義乃社會契約之大原則故人間但營本來之生活以求發達之途無敢或妨礙之者如彼貴族與僧侶以政府而壓抑之則必一一打破以達其終局之目的若因是等之目的而起者雖反亂謀逆尙爲合法之正理況今日現社會之組織者以奪郤人間天賦之幸福而衆反稱之爲政府實爲百弊之源泉現行之法律制度者實爲不法悖理而妨吾人人類之權利則吾人本其良知良能理必起而反抗之昊天授我以權利贈我以幸榮而彼人爲之法制妄於吾人之手裏而奪郤之則彼之法律制度者實爲人間社會凡百弊害之根源彼財產之私有制實爲人生困厄之根源非打破而滅絕之決心耐力以圖之吾人何以立於天地之間乎』其論如此。

宛然急進的社會主義之議論。以表發於天下。於法蘭西未革命之前。先發其端。故社會主義之萌芽。早已胚胎於法蘭西人民之腦裏。後來之社會主義。皆由彼之議論而發生。彼享受之系統。豈尠少哉。而革命之大亂。亦由彼之議論之傳播。故其迅速如此。故轉瞬遂爲其實演之期。

法國之民情

蓋當時法蘭西。論士、橫議之、時代、既去。而兇徒、暴動之、時代、繼來。各本其平日之理想學說議論。復藉多數之腕力而直行之。但合當時之意旨者。無論其說之可與不可。遂試於國家之應用。遂排斥他黨。以握國家之實權。其狀態如病狂者。時勢如斯。故極端社會主義之議論。最惹世人之注意。次第必得其贊同。而此種之議論。遂爲運動之開始。以試實行其共產主義。如諾意陸威卜其人者。實爲革命時代社會主義之先驅。

法蘭西當紛亂爭擾之極。而蓋世之英傑拿破侖乃出。一時復歸於靜穩。而社會主義者之議論。於此專制君主之下。毫不能舉其氣焰以爭衡。以十餘年之日月。僅保其屏息之態。而蟄居於國境之一隅矣。

社會主義之懷抱與目的

法蘭西社會主義之氣焰。雖經一時之頓挫。而原質不滅。目的終存。依然而存其根蒂。視國勢之機變。再乘機會而公表之。以布於天下。以勉社會的勢力之作爲。而彼等懷抱之目的。別之

革命之亂狀

爲三種其第一者曰『自由之普及』各人皆有享有之自由平等與政治上共和的思想其第二曰『同胞主義之實行』各人皆去其藩籬互相親愛而救助所謂理想的兼愛主義是也而其第三者曰各人不限於有形無形皆切望絕對的平等之境遇決非難行之事情凡世間一切之人皆得享有同樣之運命與幸福乘機會而復其天賦之人權是爲『平等主義』此最後之目的實爲社會主義之第一著所希望而貫徹者

英法二國當時之社會的狀態惟其如斯故此二國之社會主義率先他國而發生今吾人按其時期之前後先叙第一期革命時代之社會主義以衛布額倍二人爲首其餘之人次之

第二章 第一期革命時代法國之社會主義

法國革命者實乾坤一擲之大變革也其餘響之所及不獨法蘭西之一國且廣及於歐洲之全土干戈兵亂相續不已政權爭奪之變爲古今之所罕聞以自由平等而代壓抑專制然而政治的平等主義雖經實行而治者之施政常失其宜野蠻之自由而陷於疎暴紊亂之平等而流爲急激是其弊也既而滅皇室逐貴族覆滅現社會組織之根抵以亂民之狂暴交握國家之主權開國會定憲法改竄更定一再而不止社會之秩序因之全頹國家之組織因之失

實蓋其久懲專政壓虐之苦反動之餘勢舉國之民心皆心醉於自由之說神遊共和之政而抱極端平等之理想以企改良政治苟有資產地位之社會而顯於時者雖爲非常之權族必目之爲自由之讐敵必欲殺戮平夷而後已暴逆橫行至於此極政權遂囂囂然歸於羣民之手中無資無產之徒與眞正之自由民國爲可喜而亂民暴徒之隊橫行州郡剽掠財貨穀米不知其厭彼暴動者誤解革命之眞相殘虐悖逆愈劇愈慘道義節操掃地蕩然官吏居職不能治之軍隊擁兵不能鎭之秩序混亂天地冥冥舉世滔滔一陷於鐵血奇慘之世界

政治之成功

當此擾擾紛亂革命之時代社會秩序崩壞不堪諸事亦全歸混亂然雖如此而其間有一種之思想漸次發達而占其勢力遂果占有最後之勝利焉所謂一種之思想者何也曰平等之理想是也蓋平等者所以制萬事革命平定之後初顯其形於政治上大改權利之不公平以至全國之民皆得參無政權者既而拿破侖既沒之後歐洲諸國亦皆認定此眞理建設政治的自由之制度而革命者所狂望政治上之自由至是漸達其目的

經濟的平等

革命者爲欲得政治的自由大啓紛爭舉社會極其紛亂每有於其不相關聯之目的而爲運動之開始彼革命者企圖社會之改革當此大革命發生之際攷察研究以企併得政治的自

衛布之幼時

其共產主義

由經濟的平等。如衛布其人者。實爲革命時代唱社會主義者之一人。決不容輕視焉。吾人欲敘革命當時社會主義發達之大致。則衛布一派之運動與其學說。急宜記述者。

第一節　衛布及其主義

列拉沙哇諾野陸衛布者。以千七百六十四年。生於法國野耶州之沙科野他。父爲墺國軍隊之佐官。幼時家計甚豐。得受充分之敎育。十六歲時。父卒。學業中止。爲小吏。後昇進土地檢查官。終推選爲沙摩州長。偶因得罪。處禁錮者二十年。自獄逃出。遁於巴黎。遂投身於革命之運動。當時法國之學士論客。追想希臘羅馬之盛時。心醉其學說者甚多。心竊慕之。遂取加耶斯額拉加斯所唱『民之保護者』登於自己之新聞。以攻擊當時之社會制度。大唱共產主義之議論。蓋衛布之共產主義者。多採於賀列之『自然法』錯綜變化。以社會之平等。爲唯一之目的。曰、『社會之人。假使有一人有多數之財產。必破社會之調和。』又曰。『社會之目的在全人民之幸福。而欲全人民之幸福。先於凡關係社會者。企圖一切平等。』又曰。『欲得若是社會之平等。必先以一切爲犧牲。』

彼所唱之平等主義。如是其專。更舉社會凡百之弊害。暢說其不平等之原因。凡犯罪暴虐壓

平等主義者以共產主義爲根本

制及戰爭等。社會的害惡皆歸因於天然之大法。而期平等主義之普及。更平貧富之懸隔。以增進共同之福祉。爲平等主義實行之第一義。以革命爲目的。而滅現時之不公平。而給與各人共同之運命與幸福。

平等之目的。以共產主義爲根本。平等而後自由。平等而後平和。以調和社會而改良人世。皆以一平等之主義爲基。而如何貫徹此一大目的。而謀平等主義之實行。是眞欲解釋而不易於解釋者。雖贊平等之本旨。而欲企圖其實行。共產黨及其一派之黨與。亦因此問題。而焦心已久。衞布亦知此主義實行之困難。故亦徐圖其計畫。以達終局之目的。彼卽先以公有及國有之財產。造一公同的之一大資產。全廢舊行之相續制。人民之死亡者。凡其私有之財產歸於共有。然自今五十年之後。凡財產始爲共有云。

財產既不爲私人所有。則監督及生產之方法。又如何而處理之。衞布乃以任命共同的生產監督與官吏。而歸人民之投票。但此官吏者。供給調査國家全體之需要。而計其生產額之多寡。以勉其過與不及。

凡官吏之管理生產者。各限其方域。監督亦如之。彼國家之制。分之以縣。而縣又分之以郡。中央政府。統轄其縣。而縣卽支配於郡。一郡一縣勞力之不足者。則需於他郡縣。生產物者。亦以其過不及而相交換。而泯其不公平。且於豐年之際。則貯藏以待他年之凶歉。私人不得貿易外國。有犯之者。其貨物沒入於官。國際間之交通。政府所嚴密監督者。僅許其舉發共產主義不良之結果。則禁止之。若書籍之出版。凡說明平等主義者。必得贊成之許可。

有用無用之勞働

世界勞働之種類。不一而足。衛布之共產主義。則區別其種類爲無用之勞働與有用之勞働二種。有用之勞働則許之。無用之勞働。則例得禁止。有用之勞働者。如『漁業』『船海業』『機械工業』『手工業』『小賣業』『運送業』等。於農業尤特殊而獎勵之。文學與美術爲無用之勞働。

平等主義既行。更進而支配男女日常之行動。如衣服之制。則以男女之年齡爲等差。其服制則唱一制。食物亦合同量之食品。美華高尚之物品。皆除之。高等教育。亦爲無用於社會。

共產的社會之缺點

衛布所唱共產主義之理想。既已如斯。而其發極端平等之夢想。欲致社會於一模型。以講無味單調生活之法。變化世人之樂事。勉爲平平坦坦興味索莫之社會。至其極也。則必反抗社會之進運。而謀其退步。舉世而爲曚昧頑愚之徒。以陰鬱太平無事爲樂。滔滔社會之潮流。凡社會組織。經一度之破壞。則導世界而進一層冥暗之境。以此種種之計畫。大抵不可思議者。而彼等所說之平等主義。以受法國社會之歡迎。遂惹一時世人之注意。其實行之方法奇怪偏僻。衆人汶汶而不知。且欲求實演之機以達其目的。

顛覆政府之陰謀

彼等以自己之新聞而述其所說。更集同志以反抗當時之政府。恐怖時代之主宰者洛海斯卑陸之一派。以攻擊溫和黨。政府乃囚之而投於獄。彼等於獄中復集同志。又復出獄。更直組織一黨。而稱爲平等派。欲代政府而組織共產主義之國家。以畫顛覆政府之陰謀。秘密而調諸般之準備。而善掩其迹。徒黨共至一萬七千人。將實行其計畫。爲政府所探知。千七百九十六年五月十日。徒黨就縛之六十五人中。有五十六人不能舉其證迹。皆得受無罪之宣告。衛

其死

布及他陸托等。遂處死刑。於九十七年五月二十四日。法蘭西第一之共產黨員衛布。乃就死。

第二節　額海及其主義

衛布組織共產的社會於法蘭西革命之時代。既已失敗。而受斷頭臺上最慘之死。其餘之地。唱共產主義。欲實行於國外以圖經驗而創立共產黨者。則野茲耶額海是也。額海之出世。在衛布死後之二十有四年。其時革命時代之人。雖存其半。然當布陸賀王朝復古之時。法蘭西

額海之幼時

伊加利耶渡海國

之革命既收。唱導共產主義者亦漸少。然彼竟唱社會主義。無異於革命時代之際。可與衛布而並傳。蓋衛布與額海兩人者皆為法蘭西唱導共產主義之第一人。故併為一章。而繫於革命時代之社會主義之條下。以紀其大致焉。

額海生於千七百八十八年。法蘭西之茲希幼。父為桶匠。嘗運動額賀那利黨而為一愛國者。額海幼時。受充分之教育。初修法律。遂為辨護士。後撰為代議士。乃出巴黎以運動政治社會。受懷抱極端共和思想之嫌疑。為政府所逮捕。遂去倫敦。由托馬斯摩亞之『由托卑耶』而養成共產主義之思想。曾著一書。題為『伊加利耶國渡海』。時千八百三十九年。書中所記假設一伊加利耶國。人口稠密。制度整頓。勝於英法二國之人民。得數千倍愉快之幸福懽喜遊樂。以送一生。描畫安樂國之狀態。即以此伊加利耶為實行共產主義理想上之國。採用自己之說。世界之國皆得為伊加利耶。託於千八百四十八年。彼自行於北美之野。送數隊之人民於合眾國之特欵沙斯州。乃得讓受此廣大之土地。不幸移此之住民。為惡疾而失其大半。其餘之民皆離散於各所。其後額海自率一隊。渡合眾國之耶哇。其殖民地稱為伊加利耶。遂實行其多年之理想。於是伊加利耶之土。不數年人口增加。達千五百人。額海統御失其宜。田園荒

額海之移住

蕪。耕紜業絶。穀果之收獲。不能滿足其人民之思想。擊壤鼓腹之樂。徒記之於夢想。同志之間。又生釁隙。遂至解散其團體。於是額海又集共一部之人士。而移於西托陸伊斯以千八百五十六年。遂死於此。而其餘之同志。自亞伊拉哇而移於可野之附近。又稱此地爲伊加利耶。組織共產主義之一團體。續額海之素志。今猶存在。其人員倂男女老幼。不滿四十。漸已不能保其結繩之命脈。其勢力之微。殆不足數云。

其死去

額海欲實行其如斯之理想。其局終歸於失敗。止存殘蹟於美國之一小地。不過僅能實行共產主義一種之事蹟。然彼衛布之徒。徒畫空中之樓閣。而欲件件試於實行。猶有最難之事。蓋以額海之共產主義。與衛布之平等主義相比較。兩者之間頗多逕庭。先後猶難實行者。

額海之共產主義以友愛爲基

額海所唱之共產主義。雖與衛布同以平等主義爲本旨。然其實行之手段。則以友愛之發達爲起點。而非衛布無策無謀之比。蓋彼希望世界之平和與人生之幸福。而忽觀如斯之擾亂。深歎社會缺乏友愛之眞情。故欲擴四海同胞之主義。以救助此混沌社會。故彼實演平等之主義。而營共同的之生產。亦以此友愛爲基礎。作親愛和合之人。而謀相倚相助社會之改良。人人冀悟友愛之眞味。而抱萬人皆兄弟之思想。一掃社會混亂之狀。整秩序。進道義。以期美

其欠點

額海之所小失敗

善共產的生活之方法。而達其目的。

額海欲以友愛之眞情而作爲高尙美善之社會。如彼衛布所唱導高等敎育之無用。則益奬勵之。不欲人智之開發。何以故。蓋友愛之眞情。不由學問之進步。而無俟其發揮。故彼之時。尊敬婦女。視結婚如神聖。夫婦之愛情。終世而不渝。夫助其妻。妻勵其夫。互相輔翼。而營和樂之生活。以盡人生之義務。且勞働之時間。女子亦減縮於男子。男子則五十六歲。女子則五十歲之後。爲閑散無爲之世。日常之勞働。男子夏時則七時間。冬時則五時間。女子則減四時間。且視如何之塲合。則午後之職業。亦禁女子之就職。而大庇蔭於女子。

惟其如斯。乘衛布以極端平等主義經營社會組織失敗之後。額海一意依賴友愛以計晝共產的社會之組織。蓋友愛之眞情。於人間社會。爲高尙之美性。開發誘導古來之志士者不一而足。額海亟欲希望此等眞情之發達。而救濟之。然滔滔人世。孰非挾其一片之私念者。既有私念。則於人已之差別。極難完全圓滿。而阻礙友愛之發達。故人已平等博愛一切之念。庶永刼億萬年之後。人皆聖哲。愛人如已。撤去胸中之藩籬。洞然和合之時。則友愛之眞情。與共產主義或相併而發達。富者散富以與貧者。世界各人之資產。庶幾平等。然今日社會之風潮。方急謀其私利。毫不顧慮他人之不幸。頹義滅親。汲汲於利。況欲以友愛之發達而改良其社會乎。額海唱導友愛之福音。誠爲可敬。然時運未至。決不能注意於此好主義而實行之。則額海之計畫。空陷於失敗。蓋彼之時勢限之。以此熱心救世之人。徒從事於勞而無功之業。誰之責歟。

當革命時代之法國。衛布之社會主義。既不能容。衛布既去。而額海繼興。當時已歸寧靜。而法國之社會。亦有實行之機。蓋彼遠遁他邦。事業蹉跌。終其身於異域。然當衛布之死去。與額海之遠徙。而又唱導社會主義以顯於法國大惹世人之注意者。則又沙希賀是也。

第三章　英國之社會主義　洛衛托拉野

當十九世紀之初。英國之社會的狀態。日悲淪於悲境。富者益富。貧者益貧。勞民之生活。極其窮乏。國家之財產紊亂之事實。既如吾人所說者。當此時而講改良之法。以解釋社會之問題。如拉野其人者。決非偶然也。

洛衛托拉野者。以千七百七十一年生於英國之賀托額那利希耶伊亞之意野達烏。父爲鞍匠。拉野幼時。極有敏捷之性。受規則的之教育。方十歲時。直爲斯他賀陸度吳服商之手代。事

拉野之幼時

務鞅掌。然以其餘暇。極力讀書。專研究宗教上之議論。後年從研究神學上之議論。以排斥當時之耶蘇教派。千七百八十九年。爲綿布之貿易赴馬茲意斯他。出其持意之才幹。大得利益。至十九歲時。役使職工五百名。爲一紡績會社之一管理人。技量漸進。名聲益隆。其執事務敏捷與巧妙。殆壓倒其前輩。遂爲意野拉那科紡績會社之主者。特陸所知。而嫁之以女。自是奉其大舅紡績會社之事業。而日臻發達。而彼又一面務其職業。於其傍。遂大研究貧民的問題。擧行慈善的改革之事業。於是其名轟於全歐。

其人性論

拉野夙研究人間之本性與理解。抱持一定之主義。以獨特之見解。解釋人性之本能。即彼所謂人性論者。分吾人人類之性質爲二種。一爲先天的性質。其大部在感化社會萬般之境遇。而爲習慣的性質。蓋人類常欲長成於和喜歡樂之裏。而因外圍之狀況。以擾亂人間之本性。以此境遇之養成者。則人間之性質。至善至高。以除去社會殘虐悖逆壓抑專横等之喜惡。而成無垢清淨之人世。蓋爲此等混濁之社會。而考案其改革之設計。以企圖其改良。則一朝社會萬般之事物。各適其度。而入於佳境。諸事整頓。則社會之不幸與弊害。庶幾自此而永除。彼之初入意野拉那苛也。服幼童之勞役甚多。先發念而留意於兒童之教育。蓋意野拉那苛

幼兒之教育

之地。勞働之數。不及二千。其中五百爲年齡初達四歲之小兒。自古拉斯卑之養育院。導之而來就職。以謀顧主之利益。然而大害小兒之本性。與身體之健康。精神之修練。而陷終生於不幸。拉野心大不忍。急求改良之方法。晝采各種之考案。兒童漸得步行。又用種種之手段。以謀智力之發達。撫育之而教訓之。終爲今日之所謂幼稚園教育之濫觴。當時未爲人所知。至近代大著其果效。是爲諸國之教育家研究兒童教育之開始。

拉野更進而求改善勞働者之狀態。凡酒店及飲食店皆遠於勞働者之居宅。以抑制勞働者之酗酒。又教婦女家庭之整理。料理之方法等。謀造家庭和樂之素。又設共有之會食黨。箇箇分立消費。以節減食料之冗費。於是勞働者每年得節減至五百磅云。

其勞民救助策

其餘彼之計畫。又開一雜貨店。以原價而購善良之貨物。而賣與勞働者。又爲老人與小兒試無數之遊藝。以設置遊藝所。以發育身體。而謀精神之娛樂。於規定課業以外。時時試其實演。拉野既於意野拉那苛。而試種種之計畫。爲兒童而謀心身之發達。爲勞民而改善其狀態。彼之事業。日月而赴於盛運。每年而擴張。而其改革之方案。亦着着而奏其功。既導意野拉那苛之勞働社會。而至安寧幸福之樂境。漸已成功。於是英國之各所。漸多採用其方案。彼自著之傳記。謂其居意野拉耶苛時。凡來訪問者。每年在二千人以上。自貴顯紳士政治家商業家等。至奴隸賤夫皆集其膝下。講究其計畫與實效。以供後日之用。俄國之意野拉斯親王。亦來訪問云。

至千八百十七年。英國貧民之慘狀益甚。疲憊困窮之狀。殆不可覩。政府命拉野調查貧民增加之原因。拉野卽呈書於貧民法審查委員而詳述之。以公白其社會主義之議論於當世。

其三段之論定

其所論定。確立爲三段。其一曰。改良人間生活之方法。各人皆享有同樣之福利。除去社會之害惡。其二曰。改良之救濟之以盡國家當然之義務。其三曰。國家以慈善爲基依其同的生活之方法及勞働者之敎育等。而謀社會之改良。乃大考案此議論。經濟慘憺。以冀達其目的。

貧困之原因及其救濟策

其所謂貧困之原因。歸於機械發明之結果。必自政府購求機械。以供給勞働者。而享受一般之利益。而爲救助貧民之最良法。於各州各部之貧民。或千野額（一野額者日本四反零八步有餘）或千五百野額與之。以供千二百人民之生活。以耕以收。而營一大家屋。以謀各自之生活。而節冗費。附加而設勞働所及商店。適從其所好。以謀一已之勞働。冬時與夏時。各異其職業。毋空過餘裕之時間。而怠其事業。而此大家屋者。勞働之家族亦居之。每一家族。各有持別之自室。如食事等。

人類之四階級

則數家族相會於一堂而辦之。以減節巨大之冗費於小兒。則如意野拉耶科所設之共同幼稚園。且依托學校。以謀心身之發育而養成健全之後嗣。不但勞働者及貧民享受其利益。而國家之利益。亦由此而增進之。且依其所得之利益。又配當於貧民相互之間。以組織社會之幸福繁榮。國家於貧民。乃免一大重荷之負擔。而社會上貧民之怨聲。由是而漸泯。

拉野之建此方策。既爲現社會所適用。又論人類以分四階級。第一爲貧民。第二爲勞働者。第三爲商工業者及農夫。第四爲富豪及貴族。從其階級。各自爲隸屬。以組織一團體。自第三迄三階級。全然爲獨立團體之形成。其勞働亦各自任之。不藉其餘之幫助。獨第四爲富豪及貴族之階級。勞働者與其餘之階級。則不供給之。以組織各階級混合之一團體。貴族富豪之對勞働者。必與以適當之賃銀。其賃銀之割合。由勞働者之撰出一任委員之認定。則各團體所得之利潤。分配於各階級之間。以免不公平不均一等之弊。其組織猶不止此。然已爲純然一箇之共產的組織。其勞働之功果。無有差異。其利益之均配。因之均一。蓋其如斯。則人間之慾念必寡。且易順從。彼蓋深體人間之性情。故皆得其滿足。蓋當現時之社會。而欲施行此共產的方案。必先比准勞働者之功果。以配當其利潤之等差。而採寬容之策。其勞力多者則與以

勞働者惟一之要素

多分少者則配以少許。以求社會漸次之改良。進教育而養德性。勵勞役而增福利。人人各享安寧和樂之幸福。於是共產主義。乃眞實行。勞働之功果。與利益之分配。全然均一矣。拉野之計畫。一時得國民非常之贊成。且其議論亦便於實行。如女皇之親父契托侯爵。亦表同情。深贊許其議論。欲共公私而試實行之。乃運動此共產的組織之團體。共拉野之高弟可布共極力粗織。且試設立於他所。

千八百十八年。拉野更撰他種之著述。以特發明一新之原理。其議論皆關於勞働之生產。爲唯一之要素。各以其出產物品而交換之。以費同等之勞力所得之物品則交換互易。且欲廢貨幣之制。而代以勞働之手形。以幾時間之勞働記以記號。而供貨幣之用。相互交換。則勞働之多寡。一目瞭然。

拉野又以人口之增殖。而與馬陸沙斯而抱反對之意見。據彼所說。以機器發明之結果。產物之增加而相比例。而人口之增殖。尤起過之。限制人口之增加。以補貨物之不足。不若以正當社會之組織。以分配其富於公平。假令世界之一部。人口增加。已達其極度。而人口雖瀰滿於世界。則世界必更新生物產以濟之。而社會必不爲人口超過所苦。彼愛蘭土及其餘之諸國。

其人口論

雖受人口夥多之害。蓋彼等棄其未開未懇之地而不知。徒踏跼於一小天地之中。蓋人口萬無充滿世界之期。繼有其期。則社會之事物。亦必改良進步。以成完全之組織。若現社會不秩序不整頓之下。雖人口不滿。亦足爲憂。人口過多。不足爲患云。

其晚年

拉野至其晚年。述其經濟上之一新原理。以求應用之實地。以勞働所生之生產物。而交換其所好之物品。既而悟其終實難行。亦欲廢絕此舉。

其子弟及計畫

其後復組織數面之團體。以試企計而實施。乃於額拉斯可之近傍拉陸卑斯托。由其高弟亞布拉哈摩可布管理之下。以試驗其實行。經無數之困難。乃見略約之成功。然至千八百二十七年。可布死後。其團體之組織漸弛。秩序壞亂。團體之中。自生矛盾。遂陷於無政府之狀態。竟至解散而後已。是時拉野方共同志而渡亞米利加。時千八百二十四年。翌年。乃於伊希耶茲州。

意野哈賀意之團體

茲幼陸茲拉購得一頃之地。名之爲意野哈賀意而組織一團體。時八百餘人。自美國之各部而來集。大講教育。以謀共同的生產之方法。而求將來之發達。以欲實行而期成功。然團結之力微弱未振。黨內紛擾。不絕於時。或拉野爲唯一之管理。又或撰委員以托其管理。以展其等秩序常。然而組織愈漸壞亂。千八百二十七年。竟無成功。乃歸廢滅。

正教黨

英國社會之改良

既經多少之挫折失敗。然拉野至千八百五十七年。其彌留之際。尙確信其自說。以冀計畫之施行。其晚年爲社會之改良。又復攻擊當時流行教派之信仰者。而設立正教黨。大展布其布教之熱心。一時雖向盛運。至千八百四十年之頃。漸次衰微。於是拉野之學派之社會主義。亦漸失其勢力。而英國社會之狀態。亦未進於改良。下層之賤民。其困憊窮乏之狀日益急劇。而求各種改革之方策之志士亦尠。不過政治社會之改良。當時漸發其萌芽。或與勞働以共同之利益。而得貧民救助之方法。如非穀物條例之運動。以同業組合之組織。相依相俟。而奏社會救濟之功。然至於今日。其効果之遲緩。不無遺憾。而人工的之改革。終托之於夢想。其目的之遼遠。終無其期。成功之美果。果待何時而收乎。蓋自千八百五十七年。拉野未死之前。英國社會黨派之勢焰氣力。已顯衰退之色。其運動之不振。職是之故歟。

第四章　復古時代之社會主義

復古時代

法蘭西之革命。經拿破侖鐵蹄所蹂躪。自由平等之議論。埋沒於兵馬倥傯之裏。再經强盛專制君主之統馭。法國之國威。發揚於此大帝之治下。耀耀如旭日中天之勢。以臨四境。或運隆隆。壓倒歐洲之全土。既而歐洲列國同盟軍之抗爭。一敗塗地。乃刑戮國賊。而流拿破侖於荒

復古時代社會主義之發達

島。以絕路易王之血統。再復王位。布路賀之王朝。又握天下之主權。於是制度文物。一慕革命以前之舊態。凡自由平等之議論。斥爲邪說誤國。而堅禁之。內之則舉朝之風儀。悉遵古則。外之則神聖同盟之武力。以抑革命之氣運。天長地久。永墮於獨裁政體之黑暗世界。史家稱爲復古時代云。

法國革命之目的。初因誤於歧途。於是革命之結果。因之壓抑自由之反動。變爲專政。民權之拘束。較昔日而倍之。社會之組織。日卽於非。王室上獨握其主權。以淩視一切。而人民下抱不平之念者。怨嗟之聲亦漸高。宮中府中。爲人民之怨府。滔滔社運之氣運。養成此不平之分子。以備再次革命之元素。當此復古之時。愈壓愈激。於是圖社會組織之改良。經濟社會之進步。以圖政治的自由經濟的平等者。又漸露頭角於法國之舞臺。遂祖述一派之社會主義。以大聳動世人之耳目者。前後之巨子二人繼出。則希賀布釐是也。彼等之時代既同。其目的亦一。但希賀先布釐而出。社會唱導相異之論議。以張其旗鼓。於經濟社會兩者之議論。各放特異之光彩。兩兩相共。以研究社會主義。實得無量之補益云。

第一節　沙希賀及其主義

希賀之統系

其性質

沙希賀之家統。其遠裔爲希耶列馬占法蘭西上流之地位有貴族之榮爵。至希賀生於一千七百六十年。亦長成於貴族的家庭之裏。交豪富接貴紳。金殿玉樓。極其驕侈。當幼年之頃性質麤野。有奇癖。不屑以貴族而終其一生。常抱大望之野心。欲其生涯而特出他人之上。年齡未弱冠。頭角穎異。已特別於他童。十九歲時。與拉布野托及法而援美國之義戰。單身而出入虎穴。武名漸振。以挫英國之驕心而折其銳氣。幼陸科達烏之役。奮鬬最有功。然彼功名之心。極其淡薄。無長留米國之意。既而義戰勝利。米軍奏凱而歸。十三州之人民。歡呼自由。乃飄然而歸故國。時年二十三。政府知其武勇任爲科伊特聯隊之大佐。蛟龍得勢。志望將成。然彼之本旨。欲投身於軍國。終世而與干戈爲友。而素志漸違。又去職而脫軍籍。及後放棄軍人之念慮。以營一私人之生活。獨居靜習。以研究諸般之學理。就中以『生理』及『物理學』尤爲精緻。綜合百般之學。以開發一新之原理。當時革命之氣運漸興。有志之士。集壯士而談政治。以冀變更政體。而定國家之擾亂。然而舉動疏放。多失其宜。希賀深以此浮薄之舉動爲監戒。而豫期後來之成功。以爲高名富貴。既不足恃。而徒投合時勢之風潮。以泛送一生。亦非眞正憂國之能事。乃棄其爵位如敝履。輕裘緩帶。犇走於社會之間。而察黎民之疾苦。慨然而懷救世之志。佶倜勉勵。無敢怠惰。每朝離蓐。輒謂從者曰。伯爵閣下。後來有成就大業之責任。伯爵記之。日日如之。以之自勵。又時默念其祖先希耶列馬之偉績。以爲自已後來之前途。初志企圖開鑿太平洋與大西洋連絡之運河。又欲通海洋而至馬度利度府之運河。後平列西卜終成開通斯野斯運河之大業。爲世界交通之一大進步。亦由彼工業的之智識之誘導也。

希賀既抱企圖大業之素願。又常與平民而表其同情。自棄其世襲之爵位。終始盡赤誠於社會。當時握法國之政權者。爲計邪可卑黨。以希賀身爲貴族之一部。而抱不平之念。乃執而囚之。而繫於陸契西布陸科之監獄。凡十一月。計耶可卑黨滅亡。乃得赦而出楚囚之苦。既已身受。一變其從前之目的。而以社會改良爲急務。當彼未經入獄之前。本其天禀之時質。未嘗傾注一定之方針。既而呻吟獄中。慨憤法蘭西國家之失政。而陷於無政府的悲況。奉身命而講究政治上及社會上之諸問題。而立社會經綸之大策。以圖社會之改良。乃遂案出一定之方法。以希望貫徹其目的。

希賀之財產因革命而被收沒。日用衣食。遂大困難。單瓢陋巷。且不可得。昨居華屋。今臥窮簷。盛衰榮瘁之感。不禁悲從中來矣。於是共其友人托列檄共同而試投機事業。適政府收設寺

希賀之研究學理

院所領之土地。大博奇利。漸裕生計之資。安然而勉事於學。時年三十八。自是退隱世事。委身於學。勉勵困苦。殆十餘年。乃大研究諸般之學理。及天然之原理法則等。並生物學之範圍。其所學者。上自『哲學』『心理學』等形而上之科學。下涉『博物』『生理』等諸般之學科。窮究萬理。然後闡明宇宙之一大原理。故彼於尋常之經世家。嶄然而顯其頭角。迴非庸庸者之所比。其所說幽玄深奧。發明無限之眞理。其門下高足頗多。如拉額斯托可托茲耶利等。皆有名之學者。羣出於其門。誠非偶然也。

其生活

希賀積學如此。刻苦勉勵之後。其所得之學理。爲實地之應用。以解釋社會之諸問題。既而年近五十。積年苦學之結果。乃始大顯。鬢髮霜白。形容枯槁。顏色憔悴。當其與託列檄辭其共同事業之時。尙餘七萬法之財產。爲歷年從事於研究學術。觀察社會。盡消費其蓄財。遂至赤貧如洗。依其舊僕檄河陸之救助。或乞其家族而得僅少之資金。以保其生命。又或從事於刀筆之小吏。以糊其口。其零魂落魄之際。一時絕望。恒抱自殺之思想。亦誠苦矣。

然其不屈之精神。與自重心。處大難局。無一毫之變計。自千八百零三年至千八百二十五年。及其死時。二十二年之間。其所說之主義。所以聳動世人耳目者。尙可就其事蹟而稽之。而其注心於哲學及社會學上之諸問題。其從事研究之間。至千八百二十一年之頃。其所說者。徐自一面而漸進轉化於他面。純然而爲社會主義派之人。遂受世人之所認定。

希賀之性質上。人稱爲學者理想家。與拉野之運動上人稱爲事務家者齊名。彼嘗『自謂余之事業者。爲社會之文明進步與發達。但求如何而開發進暢人智而已。』又其所自任者當時法蘭西方實演其無政府的狀態。其兇暴之燄。戰慄恐怖而爲畏懼之共和政體。其時獨於貴族社會之問題。以天下萬般之事物。苦心積慮而發揮之。

希賀之經歷既又如此。而其思想。則以和合調理時代之精神。與人民之狀態。以營各自生活之事業爲必要。而注意一種之有機體。而此有機體者。必求完全圓滿發達之方法。整理其運動誘導其發育。適合其理情而後可。蓋當中世時代。治者有二種之階級。俗界之主宰者。其權爲國王及封建的君主之所占有。精神上之主權者。則在羅馬教會之手。以組織社會而統御人民。既而革命之暴動。一時爆發。在上者以無限之權力。而握政教兩者之主權於一手。毫無分與於人民。故因革命之擾亂。人民擾攘。社會混淆。大破社會運動之調和。而究其原因。實因一切不過當之行動所致。妨進步而害其發育。希賀欲救此弊害。而謀社會之調和。於宗教界。

其社會改良策

嚴定政教兩者之分劃。羅馬教會之監督者。必推薦有德之君子以當其任。於俗界之權力。則廢封建君主及貴族富豪握掌政權之舊制。必撰學識技量共備而通曉社會萬般之事務者。乃委任以統御之權。以相互之權力主張其平衡。欲以此道而改良社會。第一欲變更政體之組織。必選擇萬能之治者。故希賀於社會經營之一着手。此其最先唱導者。彼既畫策此方案。又深注意多數貧民之慘狀。而表同情。因件政治組織之改良。乃併計畫貧民救濟之方法。蓋下層之貧民。其對社會之義務甚重無比。而其享有利益之程度則甚尠。兩者之權衡。常不得其平。以故一度改革。貧民加入一層沈淪。終生不能脫其困軛。實為現時社會之一大痛事。所以救護貧民之事。不容一日忽也。希賀憂之久矣。以為政治之組織未改革。貧民救濟之目的終不達。假令智能出衆勉勵執事之士。得以政治之全權而委任之。當政治之要務。則心安理足。始能注意於社會多數之貧民。而世甚乏其人。故欲政治一新。以解釋貧民問題。雖有為之經世家。終不可致。

職業制度

乃於千八百二十一年。自著一書。題曰『職業制度』以切論多數人民蒙無量之害惡。必求絕對的緊要之救濟。以希望工業制度之改革。曰、現社會之組織。曰怠曰驕曰窮。以悖逆天理人道。故至如斯。今後之新社會。必求萬人盡職以從事。勞逸應其度。報酬適其宜。社會者。勞者有應得利益之義務。逸者不能奪之。唯依各人之天才。而計勞働果効之差異。而報酬亦有其等差。以求絕對的平等。而絕今日經濟社會不平等之大害。是爲社會調和必要之要件。則貧民救濟之功。庶幾得之。

希賀既著『職業制度』。又著『新耶蘇敎』。風行於一時。是爲其晚年之著作。畢業而遂卒。其書就宗敎上而立論。以論關於宗敎最高之義務。發明耶蘇布敎之旨。而加以新理。卒後其子弟以此敎義而開發誘導於世人者不少。

新耶蘇敎之論曰。基督之敎義。布於四海。以四鄰皆兄弟之大義。而導社會以厚鄰保之交誼。然後來此敎義者。社會失其實行之功。而社會之組織。亦因之而壞滅。四鄰相犯。毫不之怪。交誼既廢。友道不存。四海同胞主義之福音。杳然而沒。其影世道益澆薄。有以改革社會自任者。必須普衍此根本的敎義。以務四鄰親厚之誼。蓋結四鄰。卽所以顧貧民。顧貧民。卽所以救濟貧民之端緒。

社會主義者。其對『相續制』之意見。迥然不同。其反對之大致。在於保存者。但知社會暫時之事情而忽之。或用酷法以相遇。故相續制之賦課。主張其過重者。希賀卽爲反對相續制度之一人。曰相續制度者。是與逸者以過分之財產。積巨萬之富。以養成遊惰之民。高居上位。而不事勤勉。而滿口腹之慾。盡衣食之奢。社會之調和。亦因之而敗。蓋關於相續制反對各種之議論。多本於社會主義之唱導者。以下各章所記述。凡關於此種之議論者。可以參考而對照云。

希賀將死之數年前。其思想愈豐富。其學說愈深遠。少年之從其問學者。大增勢援。其中如法國之有名歷史家茲耶利。及實驗哲學派之泰斗可託。皆爲其高足。以贊助其著作。故希賀派之學者。其數愈增。各種學術技藝。名振一時者。大抵出其門下。本其主義學說。擴布唱導於世者。

其社會主義之綱要

今舉希賀派之子弟所唱導希賀派之學說。而爲社會主義之大綱者。條錄於左。

(一)爲欲得才能技術拔羣之人而爲政府。則必於社會全體中精撰其技藝兼備者。立爲學術技藝工業三大部之長官。

(二)全國民組織一大團結之社會。其黨員等。必宜相互親睦和合。各自勵其勞働工作之業。

(三)而欲新睦和合。必以諸般之事業與作爲爲本源。人與人既相和合。則社會自相親睦。且於宗教上。其第一之義務。則謀增進人間完全之智識。其第二義則研究智力以求應用之法。

(四)凡人爲之區別。及不平等。皆廢除之。但較其効力之多寡而計其報酬。

(五)凡人以其才能而事勞働。則應得勞働之報酬。彼世襲財產者。斷然必廢黜之。蓋相續制度者。畢竟爲破壞社會發生不平等之原因。故於其人死去之時。其餘剩之財產納付於政府。政府之報酬者。代計畫其父母之義務責任。與養育保護兒童之事。

(六)政府必營國家的教育。利導各具智慧之兒童。教其所好之職業。而考究其効果。於兒童成人各求職業之際。分與其資本若干之資金。而視其成業如何。其天才與勤勉何如。故人皆重職責而無遊惰淫佚。

以上卽希賀懷抱社會主義之大要。至若關於『資本主義』及『競爭』等之問題。雖未專發明其議論。然其宿論。亦有可採者。曰。古代封建君主之間。私鬭爭鬩無絕期。近代之社會。私人間政權境土之爭。資本主間經濟的之爭。今爲最旺盛之期。然文明進步之極。政權境土之爭。必歸宿於中央政府。經濟的之爭。必歸宿於國際的。故私有資本主之競爭。必歸於政府之管下。要之。唱導希賀派之學說者。以『平和』『親睦』『本義』別稱一種之宗教。彼等於實際之應用。

徐徐而圖發達進步。不欲顚覆破壞其政府。而爲暴舉。且凡一事一物。皆有一種之模型。必與之適合而後可以作爲。故不主唱偏僻之社會主義。唯期漸以進步。依賴社會之氣運。而徐圖其改良。其學說與主義。必求適用爲主。此外別無他事。

再考希賀派發達之歷史。頗富於奇態之事蹟。今不能述其精細。但記其概要。以見一斑。蓋其子弟各箇結合一小團體。而漸成爲一大團體。其學說固足惹世人之注意。而其唱導之諸學者。其學力技能之拔羣。亦其一原因。而助成其發達之勢力。

試就衛梭之所講述。衛洛之所演說。而考其學派發達之原因。因此學派既發明。其子弟遂日增加。千八百三十年革命之際。彼等暢其所欲。而弘布其教。更得卑意陸列洛助其運動。以自己之新聞名『世界』者。爲其機關。以大唱導其學說。希賀派之勢力。一時擴布歐洲之全土。

希賀派之勢力。既日增加。彼等於其本部陸賀希額意而設一大會館。爲其運動之首部。其首部自法蘭西白耳義爲始。而及其餘之諸國。以派遣其布教師。並於各國之子弟。設置支部及教會。

希賀派之二首領

希賀派之首領。其二高弟爲衛梭及野列茲。初則講演其著述。爲斯學之強固確實有力之議論家。其後復得多數支配陶冶之天才。又爲一種之事務家。因彼等子弟團結之鞏固。其勢乃日增進。既而衛棱與野列茲。性質相異。又生波瀾。實野列茲以一種奇癖之性情。多麤暴放肆之舉。漸失子弟之輿望。其勢力遂漸衰頹萎靡。

衛棱

野列茲之事蹟與行爲。既多奇異。其言論亦具一種之異趣。彼能集各種各色之人間團結抱合。鼓舞獎勵之。出其赤誠以演說其主義。故於同志之上。而具魔力的之勢力。其間有特異之二種性情。一則堅固自信而確守其所說。一則凡對他人無不厚其同情之念慮。

衛棱野列茲兩者之交情。其始甚密。既而相反。加以各出其見解。以異其趣。既而野列茲以關於結婚之件。而發奇異之見解。衛棱抗爭。遂共同志而解其團體。

野列茲

於是野列茲遂希賀派之總首領。其子弟視其勢權。殆如神聖。且對希賀之學說。而參以自己之見解。且行子弟禮拜之式。漸開默從神秘的教則之端緒。其同志者別成一種之服制。著青色之禮服。而長其鬚髯。以與人民示異。儼然而欲組織一宗派。

野列茲組織希賀學派之基礎。而爲一種之宗派。自後漸傳於世上。益求擴布之方策。以擴其布教之手。爲改革社會的之應用。於巴黎之貧民。而試演之。然而希賀之學說。當實際之局。其細條每多不完全者。終不能見其成功。

千八百三十二年。野列茲所唱導魔術的學說。其中婚姻之事及關於其餘男女兩性之件。其於本部陸賀希科意之會館。而閉鎖之。政府以爲紊亂風儀與教義。乃召喚野列茲及其子弟於法庭。其時方共其子弟五十人。共圍繞一大庭園。退隱於那意陸賀他。而營慾制的僧侶之生活。至千八百三十三年。處禁錮者已及一載。其宗派漸次潰亂而廢絕。

希賀之學派。其始則見非常之成功。其結果又遭不幸之潰滅。實由野列茲一派。採用奇異之手段而壞之。彼等若注心於其學派之要點。而謀其發達進退。依賴學理的基礎之實際。而舉行慈善的改革。則其發達也。於歷史之局面。必有一變。而臻於上境。固不足道也。

希賀之宗派。其死後亦未全滅。其子弟又採其師說。於是法國之文學教育及工業界。又現一時之光榮。野列茲之失敗。而希賀派於法國之社會。終不能銷滅其影。而其影響所被於天下後世者。彼等運動之事業。感化於第十九世紀之世界者不少。研究者可推測而知也。

第二節　列鼇陸及其主義

洛列希列斯他伊曰。法國社會主義者之中。沙希賀獨於巴黎。精勵刻苦。而試社會改良之法。

於茫茫漠漠之間。而定一絕大之目的。亟力而圖達之。其一派對中外之敵。辯難抗論。頗爲勤敏。當時法國無不知希賀者。而更有宗旨本同。但徑路頗異。而日日計畫。以達其同一之目的者。希耶路列鼇陸。卽其人也。蓋二人者。既復同時。同爲歷史上必要之人。其偉傑之異質。誠未見其比例矣。

列鼇陸

列鼇陸富於創始之才。事務之見解既精。又有經營精密事業之才能。遠出於拉野希賀等之上。但其偏守學理。不好實地之應用。以獨學遠大之理想。創立自家之學說。以大啓發智識。然其學說至希賀派衰微之時。深惹世人之注意。蓋亦深得其同情也。

其經歷

希耶路列鼇陸者。爲吳服商之子。以千七百七十二年。生於倍沙那。五歲而父沒。遺有十萬法之財產。其後復受普通之教育。或爲絹布貿易商於里昂。奉職頗勤。受其主人之命。使於法蘭西之各部。及和蘭日耳曼等諸國。至丁年。乃以父之遺產。營獨立之商業。當恐怖時代之暴動。里昂市亦蒙其害。其財產之全部。盡失之。且嘗縲絏之苦。未幾遇赦而出獄。乃投身於軍營。執軍務者二年。其勇氣與機敏。大爲軍隊所稱擧。前途昇進之希望甚多。漸次將得長官之知遇。又因病而脫軍籍。再投身於商業界。雖漂泊流離。仍注心而研究學理。如物理學。尤其所最好

其性質

云。

列薹陸亦欲創社會主義。以謀社會之改良。遂感時勢而起。豈彼天性。富於博愛。而宅心仁慈。與下層之賤民。深寄同情。廉潔剛直。惡奸邪如仇讐。如味巳欺人而謀利者。最爲其所卑下。故世之商人輩。對華客而炫商品之善良。貪價格高下之暴利。或弄不正之手段。以博奇利。則必切責其不可。然當時之社會。其商賈多用奸計。以貪暴利者。富者則積多數之財產。以虐勞民。乘生產之分配。不得其平。天下之富。皆集於一部之少數者。視其餘之多數者。陷於窮乏之狀態。以爲常事。滔滔社會。遂爲一世之習慣。無怪之者。列薹陸獨以博愛仁慈之慧眼。照此困窮之現象。雖欲放棄之而不能。偶值法國之饑饉又起民皆菜色。馬路西可米價暴騰。窮民無食。饑餓之狀。不忍目覩。米商等則貯多數之米。以爲奇貨。乘機而博暴利。若此腐敗殘忍不法之行爲。列薹陸憤怒不堪。而當時倍沙那。有售林檎者。一錢八枚。運之巴黎。騰貴而至一錢一枚。一切之事情。其缺德義者類此。卽此足爲社會不備不完之證。列薹陸心大不忍。乃棄其一已之之職業。而投身於社會之渦中。以冀圖其改革。而欲償其大願。

於是棄其一已之業務。而變身爲仲買人。（卽中人也）僅受薄給。以自滿足。且以其餘裕之時間。而從

列釐陸之著書

事於學問。專志力學。以爲將來自立之基。大欲變革社會之組織。苦無助者。乃全然獨樹一學派云。

列釐陸性寡言而愼重。當其二年從事於兵役之時。直接應答。絕無支離。其無事時。則守三緘之戒。沈思默考。有阻障其目的者。則憂鬱之念不能自抑。且有一種之奇癖。每日必以數時爲散步之時期。必高聲獨語。以爲常。終身不娶。一身之事業。以社會人類之改良爲唯一之大目的。

千八百零八年。以其歷年苦學之所得。而著一書。題爲『四種運動之原則』公刊於世。是書爲彼三種著述中最有名者之一。以觀察『動物』『社會』『無機』『物質』四者之着點。以示支配社會同一之法則之理。以改造社會。啓發人智。而除人生貧困貪慾殘忍刻薄不倫不義不幸等之弊害。而謀救助之。然以此高尙之著作。初不爲世人所知。及至希賀派之衰。彼之行爲始爲世間所識認。漸惹世人之注意。凡讀其書者。無不賛其主義云。

千八百十二年。列釐陸之母死。其遺產每年收入六十磅。衣食漸裕。日常乃有餘暇。乃退於衛釐。以遠世俗。而益勤勉。遂乘機委身而研究學理。且欲濺熱血以冀社會之改良計畫其考案。

其計畫之實行

既閱數年而世無一人表其贊同之意。經綸之志。苦無由施。壯圖莫展。蹉跎自歎。頗有人莫己知之悲。熱誠所注。僅獲同志一人。名美可利拉茲可斯托。蓋茲可斯托因讀列鼇陸之著書。感其思想而表同情。犯種種之困難而來相訪。幸而相遇。兩者之理想無不吻合。一見如故。交誼日親。乃結兄弟師友之義。得其贊助。於千八百二十二年。更著一書。名爲『世界調和之原理』自赴巴黎刊而行之。以喚起公衆之注意。其出版之目的。雖欲公之於世。而人智未開。未聆此種之議論。未得社會之歡迎。空費經營。自嗟遇薄。自後生計漸乏。再無同志之補助。雖欲委身學事而不能。千八百二十六年。再居巴黎。爲刀筆之小吏。僅得薄給。而勉勵學業。以期大成之志不衰。

千八百三十一年。乃得同志者之力助。至於此時。希賀派方生內訌。衛梭之一派。又與意列茲而分離。（事詳前節）其中二三之有力者。去希賀派而依列鼇陸。主張其學說而謀發達擴張。乃開一『社會黨』之雜誌。爲其機關。並其餘種種之方法。以助其熱心之普及。

列鼇所得之同志漸多。其勢力乃日增加。其學理亦漸爲世人所注意。千八百三十二年。其子弟一人。以其學說而求應用實地之目的。乃共計畫於賀特他拉之附近。結合共產主義之一團體。即於可特沙衛施計陸。而因衆議院議員賀特他拉列之地。而建公所。以爲基礎。更得二三之贊助者。遂倣共同家屋之制度。集同志以採用共產的生活之方法。然此計畫。未幾又經失敗。而列鼇之學說。又增無數之汚點。人皆以爲其難行。而彼則頗自信。不以爲計畫之欠點。而以爲彼等資本之不完全。以故至於失敗。若欲眞行其方策。以實施其經綸。復得百萬法之資金。乃可實行其計畫。必能設計奏功。以貫徹其政會改良之大目的。憂國之士。果有能助之者。則終生之願乃畢。乃日日閒居。以待同志。至十二年。終無一人訪之者。而其自信愈堅。歷久不變。千秋之憾。終無日償。千八百三十七年。溘然而逝。然自千八百四十年至四十八年。第二次之革命。其子弟之數。一時至數千之多。生前不獲展其事業。沒後乃有餘榮。風靡一世。當此紛亂革命之時代。遂爲一大勢力之作。爲其學說擴布於歐洲各國。且遠涉於亞美利加。更得有力者贊同其意。因列鼇陸之考案。設立共同家屋制。以爲適用之實地。如馬額列託列陸列野那陸鼇及衛額等。一時之名士。皆贊助之。其各等之計畫。一則組織其不完全。經濟上之事情。一則熟達習練其事業。以防其失敗廢絕。（與第四編第三章參照）於是英法二國之唱社會主義者。發現無數社會改良之希望。以啓運動之開始。爲十九世紀之一新時期。至千八百四十八年。第二

其學說

革命。更得扶植社會之一大勢力。列鼇陸之學說。大惹世人之注意。其勢力頓加。而其氣燄亦甚熾。第二革命擾亂之結局。社會之局面。又歸於黑暗。於是列鼇陸之主義。並其餘之社會主義。亦皆匿跡銷聲。爲攷社會主義發達之歷史者。稱爲一時中絕之時期。

吾人欲進而稽其餘社會主義之學說。而研究其歷史。則必先於列鼇陸唱導之學說。而序其綱領。

列鼇陸之學說。其哲學的之著述。散見於各書中。其性質富於理想。巧於考案。以應用數理。以測度社會之森羅萬象事事物物。雖未能組織新規。而其計畫巧妙。始託於空想。而欲臻實行。其所說多以假設之想像。敷衍眞理之議論。於茫漠之中。而能理解其本義。其所著書。自信以爲能闡明世界之眞理。每出一書。世人輒以爲荒唐無稽之議論。一笑付之。或且冷嘲熱罵。不爲社會之歡迎。其原稿每有旋印刷而旋棄去者。

千八百〇八年。自發刊『四種運動之原則』以來。前後共有三部之著述。以行於世。『四種運動之原則』者。觀察社會四種之方面。說明『動物』『社會』『無機』『物質』四世界。而支配以同一之法則之理。有意野託者。獨悟引力之理於物質界。以發見一般運動之原則。彼則獨於

其社會組織

物質界而究運動之原則焉。其餘三種之世界。亦以原則而支配而論明之。且曰。欲改良現時社會的狀態。而調和之者。則必適順此運動之原則。而採用其方法。然此解說。概出於臆測。而未攷於實理。或就兒戲的考案。或談夢幻的虛理。其議論之本旨。未能徵實而發明。故世人輒以空理輕之。而不能滿其意。及後再版行世。人智漸開。始得同志之贊同。

其著作之第二種。則爲『世界調和之原理』。較之前書。其茫漠之議論。更富一層。不徒以想像的推理。斷定世界之運命。且集天下之森羅萬象。而論其調和整頓之理。其論曰。永劫世界。雖不可以數理之指示。而窮其到底終局之期。而其運命偶然而繁榮。偶然而衰頹。可推而測。今之世界。爲朦昧之時期。混沌之時代。質而言之。乃未進步之時代。決非退步之時期也。故能整社會之秩序。以誘導其發達。自增一層之繁榮。而達文明之域。而人間愚昧者。不知所以進步發明之理。徒齷齪於紛亂混濁之裏。而不知開拓平和之樂土。故余欲濺終生之心血。以發見其方法。蓋人類生存於此間。凡八萬年。前四萬年。爲進步之時代。後四萬年。爲退步之時代。就中以最初之五千年。爲幼稚之時代。後之三萬五千年。爲人間最繁榮之時代。而移入於退步之時代。最初之三萬五千年者。尚能維持其繁榮。至最後之五千年。世遂衰老以至告終。然現時之社會者。尙爲幼稚之時期。故進步發達之活氣。充滿於內。必能誘導之以期發達。以採用余之方案。而實行於社會。以期直入於繁榮之時代焉。其描寫繁榮時代之社會則曰。依余之計畫。以進繁榮社會者。以脫郤萬民之痛苦困難。而享無事太平之樂。以轉禍爲福。而入天國。如以猛惡之獅子而挽吾人之車。自法國始。以推及其餘。又如鯨鯢之運船。而助其運動。吾人與以至大之便利。日光遍照。寒煖無等差。雖南北兩極之寒地。亦必變爲人間生活適當之樂土。凡事之先苦者。實爲後樂之媒介。擧世和氣陽陽。而社會之改善。乃得其結果焉。

彼二種之著述。殆如荒渺無稽之空想。其所記等於兒戲。殊無足採。千八百二十九年。彼更出其第三種之著述。議論稍近於正。以畫現實社會接近之策。名爲『工業及社會上之新世界』與其前著『四種運動之原則』中。論述應用引力之理。以行於人間社會。一種之引力爲基。以區分人間之性質。卽以其引力而支配人間社會一般之行爲。以分出人間本來之性情。名之爲性情引力。而此性情引力者。自人間固有而發生。以情慾爲基。社會萬般之事物。皆自其情慾基因而發動。以生多數之變化。以此複雜之引力。以至組織一切之作爲。故欲亟知人間社會之本質如何而組織。必先知此性情引力。如何而作用。其說則曰。一曰娛樂之情性。二曰對

其共同組合法

羣聚之情性。三曰社會對種族之情性。卽彼所稱 Passloiszeclziee 者是也。而此三種之情性。更生十二種之異。第一種娛樂之情性。而生『視慾』『聽慾』『感慾』『味慾』『嗅慾』。第二種對羣聚之情性。而生『戀愛之情』『親族之情』『名譽之情』『交友之情』。第三種社會對種族之情性。而生『好變之性』『競爭之性』『社會之性』是也。而尙有一層最細別者。其種類又分八百十箇之多。故社會之組織。必適應此八百十箇之情性。以充分而求發達。同處於完全圓滿制度之下。人人而享和樂之生活。然社會之現制度者。皆於此發達之情性。孰視而無覩。而矯人間本來之特性。以妨害其伸暢。或設反背之規則。以束縛而壓抑之。以故殘虐暴戾譎詐奸謀等。種種社會的弊害。隨處而發生。而秩序因之而不整頓。社會之狀態。愈沈淪而不堪。而人心之和合與調和。愈不可望。故欲謀社會之調和。必先整頓其秩序。以改造社會之根底。而求適合此情性。而覓如何組織此社會者。以冀圖其改良。而案出共同家屋制之計畫。

共同家屋制 Plhalalin 者。自彼一代之考案而成。其社會主義實施之計畫。與此制度。必求適用。卽社會之單位。而定組織之團體。以建築其宏大壯嚴之共同家屋。其住此家屋者。營共同之生活。服共同之業務。其人員自四千名乃至千八百名之間。以適宜而限定。其中以二十二名乃至二十四名而爲『一羣』。其中自七名而至九名而爲一『體』。此一體者。有同一之嗜好與性情。從事於一致之事務。或耕耘土地。以其各自性情之所好。而求充分發達之機。整然而保其秩序。合此多數之『體』及『羣』。以其生產而營各種之物品。採用其方法。以備需要之用。凡一箇之公同家屋者。不須別藉其餘之團體之力。全然自立自治之規模。

共同之家屋。其組織如此。其利益之分配。及對勞働之報酬。亦依共同之方法。以一定之規則。而分配於各自之間。因此等之分配。而求一切平等。採用絕對的平衡之制。而知勞働功果之多寡。以別人間之智識與賢愚。則利益之分配。而附以正當之多少等差。故其規定配當之割合曰。一共同家屋。以其總收入共同之財產。並其共同之財產。以最低額之標準。扣除其生活費。其次則供不時之費用。凡貯蓄之財產。以極少許之部分。而保存共有之財產。然後以餘剩之利益。區分『勞働』『資本』『才能』之三者。勞働者占其十二分之五。資本者占其十二分之四。才能者占其十二分之三。若有富於才能而技倆拔羣者。與以名譽之標證。以區別於他人。並許可其有世襲權。

共同家屋之內部。其組織如斯。擇其四方一哩半之地。建一家屋。若現時之都會與村落之制。

其計畫之利益

全然廢之。改爲此共同家屋。以一方之人口過多者。與一方之人口稀少者。相互均平。以過而補不及。全社會皆設立此等之家屋。以世界之都府設置於君士但丁府。其一家屋之長爲烏耶陸科。其支配二三之家屋者。爲特烏阿陸科。撰其上者。爲托利阿陸科。特托利阿陸科。衞托利阿陸科等。其最上之統御者。爲渥摩意阿陸科。此渥摩意阿陸科者。以君士但丁府爲首府。而統御全世界。然世界之廣。此種之家屋甚多。於是又設相互交際法。於此一家屋之內。以其選出之議員而組織議會。別家屋之人而來相訪者。必鄭重待遇之。以謀交誼友情之親厚。於不毛未開之原野。則徵集聯合組合之勞働軍。派遣而開鑿之。及其開墾之業既完成。又以新規而建設共同家屋。以加入共同組合之中。

以上皆列釐陸終生所計畫者。是爲社會改良之方策。其述此制度之利益曰。現社會之組織。徒使役無用之勞働。生產饒多之物品。而爲無益之競爭。以占有夥多之利益。其資本與人力。因之而浪費者益多。而謀社會之公益者則甚少。共同家屋之制度者。所以去此無益競爭之弊。而以土地資本之功力。全然而求其有用。其日常之生活。若三千乃至一千之家族者。箇箇分立。而營生計。以其浪費之薪炭品具。集於一處。而定同一之時。則可節無益之費用。且此共同家

其勞働法

列釐陸與希賀之比

屋之下。凡人類之結合。各選擇其適合之情性。相互之間。自相親睦。自泯無益之競爭。而公謀其利益。於各家屋需要之物品。豫測其所用之多寡。而後製之。則於必要之外。無棄於市場之憂。故此社會之生計。人人皆滿其欲。終生勞働之期。自十八歲至二十八歲爲止。各勉勵其事務。其餘生皆爲安穩無事度日之時。

於勞働之方法。更有無數之考案。而盡愉快之策。蓋凡有職業者。每多不愉快之感。而厭其勞苦。乃現社會組織不完全之故。而强勞働者。以從事於反其性情之職業。此其困苦之由。故改革社會者。必以各自之性情而適合其勞働。則人皆不嫌惡而有欣慰之情。且更爲勞働者而謀愉快。又特短縮勞働之時間。每於勞働之間。又奏音樂以助其精神。而增働勞者之愉快。彼又分勞働之種類爲三類。依其種類而付報酬之等差。其從事於困難必要之勞働者。始受多額之報酬。其餘從事於有用之勞働者次之。服愉快之勞働者。則受少額之報酬。若限時而受勞働之報酬者。則由其資本主而給與以充分之額。

列釐陸改造社會之法。則亦認許其資本家。與希賀之議論大異其趣。希賀曰。貯蓄資本者。所以誘起社會之不平均。因社會之不平均。遂釀勞民之不幸。故財產偏集之害。如相續制者。則必廢止之。而私人之私產。其死後必納於政府。故希賀派之學理。純集主權於中央政府。凡事業皆由中央政府之經營。以制限私人之權利。而列鼇陸之共同家屋制。大概之權利。悉委任於此一箇之團體。其所謂中央政府者。不過監督支配相互之國際的關係。質而言之。前者之說。爲中央集權之理儀與基礎。後者之說。爲唱導地方分權之嚆矢。

其教育法

列鼇陸爲社會最用力而計劃者。則爲勞働者之教育法。其教育詳細觀察之。而命嚴蜜之監督以行之。自幼年之時。從事於學業。而謀完全體育之發達。從兒童之所好。而施其教授。且發疑問以誘其兒童。習練各機械之業務之實用。與實務之方法。又凡幼稚之童。令其共入製造所。以誘其注意職業之趣味。爲後來自撰職業之機。凡幼童之年齡達五歲者。授以各自應分之配當。與共同家屋之生產物。

凡所述者。皆列鼇陸社會改良之方案。其所著書。皆詳載之。茲僅錄其大致。然欲實行若此之計畫。至拉野僅得暫時之結果。而其失敗。在於俄頃。

其所以失敗

吾人則試研究其失敗之原因。與計畫之誤。然此種之議論。已成過去之歷史。非今日所宜研究者。然其一二緊要之地。可爲後人之鑒者。則試述其大畧。以爲來者之前車。

共同組合組織之欠點

列鳌陸之理想而不合於實行者。其失敗之原因。必要之點。蓋人智發達之程度。未能充分。是也。彼因現社會之人類。額限其私利私慾。而經營共產的生活。然而現時之社會。未適合如此高尙之組織。小之則箇人之競爭。大之則國家之競爭。日劇日甚。四海同胞之議論。終不過一種之空想。而彼欲舉國家之別。人種之差。而施共同家產之制。豈非至難之事乎。蓋世界之進步。尙未能人人皆了解社會共同的生活之利益。一旦而以同一之目的。而營公同之生活。勢必不能。而其共產的組織之通弊。則在智識道德未至完全。而欲强行此高尙組織之實行。此其成功之途。所以遲遲而不能竟達也。

吾人且於列鳌陸之理想。如共同家屋之制。信其終無成立之期。蓋世界之事物。逐日變遷。其搖動不定。不可豫測。如列鳌陸之企圖共同家屋制之事業。如彼之計畫。以一定之法則。與一定之事情。而毫無移動。此又必阻於勢而不能行者也。

其經濟上之原因

更就經濟上而觀察之。而欲若此理想的社會之成立。必不得充分之成功。今試舉其例。若列鳌陸與拉野同居各箇之社會。凡自己社會之物品。毫不供給於他人。此則井蛙之見。不能行者。蓋己集合多藝多能之人類。而成立團體。則社會所需要萬般之必要品（如奢侈品不在此例）一局一

其學說之所長

部之社會。必不能供給之。又或有人爲人力所不能製造者。其一部必藉天然力之援助。若氣候。若地味。若天然之地形。不但於人體發育之上。而有至大之關係。而欲造美麗之貨物。製巧妙之物品。凡原料所仰給者。亦不能不需於他人。如列鼇陸一派之見解。不獨外國貿易輸運交通等格別緊要之事業。概行絕之。卽內國之商業。亦必趨絕滅之勢。況當經濟學者由分業之原則。勵獎貿易事業之發達。世界商運之隆盛。而熱中於貿易競爭之時。而以若是之癖說。欲以改造社會改革國家。而欲達其目的。不其誤歟。

蓋當時社會主義之通弊。其思想陷於兒戲的不稽。不獨列鼇陸之學說。其餘諸說。莫不皆然。其理想亦不合於眞正之理想。而無實行之期。謂之癡鈍迂遠。亦非爲過。絕鮮適當者。然列鼇陸之論鋒。雖爲全部之議論所排斥。徒述兒戲的空理。無異痴人說夢。然駁雜之中。則獨嘗解說眞理。後世心服其議論者。亦決不少。卽如彼所觀察現時之資本的制度。頗能中其肯綮。議論明快。嚴正之點不少。當時合資會社之利益。尙未充分發達。彼喋喋而誘導。實稱千古之卓見。至其敎育上之議論。尤爲明快秀拔。垂一種之敎則於後世。且念勞働者而謀幸福。以發達道德之思想。又大施其手段。而增勞働者之功果。蓋當時之輿論。視勞働者爲最卑下。其勞働之力。與機械的動力等而視之。甚且以貴重之人類。與動物而混視。與人力與馬力而相比較。以其力量之多寡。判定人間之高下。而才能智識者措諸不問。下等之人類。不知道德教育爲必要。勞力之外。不覺人間之價值。且不知勞働者之教育。與勞力之功果。有至大之關係。故其教育之發達與否。漠然不問。列釐陸乃獨發明關於勞働者之自身。與其顧主而有間接莫大之利。獨認貴重之眞理。乃更進一步。以改革顧者與彼顧者之關係。而去主從的關係之弊。兩者之間以德義之念相規。不獨恃其契約與賃銀。或撫育之。或教訓之。宛然如親子。而有相互親睦和合之意。於倫理公道之上。論定其緊要之要件。以冀圖其改革。凡此之類。皆其所精到者。蓋彼之著述雖荒唐不稽之說。充滿其中。而黃茅白葦之中。而有金科玉律之宏議。人毋徒眩其異樣之光彩而忽之也。

第五章　第二革命時代法國之社會主義

法國之第一革命。既不能達其目的而失敗。其反動之力。遂變爲復古主義。一時歐洲全土。氣燄極高。諸國之制度。一事一物。皆歸復革命以前之舊制。歐洲諸國。貌爲安寧。干戈兵亂。一時暫免。乃皆注意於生產事業。於殖產社會諸般之事業。漸就其緒。生氣日增。工業社會之面目。

於復古時代殖產社會之變遷

漸漸一變。『資本家』『勞働者』『小製造家』次第皆失其業。資本主與勞働者之間。徐徐判然而生區別。於是資本的殖產制度之發達。乃漸次而誘起。

先是資本家與勞働者區別未判之時。此二者之結合。甚爲鞏固。而貴族僧侶之上流社會。別爲一團。把持多數之特權。其於此二階級。（指資本家與勞働者）屬以專横壓抑爲事。故彼等自相團結。以抵制上流社會。而互相睦。自千八百三十年之改革。中級社會。亦得政權之分。與其權力乃日增加。殖產工業同時亦伴其發達。彼等乃得積貯其財產。以增倍其資本。與勞働者遂不同其休戚。而其利害之關係。亦因之而異焉。於是中級社會之人。皆隱然以資本主而以一種之階級作爲。以望勞民。其勞民大失其勢。加以賃銀亦愈低廉。且難安執其職。因之社會貧富之懸隔。由此而盛。而資本家之勢力。一面日亟其旺盛。勞働者之境遇。一面日沈淪於悲境。

新社會之特色

大勢如斯。於是下層之貧民。不平不滿之狀態。愈形滿足。相依相會。而遂組織社會業。乃廣播其教義於巴黎勞働者之間。以大糾合同志。當時社會黨之多數。皆集於列蠡陸之麾下。乃更組織一大團體。樹立一新社會黨。以顚覆政府。設立共和政體爲綱領。凡軍隊之統御。租税之徵集。立法之權能等。一切政權。皆歸其掌握。而成一全國民共產制度。以成一新社會。前者之

第二革命之爆發

社會主義派。未嘗注意唯一之利器。今之新社會黨。鑒其前弊。斷行改革諸般之利器。以演振天動地之大活劇於舞臺。以養成其勢力。所謂利器者何也。即政治上之權力是也。蓋前者之社會主義。概視政權於度外。僅依賴區區私人之經營。以求達其目的。今日彼等則視此政權爲實行改革社會之唯一之利器。始知欲求社會組織之改良。必先企政治之改革。而收政權於自黨之手中。然後實施其所欲計畫。且以當時民心漸厭王政。陸列亞王朝之權力日即於衰。希望變更政體者。次第其數亦日增加。改革社會之目的。與社會黨之意氣。自相投合。遂養成革命之舉。自是法蘭西之社會乃再紊亂。互相爭奪政權。秩序既紊王政亦微。千八百四十八年二月。巴黎又復騷動。顚覆王朝。布告再建共和之政治。再入紛紛擾擾之革時命代。史家所稱爲第二革命者。卽指是時也。

第一節　路易布拉及其主義

第二革命之爆發。社會黨派。又增一度生機。政界之勢力。漸次扶植。政權亦歸其掌握。當時建設社會的主義政府者。其首領果何人乎。則路易布拉其人是矣。

社會主義者。自英法二國而發生。以講社會改革之方法。雖注目於經濟社會之改善。而未留

改權與社會主義

心於政治之局面。依賴國家之機關。以企圖貫徹其目的。如衛布者處身於革命時代之混亂社會。目擊政權爭奪之事。而其社會主義。徒以空漠之理想爲基礎。不過企圖經濟的組織之變更。及至額倍希賀等。其學理漸赴密緻。其計畫亦漸精巧。至列聱陸繼出。計畫多數之考案。以企圖解釋社會之問題。而其方法。於變更生產社會之組織。以平貧富懸隔之外。別無異常之奇策。亦不過分人間之性情。或勉博愛仁心之普及。說宗教之本義。唱四海同胞之主義。所歸著者。驅社會之人類。各自條出。而納於模型的組織之下。以企圖社會之無事太平而已。彼等以經濟社會與政治社會而分離。故不能達此遠大之目的。故前者之社會主義。雖得勞民多數之贊助。惹社會之同情。然其全局之勢。未能大振。此卽一大深因。布拉深鑒前者之覆轍。故欲解釋經濟問題。必先解釋政治問題。依國家之權力。以欲改良而成就。於是一面向勞働者養成政治之思想。一面又對當時之社會。要求解釋社會之問題。以故拉布與前此社會主義者相比。而有一種之持色。於是社會主義之聲名。與活潑之政治家結合。而革命時代之大業遂成。

路易布拉者。以千八百十三年。生於西班牙之首府馬度利度。其又當拿破侖一世之時。蒙其

任用。適拿破侖之勇幼西列拿破衞陸托登西班牙王位之時。爲其大藏總裁。而赴西班牙。時

布拉之幼時 布拉方幼。遂隨而赴。既而拿破侖失敗。其父亦罷職。其家族復歸巴黎。暫止於可陸希加。布拉乃遊學於洛持及巴黎等之諸學校。積學有年。適革命之騷亂。遂失其家產。流離漂泊。備歷艱苦。然天性長於文筆。漸以能文顯。爲雜誌之記者。每以流麗之筆。以吐露其意見。千八百四十年。

進步評論 乃著『進步評論』題於自己之雜誌。以公論勞働組織之改良。後又著『勞働組織』出版後。大惹世人之注意。

勞働組織 布拉欲混和政治與經濟。依兩者之力。舉行社會組織之改革。故先變更政體。以啓勞民救濟之途。以試解釋社會之問題。其言曰。依箇人主義而成立現時之政體者。必先變更之。以謀增倍國家之權力。今日社會與政治之方法不宜。秩序混亂。工業社會亦無寧日。生存競爭之劇。民不能堪。不能安枕。加以自由競爭之主義。又支配於社會而投於競爭之渦中。平和之戰爭。吾人相戰於不覺。處世之秘訣。大抵排抵他人而謀自己之利益。人皆汲汲於私利。而不救恤他人之苦難。相互救濟之美性。漸失漸離。刻薄殘忍之人。愈跋扈於社會。雖政府亦無如之何。其秩序與治安。所以保全國家之職務者。亦極狹隘。而陷於消極的之行爲。以干涉私人之事

社會的工場所以設立之必要

業。而政府亦不能保護其勞民。資本家亦不能以無用之行爲。而抗政府。以法律而救窮民。立法者亦不能採其救濟之策。布拉以爲政府之職務。在於未來之機關。以保護人民之生命與財產。又從而擴張之。以求其發達。生產社會之競爭者。自然放棄之。一任其優勝劣敗。以俟自然淘汰之期。所謂眞正之自然陶汰者。富者擁生產社會無二之利器與資本。以向不幸赤手之勞民。則勞民之敗衂。自居自然之數。今不急救之。必至再沈淪於奴隸之域。故必改革現時之政度。以暨伸國家之權能。以政府之力。而改善此混亂之生產社會。而後謀改革勞働之組織。是以欲改革生產社會者。必先要求變更政體爲必要也。

布拉之說如此。故欲改革社會先以變更政體爲第一着手。然則如何改革此政體。以統御此社會。其言曰。必純然設立共和政體。以平分政權與一般人民。各任其責。以轉運政治之機關。依政府之力。而配與勞働者之職業。且曰。其必設立共和政府者。爲全人民之利益。以謀其幸福之進步。然今之人民。窮乏者已占其多數。彼等自已之職業。不能謀其生活。其資本亦不能從事於生產。故政府必供此等人以職業與資本也。夫人之出世。爲謀一巳之生計。必服適宜之勞役。故日常相應之勞働者。乃人間本來之義務。不能以嫌惡而不從事於此。然必於彼等

勞働之權利

所好之勞働。以謀日常生計之資。自其一面而視之。不啻彼等之權利。質而言之。人於社會。必有勞働之義務。又有適宜之職業與權利。所謂『勞働之權利』是也。故政府者。第一之職務。必先確立此勞働權。凡社會一切之人民。必講與以職業之方法。而於政府監督之下。設立公立之一大公場。吸收天下之勞民。漸以撲滅私人之工場。與天下之人。以服適宜勞役之機會。於是爲改革勞働之組織。乃唱導設立『社會的工場』之方法。

社會的工場設立之方法

『社會的工場』果以若何之方法而設立之。彼之『社會經營策』之骨子。其最苦心焦慮者。曰社會的工場者。於政府建設之。整理其秩序。監督其職業。以統御其勞働者。皆任政府之支配。於最初之一年間。爲其勞働者。選擇其職業。亦以政府任命之官吏爲之。何以故。蓋勞働者之初入此工場。以何種之職業。爲各自之恰適。不能自擇之。然執業及至一年。則職工得以各自之自由。而選擇其職業。且於相互交際之間。得知人已之智識才能。則各自之間。自組長及管理者。而選出其工場則工場自管理之。漸次而離政府之支配。政府唯立於監督者之地位。以監督之而止。此建設大工場者。必需莫大之資金。則由政府徵集國民之租稅。或經營鑛山保險銀行業等。謀其利益。以供建設工場之資本。工場之建築既完成。則諸般之組織。亦能整理其工場。每年所生之利益。爲充分之給料。而給與各種之職工。其餘私設之工場。則必不能成立。而來集合於此大工場之下。則富者供其資本。勞民出其勞力。此工場之職工。貧富各應其分。而受各自之報酬。然此等多數之利益。仍不許其濫費於各自應分之報酬。則爲豫備金以貯積之。以供他日之用。而其使用之割合者。以其中之二割五分。以備他日事業失敗之時之用。其餘之二割五分者。則充老人與病者及不幸者之扶割料。又其餘之二割五分。則借用於國庫或中央銀行。以供資本返濟之用。其殘餘之二割五分。則爲勞働者及其餘之賞與金。以爲鞏固工場之基礎之策。

『社會的工場』既得設立。然其分配職業與多數之職工。其依如何之方法。以配當其報酬。以保相互之權衡。亦爲至難之問題。而彼分配職業之方法。則立一定之定則。曰『各人以其能力之多寡。比例其負擔義務之大小。』即吾人有多數之能力與多數之才能者。則從事於多數之職務。以勉多數之職業。此吾人之職務。天之生人。亦不外於此理。質而言之。吾人有職業之權利者。即有識業之義務。而更設其利益分配之方法曰『人各應其必要而受分配之貨物。』吾人既從事應分之職業。則必負擔應分之義務。且必應受其必要之分配。是爲人類社

設立國民的工塲

會之權利。然其必要者。並非絕對程度之問題。既名之爲必要。則人間充分之慾望。皆爲吾人之必要。然此理吾人自能明之。但於社會之財產而有要求之權。若害他人之生存安樂者。非天賦與吾人正當之範圍。不能分配而與之。

以上所述。爲布拉所著『勞働組織』之大要。彼所圖社會改良之方案。亦如此書之所論。其『社會的工塲』設立之實行。當千八百四十八年二月第二革命之期。拉陸列亞之王朝既倒。專制政府既顚覆。於是變更政體。一時設立豫備政府。舉布拉爲豫備政府之一員。乃與同志而實行社會主義之政策。於政府提出多數之方案。以求其贊同。然政府員之多數。不喜布拉之主義。於彼所提出之方案。概行排斥之。不能實行其所說。心竊不樂。遂有辭職之意。政府知之。百方慰藉。强留其職。蓋豫備政府之委員。雖不附和其主義。然亦不欲其辭職。而暗中其心服之職工。有多數人。羣起而推戴布拉。爲其首領。布拉乃二十餘萬之職工。以示欲舉其爲主宰之勢。其勢力甚熾。政府頗憂慮之。急切勸誘。而留其任。政府不得已。乃迎其意。效其議論而設立國民的工塲。採其分配勞働者職業之策。然新設國民的工塲者。而與布拉之設計社會的工塲大異。其旨徒吸引無賴之徒。而與之賃銀。且此工塲之監督。舍布拉而委之於意米陸。且曰採用法律家以管理其放肆麤暴之制度等。一反布拉之意。而職工所使用之器具器械。亦不整頓。監督既失其當。又不能統御職工。以故分配之職工。咸拋業務而擅談政治。實務不能舉。而工人則日加多。設立之後。未經許久。十餘萬人之職工。自國之各部而來集。皆願備此工場之採用。然此工場。依當初設立之規則。不能毅然拒斥之。於是浮浪之徒。充滿其內。日費日加。勞働者所得之賃銀。得一週八法之割合。故政府之財政。欠乏不能支持。乃徵集人民四割五分之直稅。以應一時之急。其費用尚不能支。終至閉鎖。於是職工反歸罪於布拉。惡之如仇敵。其名望漸次失墜。遂至退出於政府。

布拉走英國

千八百四十八年五月。巴黎之暴徒。再舉而襲政府。政府以布拉及其徒與其事。是年八月。遂下逮捕之令。布拉覺而逃之英國。以免縲絏之苦。遂居英國。觀察本國之政變。時寄書於陸他新聞。通報英國之國情。既而革命政府滅亡。拿破侖三世之威壓於國內。遂稱帝號。建設法蘭西帝國。布拉乃歸故國。委身文事。居英國二十年。著『法國革命史』及『千八百四十八年之革命』二書。刊行於世。

千八百七十年。普法搆釁。干戈擾攘。法軍一敗塗地。拿破侖三世降於敵軍。普軍乘全勝之鋒

其死去

銳。遂圍巴黎。國內搖動。人心激昂。帝國之組織。又復壞滅。再建共和政體。舉茲野陸爲大統領。以整秩序。漸欲挽回國務。布拉乃於千八百七十三年。又歸故國。爲巴黎之代議士。至千八百八十二年十二月。及其卒去。極左黨之一員。終始列於議場。

布拉者。蓋政治家之持重者也。其當革命時代。又爲社會主義者。案出多數之社會主義的方案。欲施社會改良之畫計。以乘革命時代之好機。其理想雖難實施。然彼一代之考案。如社會的。工場不能由自管理。以應用其自說。而濫用他人。以誤其目的。竟至毫無經驗。而彼一身之名望。亦因之而失墜。則固施行之不當。非其咎也。他邦流寓至二十年。終世之經綸無由而施。彼博愛仁義之宗旨。激昂之熱血。雄大之議論。鬱而不施。而世人棄之而不顧。嗚呼。不其戚歟。

第二節　布露度及其主義

布露度之幼時

卑意陸。幼希列。布露度者。父爲桶匠。以千八百〇九年生於列利陸之古鄉衛沙耶。家計赤貧。幼時勵於學事。年十六。入其鄉之大學。欲購教科書。而苦無資。借之於學友。騰寫以便其用。終學考試。得優等之賞而歸。乃備食物云。至十九歲。爲某社之編輯員。後進校正掛。因校正宗敎上之書物。大擴神學上之智識。更習海布利語。由希臘羅句及佛語。比較而研究之。至千八百三十五年。居衛河耶之中學者三年。每年得千五百法死之學業獎勵金之贈與。後又移於巴黎。貧困日甚。乃勉勵而營逃生的世活。於此際乃大研究社會問題。修養社會主義之思想。千八百四十年。研究經濟學。頗有所得。乃著一書題曰『財產者何也』公刊於世。爲彼著述中之最有名者。其書蓋述財產之事之疑問而自答之。以『財產者掠奪之品』 Apropriatecleb-blevol. 之一語。開陳自家抱負之宿論。以驚一世。衛沙那之中學。大喜其說。將贈與以多數之獎勵金。既而以事而中止。遂罷其議。

千八百四十六年。又著一書。題爲『經濟的衝突論卽貧困者之哲理』以述社會及經濟上之組織。以試痛快之批評。其後又於衛沙耶。設立一小印刷所。將近成功。至千八百四十七年而止。再移於巴黎。遂爲社會革新派之首領。大著其名。千八百四十二年二月之革命。顚覆王朝。布露度立身局外。雖痛憾當時之革命黨派。計畫未熟。輕舉暴動。以誤事。然關於國家改革之事業。甘心投身於擾亂動搖社會之渦中。以求社會革命之策。聲名大起。其年四月。乃爲『人民之代表』雜誌之主筆。於六月。以希伊耶州撰舉區多數之人民。撰出爲代議士。終占代議院之席。其間之唱社會主義者。一興一廢。不知其紀。爲社會之改革。盡無數之方策。然此等黨

信用合組法

其宗教論

派之相對立者。終始注意於貧民。以俟時機。雖革命之事業。忽興忽敗。而社會黨派所企圖經營之事業。終始不懈。以圖其成。七月三十一日。爲實行自己之計畫。依信用組合之組織。與勞働者以保護獎勵而給與以各人之機械。乃提出此法案而議之。然此法案者不但不能得議員之贊同。且遇六百九十一之大反對。然彼尙不屈之。欲藉政府之力。企其事業之成功。乃欲設立一銀行。以五百法之資本。以充其用。然其應募之金額。不過一萬七千法。數週之後。其事業之失敗。已公白於天下。又爲其談論所說之過激。不合出版條例。受禁錮於巴黎者三年。其時當千八百五十一年。更著一書題爲『十二月二日科特他社會之革命』。以期社會之歡迎。出版方六月。已至六版。至五十二年六月四日。刑滿而解放。乃純然而營私人之生活。以靜養其思想。千八百五十八年。又著『革命及敎會之正義論』。其書出版。以論耶蘇舊敎之外之眞上帝宗敎。神學。及信仰等。以與舊敎信徒及保守的宗敎說相反對。又列舉舊敎寺院與正理正道所以相衝突之故。對宗敎上之現制。加以苛刻之駁擊論難。出版後僅八日。押收其書。著者定以禁錮三年。且罰四千法之罰金。布露度聞之。乃逃至白耳義。千八百六十年。遇赦而免。乃歸法蘭西。健康漸衰。於千八百六十五年。遂逝於衛希。

財產者掠奪之品

布露度以法蘭西以前之社會主義相比。其所說之極端。流於過激。蓋近於破壞黨與無政府黨。而彼所常服膺唯一之格言曰。『余以爲。凡百事物。非破壞。不能改造之。』Nastmametararin-roaloo。然彼之行爲。究非破壞到底。爲建設的之人。吾人今由其學說。可以說明其主義思想。

布露度三箇之論點。其主義之所說。第一財產。第二政府。第三積極的改革是也。

『財產者掠奪之品』所列布露度之所說。其企圖理想的社會。與作爲終始。以破壞現制組織爲目的。世人往往依土地先占之學理。確認爲其所有之權利。畢竟其土地之所有權者。只人口之數。及土地之面積。可以比例之。至各自之做定。與偶爾事情之外。若彼等出世之期稍遲。則土地所有之額。必因之而大減。然則土地者。本非屬於箇人之私有。悉皆社會共同之所有。彼之主張。一人私有之權者。不過吾人偶爾開闢一段之土。卽爲吾人之所造。然此土地者。果屬誰之土地乎。夫土地者。上帝之土地。吾人僅可受耕作土地之報酬。以奉獻於上帝。而代上帝奉納之。故吾人之對土地。豈有自由之權利。誰得私其自由之權利者。彼之主張占有土地所有權者之學理者。亦如共同財產之制。不可豫期。更自勞力上之原則而觀之。世之財產制。亦無永存之理。故吾人勞力之生產。是卽吾人之所有。吾人耕作於其間。其土地卽爲吾人之所有。然異日他人來耕耘之。則其所有權。亦可移歸於他人之手。然則勞力上之原則。私有財產者。終無存立之理。則土地與物品。絕無主張爲一人一箇之私有物之權。不過土地及勞力之機械等。各人皆有自由之使役而已。則所謂私有財產者。必然消滅而無疑。

更有論曰。世所稱爲財產者。其實則盜財品而已。自其所造而言之。則不過收其勞力之報酬。而彼資本家及地主輩於吾人生產品之中分取其一割。若於物品價格之外。而高一割之價格者。是卽資本家及地主於其貨物之價格中。多掠奪一割而已。故曰財產者掠奪品也。財產家者盜賊也。

然則改造社會之法何如。亦歸復社會的原始之狀態。仍行共產的制度乎。曰是亦未可也。蓋私有財產者。原爲不正悖理之事。欲改社會組織而爲共產的。而亦不能絕滅財產制度也。則必曰改善曰改良果可期乎。彼現時之私有財產者。皆强者掠奪於弱者之掠奪品耳。而共產制度之下之財產。則又弱者掠奪於强者之掠奪品。强弱雖異其地位。而不正之財產制。終不能成立。要之現時之財產制度者。皆由其體力智力及其餘偶爾之事情。與不平等之狀態。而發達爲不公平。苟存以上之財產制度於共產的制度。則必因其才幹力量之多少而顯多數財產的不平均之現象。若欲以平醫匡正（即補救之意）而望於强力者。更增其不平不滿之聲而已。然則果以如何之組織方法而改良乎。夫財產之存在。全然而爲非理不正之社會。非滅壞而改造之不可。蓋吾人享有絕對的自由之權利。豈能別受束縛壓制之權。所謂政府何者。以人制人而已。固爲吾人所不願。若共和政。若代議政。畢竟屬吾人之理想。專制政治之下。與共和政治之下。又將有立憲政治之下者。而謂吾人能享有絕對的自由。以發達天賦之權能。吾人不信其然也。然則吾人所期望社會之組織者。果何在乎。曰無政府的組織。卽是也。則此組織之下。所謂君主與王者。豈能一日而隸於吾人之社會。蓋君主之等級。推而言之。有天下一人之君主。又有隸屬之臣下。而國際間遂生各種之問題。試卽統計的論基而決定之。各人有立法者。又有服從者。皆所以妨害吾人之自由。則於吾人之社會倫理道義之發達。其進步甚阻。而慘殺强奪等不正之行爲。終不能歛跡。且必設律以拘束之。而政府遂生各種之葛藤。蓋政府之組織。終不外以人制人。無論其政體如何。究不免壓抑專制之弊。故欲求社會之完全國家之完美。非求之於無政府的制度。整然狀態之下。勢必不能。

然則無政府的制度之主義。而欲舉行積極的改革。其方案何如。曰設立一大國銀行。而依此銀行之力。如貨幣及其餘之媒介物。以交換物品爲主。而廢現時之組織。以物品而交換物品。以絕彼等以所有之金錢。及私有之貨幣而交易利用之物品與妨害生產等之弊。又以紙幣一切流用。以充補其過與不及之法。然其所謂紙幣者。不過僅記明勞働時間別爲一種之手形。與其餘同時之勞働者。以交換其物品。且依其所得。而與以相等之價格。以全滅財產之資本家及地主輩。而掠奪其不義之利潤。以防貨物價格騰貴之弊。故彼當爲議員之時。曾提出國民議會。以謀國立銀行設立案之事。

布露度又臆斷現時經濟的之趨勢。對資本的利息。必至終無付與之時。故此『國立銀行』之設立。亦不能永遠煩累國家。乃推論信用制度之擴張。曰所以設立此銀行者。以財產家所得三分之一。卽課三割三分三釐餘之租稅。且用累進法。以官吏給俸之課稅。而造銀行之資金。更設立支店於法蘭西之各地。此等銀行之事業。於既往數世之間。其經濟上之趨向。則資本之利息。徐徐遞減。以至於全無此等利息。一朝既至於無。則其結果則地代及其餘之利潤。亦同歸於無。而勞働者。單依賴其信用物。以求勞働之器械器具。則地代之利息地主及資本家。皆不得而侵占之。於是勞力之全額。悉歸於自巳之所有。其生產品。亦不能有騰貴之價格。社

布露度無政府的之主義

會組織之狀態。果至於此。則素餐坐食之徒。悉驅逐之。於是私有之財產。遂至於全滅。則暴富與困難之懸隔。及不公平之現象。再無發生之憂。則各人皆平等。上無統御之人。下亦無服從之義務。最高最美之社會的組織。於是乃告其完成。

是卽布露度之懷抱。其主義之大要。大抵如此。試研究而察之。彼欲維持國家之現制。而欲漸次變形改良之社會主義者。不過獨反對於資本主義。以駁擊土地財產之私有制。而舉政府之組織與國家之機關。悉破壞而全滅之。由無政府的制度。以謀社會之幸福安寧。純然爲政府黨。又如其罵財產家爲盜賊。目財產爲掠奪品。如希賀。如列鼇陸。亦未嘗抱如此極端社選麤笨之思想。以計畫社會之改革。至於布露度。乃更至最甚之極端。然此麤暴過激之議論。究不能動當世之人心。不過一時挑動民心。以博一輩麤暴之徒。無理之贊賞。故彼當時助其計畫實行者。大都此輩之人。而欲國立銀行之設立。以杜絕私立之銀行。故亦不能達其目的。徒發空想的極端之議論。以聳動一世之人心。而無一人贊其實行的計畫。採用其企圖經營之方案。以奏社會改革之功者。盖其絕滅行政之機關。單依倫理道德之力。以維持社會之團結。而經營國家之事業。要皆一片架空之理想而已。

其主義之繼續者

布露度之所說。其過激大抵如此。其勢力又微弱。自後僅保其命脈。以存一派之學說。然大集同志。以期其實行。伏於社會之裏面。以試秘密之運動。其無政府主義之議論。其死後。自其子弟。盛唱導於一時。而其首領爲俄羅斯之名士美加意陸衛科意。千八百四十七年。衛科意遊巴黎。與布露度面接。而受其敎化。信奉無政府主義之說。傳於各國民之間。名望隆隆。一時甚盛。於是集歐洲諸國之同志。以組織無政府黨。以試轟暴過激之運動於社會。屢加危害於高貴者之身。遂招社會之嫌惡。其基因實本於布露度之所說。別分章而敘其無政府黨之行動。併記其現狀。與其黨與如何感化其說。且懷抱如何之思想。而講求研究之。（參照第三篇第一章）

法國社會主義之衰微

法蘭西六月革命之舉。忽呈腥風血雨之慘狀。禍亂紛擾。人民空斃於暴徒之毒手。戰戰慄慄。而現不秩序的社會之狀態。漸增社會之嫌厭。於是感悟財產之平等。生產社會之變革等。皆不過社會主義者徒抱一種之空想。於是民政之組織漸弛。政治機關之轉運。時或又生支障。一時旺盛之極。又爲拿破侖治下之法蘭西。且欲伸勢權於他國。唱覇功於中外。昔日虛空之理想。恍然如夢。外事日多。內訌漸息。國民皆厭民政。而戒輕舉妄動。以盡力於國家之能事。革命反動之餘勢。又變爲舊時之專制君主。崇拜英雄之感念。風靡一世。拿破侖之舊勳。追思敬

德意志社會主義之發達

慕達其極點。誤認其甥路易以爲再世之拿破侖。奉戴擁護。而再建帝國。於是所建設第二之法蘭西帝國者。再隸於拿破侖三世之名下。國家之民心。皆傾向於拿破侖。皆以發揚國威。爲施政之方針。而社會主義。竟有偃息之狀。其餘波所及。移於鄰邦德意志之聯邦。反爲首唱社會主義之國際的運動。漸有轉機。其餘諸國之相關連者。亦復組織各種之黨派。其勢援雖大。而法蘭西則獨處專制之下。舊有社會主義之勢力。則全萎靡。雖欲藉其盛大之勢援而不能。不過於他國指導之下。列名於運動之間。而不能占有絕大之勢力。再試活潑之運動。至千八百七十年。普法戰爭之開始。帝國再當傾覆。法國之社會主義。又發生焉。

自社會主義發達之時期。從其所區劃。其屬第一期者。社會主義之發達及其運動。不過英法兩國之間。而其學說。多流於空理。馳於空想。與事物自然之理相矛盾者亦不尠。故其企圖實行計畫社會組織改革之業。遂不能成。同軌一轍。皆歸失敗。其空議僅存於簡策之間。古代之布拉托賀亞一派之輩。共唱導空想的學理。以成世界一種之幻影的哲學。而注意之者甚少。希賀列釐陸拉野等之名。世人殆不復記憶。不過以一種之空理空想目之。無深講究其學說。一時以聳動天下之耳目者。社會主義之運動。幾乎與世相志。然下等社會之窮狀。依然如舊。

勞働者之困難日加無已。改革之目的。終無由達。社會貧富之懸隔。益更加劇。經濟社會之大勢。竟爲社會主義發達之趨勢之前驅。反動之力。激蕩所生。於是乃企其改革。謀其改善。乃別唱導一新說。而社會主義之運動。更由別途而現其機。遂造社會主義發達第二之時期。又復熱中於社會改革之事業。而其發生之地。實以德意志爲原始。故欲知第二期社會主義之發達長成何如。必先研究德意志之社會主義焉。

近世社會主義第一編終

第二編　第二期之社會主義

德意志之社會主義

緒言

德意志社會主義之勃興

英法二國之社會主義者。爲『空想的學理』與『兒戲的企圖』故全然失敗。社會主義之第一期全時代。全爲空理空想之一夕話而已。於是社會主義之氣燄。漸卽於衰。有不可挽回之勢。德意志中之憂國者。深知社會改革之不能已。相應相呼。而唱導社會主義於第十九世紀之後半紀。卑斯馬克盡力勦滅其竊盜强賊之德意志社會黨。受無數之擊打窘促。勃然開運動之始。

德意志社會主義之所以發生

千八百四十二年。斯他伊以社會主義發生之患。公言於德意志。其後無幾。而社會主義之發生果起。其勢力亦極其旺盛。蓋與英法二國之事情其趨相異。前二國之社會主義者。以社會組織之不平均。貧富懸隔之趨勢大異。感動激刺。欲起而救濟平醫之。而德意志當時之生產社會。發生多數之貧民。下級勞働者之數。既日增加。乃倣英國設保護此等職工之『工塲條

第二期之社會主義與第一期之社會主義相比較全然異其趣

例』『職工組合』等。加之生產事業日漸隆盛。資本之功力。亦大增加。獨勞働者之勞銀上騰。僅得僅少之賃銀。不能自給。衣食困窮之狀。目不忍覩。肉食者流。酣歌於高樓大廈之上。下層之賤民。營營旦夕。而無糊口之資。其慘狀不忍目擊。有力者乃起而救之。故其社會主義發生。與英法二國之不同如此。

惟其然也。故德意志之新社會主義。與英法二國之舊社會主義相比。其議論徒馳於空理。而唱荒唐無稽之說。以其兒戲的計畫。而爲克成之目的者。全然大異其趨也。以深遠之學理。精密而研究之。以講究經濟上之原則。而認信眞理與正理。故於多數之勞民。容易實行其社會主義。得多數雷同之贊助。而其事易底於成。故學者與經世家。咸以德意志之社會主義。多爲可採。其所說富於深遠巧妙之學理。雖嫌惡社會主義者。於其學理。亦苦無反駁之餘地。其議論固不免或有失者。若以爲徹頭徹尾。完全而無缺點。津津而贊揚之。以爲社會主義之極點。雖尚未能。而其一派之學問。可研究而實行。實不能不歸功於德意志之社會主義。其學理之論據。最爲堅固。故其勢力。至今日而不衰。其與英法二國之社會主義相較。而大有別者。非偶然也。

加之德意志之新社會主義者。與第一期之社會主義相比。其目的更爲廣大。第一期之社會主義。其計畫往往局限於一地方。或國之一部。或數部。促促於一小天地之間。社會主義之實行。空屬夢想。而德意志之社會主義者。其初實行之範圍。雖亦限局於一地方。其性質則實注重於世界。故可成廣大之場所。而集多數之人。勉强而實行。視彼等以一國之結合爲滿足。而不企列國之結合。甘居一政府之下。或二三政府之間。以擴其運動。而不企圖國際的勞働者之聯合。以匡合多數之勞民。故與第一期之社會主義相比。其理想之懸隔。其畫計之大小。誠不可同日而論。如馬陸科斯如拉沙列周遊歐洲之各國。以傳播其思想敎化。薰陶最爲廣至。其運動之活潑。與前者大異其點。吾人今特唱導此新社會主義。其抱如何之思想。如何之運動。如何之方面。其勢力如何之發達。而述第二期之社會主義。

第一章　加陸馬陸科斯及其主義

第一節　其履歷

旣述第一期之社會主義。而入於第二期之社會主義。吾人脫理想而入現實。離空中樓閣的之議論。確然而究所說定則之基礎。所謂眞箇之社會主義。其懷抱如何。始得而硏究之也。

第一期之社會主義。所唱道議論之中。固與德意志社會主義者之所主張。其歸著之點。大抵相同。然法蘭西其從來所唱道之社會主義。不過即自家一人之假定。其立論之根底。說明其原理原則者甚尠。希賀派曰。資本家之所得者。大抵收沒勞働者之所得也。布拉和之。布露度贊之。馬陸科斯雖論資本家爲無用之徒。而收沒其餘之勞力。然彼從來之社會主義者。僅假定與猜疑。非能斷定此重大之議論也。其於制度資本之改革。則必先攷察德義正道之許否。稽資本發達之歷史。與現時之制度。資本相比較。而究經濟上之學理。與歷史上之事實。以駁擊他家之諸說。而造自家學理之前提。以結論資本爲强奪之結果。以表發其學說。

德意志之社會主義。既已如斯。其學識之深遠。其思想之精緻。與從來之社會主義者。大異其趣。非如前者之徒馳無稽之理想。以築空中之樓閣。費用有用之時間。而爲兒戲的事業。以招世人之嫌忌。識者之喚笑。熟慮專攻。以考究其深遠之學理。以觀察其精緻之事物。恰適社會之現制。以探尋其主義方策。是爲彼等之特色。所以與其餘相異之點也。其學理上之基礎。以論理及心理上之原理。以謀確實。其唱導之首領等。百折不撓。而以忍耐勉强之力維持之。蓋殖產社會之弊病。以殘忍刻薄。非理。非道。等不倫之行爲。充滿於其間。雇者與被雇者。時現相反嫉妬之狀態。資本家之暴富。與勞働者之困窮。視爲社會之原則。彼等以不正之手段。逞其伎倆。使之不敢乞社會之憐愍。且以勞銀之鐵則。爲千古不磨之眞理。貧富之懸隔。爲人類社會之通則。於是彼等以非理之要求。以逼豪富。其所論非理者。皆未嘗於歷史法律經濟統計及哲理心理論理等。萬般之學理。爲研究之材料。廣探深稽。以確定其主義方針。然後計畫改革社會之方策。宜其所說。招世人之攻擊。然其運命。竟能持續至今日。隨處有其黨與。迭經變遷。迭經改良。其勢力之所及。不獨柏林及巴黎。若紐育。若芝加卑。若維也納。若列拉科列渥陸托。苟有唱道社會主義者。其統系自皆德意志之學派而發。豈偶然哉。

德意志社會主義之創立者。爲列野陸茲拿度拉沙列及加陸馬陸科斯。前者爲社會主義運動之發起者。其名最顯。後者則確立其議論之根底。出無二之經典。以聞於世。而兩者皆生於德意志而爲猶太人。

加陸馬陸科斯

加陸馬陸科斯者。以千八百十八年。生於托利烏斯。父占普魯西政府樞要之地位。長於名家。入賀龍大學。修法律。後再入柏林大學。委身以研究哲學。尤傾心於海科陸派。大悟人間之本性。後爲急進自由派之機關。列意希野額西特新聞之主筆記者。大振筆鋒。以攻擊政府。且非

馬陸科斯為列意西野額西特新國之主筆

馬陸科斯之放逐

難當時之社會制度。以唱道革命煽動之說。柏林政府特派檢察官以察之。而文意婉曲。不能得其證據。然政府終惡之。千八百四十三年。乃嚴命禁止新聞之發刊。馬陸加斯益與政府對抗。欲絕續其攻擊。愈講究於經濟上之議論。乃再移於巴黎。以研究斯學之餘間。輒執筆為文。以攻擊本國之政府。公表自己之意見。其自柏林而移居於巴黎者。蓋以當時德意志斯學之發達。甚為幼稚。而法蘭西之研究斯學者多。以便講求。當時內閣大臣有契耶者。欲得普魯西政府之歡心。命放逐其政敎於國外。馬陸科斯既不容於法蘭西。不得已。又移居於布拉西渥斯。益從事於經濟上之研究。以講究社會主義。以自己之新說。發表公論。以達勞働者之事情。乃批評布露度『關於貧困之哲理』發刊於世。題為『自哲理上所見之貧困』又論貿易上之政策。題為『自由貿易論』二書最有名於時。千八百四十三年。假寓於法蘭西之間。始與唱道德意志社會主義者野契陸斯相見。互相交親。共訂生死。共試其運動。又自巴黎而移於列拉西陸斯。又至倫敦。而開共產的同盟會。以組織一團體。千八百四十七年。乃革其宣言書。公刊之。為國際的勞働者結合同盟之端緒。以待他日社會雄飛之機。養成勞働者之勢力。

馬陸科斯既得野契陸斯。為有力之同志者。各等之運動。藉其幇助者不少。野契陸斯亦與馬

與野契陸斯相交結

陸科[illegible]相親善。終始同其難苦。千八百四十五年。又著一書。題爲『英國勞働社會之狀態』。以擴張馬陸科斯派之意見。千八百四十九年。又爲普魯西政府所放逐。馬陸科斯等共去本國而移於英國之倫敦。仍與馬陸科斯往來。共其運動。至馬陸科斯之死。四十年。無異趣焉。

國際的勞働者同盟之與

千八百四十八年之革命既興。馬陸科斯再歸德意志。野契陸斯初與其友烏拉陸列及詩人列拉伊利科拉托等相謀。與一雜誌。題爲『意希野額西』。特盛唱民主主義。與勞働者之味方。以倡一世之輿論。而其所説。與日耳曼聯邦之共和組織相反對。與當時支配社會復舊的運動。大示攻擊之旨。爲勞働者而吐萬丈之氣燄。保護其利益。而憐其不幸。於勞働以外之階級。其利害休戚。與勞働相反背者。則必痛論之。以故政府又禁其續刊。其設立後。僅一年。至四十九年。忽遭廢止。同時共其創立者。咸被放逐。流寓於他方。馬陸科斯。再至倫敦。至千八百八十二年乃卒。

新意希野額西特唱社會民主主義。噴滿腔之熱血。刊行於時。其創立者爲一詩人列拉伊利科拉托。嘗爲一詩。刊於其上。乃其告終之絶命詞。革命之精神。躍躍於紙上。以助馬陸科斯之指揮焉。

馬陸科斯資本論及其年

馬陸科斯既逐於本國。而移倫敦。以餘生之運動。以集注於國際的勞働者同盟之結合。千八百六十四年。於倫敦結其盟約。發表宣言書。以集同志者。開第一之總會於希渥衞。自後歐洲各部。咸注其總會。此同盟會之勢力。震動歐洲之全土。一時極其旺盛。馬陸科斯之名。轟於全歐。大受勞働者之尊敬。千八百七十二年九月。哈伊科之大會。同志忽生分裂。衞科野之一派。引率無政府黨而脫會。其黨勢次第衰微。一時本部又移於紐育。以謀恢復其勢力。然亦未見其成功。千八百七十三年。最後希渥衞之會合。其同盟愈分散解體。然其影響所及。於歐洲諸國者亦己不少。其主義綱領。至今尚爲諸國所認識。各團體之精神與作爲。各種之運動與助成。皆基於此。若此國際的勞働者同盟之運動。更分章而詳記之。（與本篇第二章參照）

國際的勞働者之同盟。既已消滅。自後馬陸科斯退隱公共的生涯。而從事著作。千八百五十年。出其著述。題爲『經濟學之評論』者。博採羣書。窓下研煉。費十餘年而成。探學理之蘊奧。以講究資本之原理。依其研究之結果。成彼一代之大著述。題爲『資本論』。其著述初完成。未出版之先。以千八百八十二年三月十四日。以永逝。行年六十六。

馬陸科斯之於家庭。常保和樂。其幸福頗勝於人。閑居倫敦時。營靜穩之生活。以從事於著作。

其性行

或寄書於紐育之『托利卑』之新聞紙。或以論說出版。而嚮同志之士。會聚普魯西政府大臣列鳴野斯托列亞列之女。生二男二女。其女名路契野者及詳『資本論』者拉列陸契。同有時名。二人皆嫁法蘭西之社會黨員。一男幼卒。妻亦於千八百八十一年。先彼一年而死。

馬陸科斯者。一代之偉人。長於文筆。其議論之精緻。爲天下所識認。以故教授拉契者。稱彼爲一大經濟學者。又如教授科意斯者。乃有保守的思想之人。亦稱揚其才能而不措。彼之死也。可洛額西持進紀其事績曰。彼於文明社界之內政。獨具感化之功力。無論其同時代之如何人。無出彼右者。其經濟學感化一般人民之程度。德意志之學者。亦無其比。彼於經濟學上。最精細之觀察。且爲確實推論家之一人。故其著『資本論』實爲社會經濟上之學者之良師。亦可窺見彼之一代之性行。及其思想云。

彼於社會之勢力。絕鮮其比。其死後。訃報達於歐美各地。弔者隨處開會。以慰其英魂。紐育又集合其多數之人民。開大會而決議曰。天下自由之眞友。與吾人以勞働者之自由。而除其重大之損害者。惟加陸馬陸科斯君。今其永逝。追悼不已。吾人以君之芳名與遺稿。傳於萬世。且擴布其思想。以垂示於世界。須盡其全力。以記憶君之永逝。遵君所開拓之行路。拋吾人之生命。以發揮彼之高尙之經典。吾人敬誦於君曰。將結合全世界之勞働者。以奠君永世無忘。而此類之決議。不獨紐育。衞陸茲賀亞希加可他利布拉度等之各市。亦採用以遙表追悼之意。馬陸加斯之英名。隆於一世。故勞働者感化之力甚深。一則由其性行使然。一則其思想之激刺於人腦者亦多。茲吾人特記其履歷。並其學說。以見一斑云。

第二節　其學說

加陸馬陸科斯創設社會主義之實行。與國際的勞働者同盟。以期社會之雄飛。其學理皆具於其『資本論』。大聳動於學界。爲社會主義定立確固不拔之學說。爲一代之偉人。其學理與主義。吾人不能不進而採之也。

馬陸科斯之『資本論』。爲一代之大著述。爲新社會主義者。發明無二之眞理。爲研服膺之經典。彼從來之社會主義者。大都架空之妄說。不過聳動社會之耳目。以博取其虛名。其立論之前提。稽其資本之變遷。與歷史。述其起源與來歷。以明經濟界之現組織。全然爲資本之支配。生產社會之原則。上隨資本旺盛之現時代而一轉。則社會之趨勢。與社會主義。終不能達其目的。故欲反抗資本萬能主義之潮流。以保勞働者之味方。則雖主張反對資本的生產制度而不辭。

殖產界之三時期

彼述殖產界之變遷。爲三種之時期。其第一期。爲手工勞働者以自己之資本。從事於各自生產之時期。是爲資本勢力未盛之時。至其第二期。爲資本者與勞働者之間。生多少之分離。資本家依其利益勞働者依自己之勞銀。而爲生活之端。是爲資本將盛之時。其至第三期。大工場之大資本家。於工業界有無限之勢力。於土地。則資本與勞働者。名爲保其自由。實則繫留於勞銀之桎梏。其利益之全額。悉歸資本主之所有。自己僅得僅少之俸給。而有滿足之狀態。是爲資本極盛之時。殖產界之現狀。以是三者而分之。

依此殖產界之變遷。而攷資本制度發達之結果。凡欲企圖事業從事生產者。必借資本家之力。得其用意。而後可以經營。以故資本家之勢力日赴旺盛。全然與勞働者隔離。社會遂組織一特種之階級。勞働者盡其全身之勞力。以講一生自活之計。資本家貯蓄其所得之利潤。培增自家之財產。貧者愈貧。富者益富。然資本家所以蓄積其利潤。增加其財產者。則以生產社會餘剩價格之故。卽爲殖產界資度資本發達之歷史。專占此餘剩價格。蓄貯之以爲增殖之途。欲知今日之資本主義。須知餘剩價格之性質如何。馬陸科斯乃分離其價格與本質。而著

價格論

使用價格與交換價格

『價格論』

馬陸科斯之『價格論』以價格之分離爲始。彼論價格分離之道。分『使用價格』及『交換價格』二種。以供給人類之必要滿足人間慾望之價格。卽爲使用之價格。吾人非空氣不能生活。非水不能生存。又如日光。如食物。如金銀衣服。皆爲吾人之必要。吾人之所望者。故有此等爲總使用之價格。然此等之總使用價格。不得誤爲交換之價格。如日光空氣爲吾人日常生活之必要。在於衣食之上。然吾人不得以他物而交換之。而此二物。又爲地上隨處而有。此等爲有使用之價格。而無交換之價格。而爲吾人必要之物品。而又無從交換之。然又有有交換之價格。而無使用之價格者。蓋有交換之價格者。必有使用之價格。而有使用之價格。不必有交換之價格。人皆欲充自巳之慾望。不能以其必要之供給而交換無用之物品。夫交換使用者。蓋以天下無數之物品。爲人生之必要。而後交換使用之。故此二種之價格。爲人類實用之點。雖共相等。而交換之價格者。乃以無用之物品。變形爲必要之物品。有一種共通之素要。存乎其間。卽吾人有若干交換之價格。得幾多物品比較而發見之。必有共通之要素比較交換而後能行。譬之吾人以一之物品。與其餘之物品。比較而交換。何以得其均平。設有砂糖一斤。

價格定算法

而交換其餘之物品。誰能得其平均者。非比較之而不可。其間必有一種共通之要素。其要素者。卽人間之勞働力是也。以勞働力與勞働力相比較。因社會之平均的勞力。製造沙糖一斤。爲費幾何勞力幾何。以比較而判定其價格之高下。社會以一定之時間計算普通一日之平均勞力。及關於機械及技藝等之勞力。其功力之多寡。以平均之勞力換算之。以規定社會的平均勞力之功果。且以複雜混合之勞力。與單純平易之勞力相比。而二倍之。又以『熟練』『注意』之勞力。與普通之勞力相比。以規定其適宜之割合。凡勞力尺量之標準。單純之勞力爲單位。以與其餘之勞力而比較計算。則一切之價格。量其勞力之原則。而案出之爲價格算定法之大要。

價格之分類。卽以使用交換之二種。此兩價格之區別。判然而不能淆。彼資本家。但求自己之富。但利用勞働者。而不知其艱。質而言之。勞働者。資本家之犧牲。以其勞力之過半。而食其力。而資本家之使役勞働者。不過以交換之價格。給與彼等之生活。而此等最低之生活費之標準。自生產物之全價格。而扣除其剩餘。以收入自己之私囊。譬之勞働者。日常之生計。不過二十錢之物品。以彼等自活自營而計之。豈止於每日二十錢之物品與生產。彼等每日以六時

資本家之所以增殖資本

間之勞働。則已足充分而自給之。而此時之資本主。又强彼等每日執十二時間之勞働。則每日應得四十錢之物品與生産。彼等卽應得四十錢之報酬。乃割其一半而爲已有。是資本家强制六時間之勞働於勞働者。而詐取其所得之二十錢。故資本家之利潤之所得者。不出此詐取的價格之外。然勞働者。以其從事於生産之原料與機械。爲其所把持。不能不應資本主之顧聘。若反之。則資本家隨意於其市場。彼等購求其餘之物品。不依定額之交換價格以與勞働者之購求使用。而從事於生産。而其使用驅役勞働之度。資本家又於市場。以定多額之交換價格。以倍拾其使役之度。資本主以一分之交換價格。而得二分之使用價格。其使用交換兩價格之差。以是而比。其餘剩之價格。又爲資本家之資本。更以維持擴張其事業。以蓄積增集其財産。是彼資本制度之發達。其餘剩之價格。而所以專歸資本家之占有。

馬陸科斯以此等之見解而解釋資本制度。且謂此資本制度之下。其經濟的組織。而無舊時之專制壓抑。無絲毫之異。其言曰。昔者地主使役奴隸以供生産之用。王侯强制其領內之臣下。以奉獻其勞働之力。今之資本制度之下之勞働者。其契約雖有自由之形體。而其强迫勞働者之事情。以從事其生産事業。其於生産品之全部所要求之權。不過僅得一少部分之分

資本之定義

配。而勞働者卽以爲滿足焉。故雖有自由之契約。仍不出自然壓制之外也。

馬陸科斯以勞働之生產。爲唯一之要素。其價格必依勞働之量而定之。其一切之生產品。必屬之於勞働者。若以資本而節約爲貯蓄之結果。是卽資本家强奪行爲之表證。所謂資本者。終不免悖理之貯蓄。其資本既爲背理之貯蓄。則生產社會資本家之權利。亦必有消滅之理。於是更以關於資本之事情。而立一新說。以社會的關係而定一種之名稱。其爲說曰。黑奴者初非定其爲黑奴。以關係上而自淪爲奴隸。其於關係上資本之一部。不過因其資本與生產的方法。而成立社會的關係。而其生產機關與直接生產者。皆不問之。運用其資本而營生產之事業。以使用勞働者。或自爲農夫。則自荷鍬鋤及種子以從事其生產手工。勞働者以自已之器械與原料。以製造其物品。蓋此等之製造原料與其種子器械等。以供給他人。自已僅從事於勞働之事業。則此等之物品。卽可稱爲彼等之資本。質而言之。資本之成立。則資本家與勞働者爲分立之時。然今各人無共有土地及其餘之特權。大抵皆歸箇人之私有。而無資無產之勞働者。苟欲從事於生產事業。則必以其資本供給於此等之階級。而仰其鼻息。於是生產社會。自資本發生以來。其發達之極。卽造現時之資本制度與作爲。而爲資本萬能之素因。

而爲資本上一大必要。此不可不知者也。

馬陸科斯對資本而下若此之定義。彼即以資本而於生產社會以定勞働者與資本主適用之時。與其餘之經濟學者比。以解釋其狹義的。彼於生產社會。以資本家之職務爲甚重要。如現時殖產社會之狀態。勞働者不能。支辨器械與原料及生品與物產。又如現時之生產社會。其生產的要素。惟天下唯一之勞働者。而資本定分取其利益。皆由於强奪詐畧之非行。故資本的生產組織。實爲悖理不法之組織。然則以器械與原料。欲從事於生產之勞働者。其藉資本家之力。果如何而爲生產之必要。乃得此等之物品。若供給原料給與器械之資本家。而分預其利益之一部。以從事於生產事業。則資本家與勞働者勢必不能。而勞働者亦不能以其原料器械而附之。必如何而後可。故今之所謂資本者實爲生產社會必要之一要素。故彼雖反對現今之資本制度。而解釋資本無用之說。以唱導社會主意。而於國有財產制。彼不能捨而不採之。以爲國家的之生產事業。且曰。吾人之社會皆處於共同生產的組織之下。以定自由勞働之制。各人以勞働而成勞働社會之一部。於其勞働之出產。割其全生產數中之一部。以供他日生產之用貯藏社會之財產。分其餘剩。以與各人。以供其日常生活之費。而其分配之多寡。又依各自勞働時間之短長爲等差。以價格算定法而定其標準。

馬陸科斯計畫殖產社會之改革的組織。同時又復主張反對資本制度。以唱財產國有主義。雖其計畫實行之方策。而如何變更經濟社會之現制度與國有制度之手段。尙未說明。只就社會之趨勢。自然絕滅其資本制度。而縮私有財產之區域。以歸着於國有制度。故其所畫勦滅私有財產之方策。亦唯隨其社會進步之趨勢云。然不過考察變遷之事情。以豫想未來之運命而就歷史而論之耳。

彼之觀察歷史之眼。先描畫其原始之狀態。次述進步之階梯。以稽察過去與現時。以進未來之社會。而待變革一新之期。斷言之曰。社會原始之狀態。生產之業未開。人人皆汲汲於自求其衣食。上下貴賤。皆粉身碎骨。而不暇他圖。當此時也。社會無甚貧富之差。又無資本主與勞働者之別。自後社會稍稍進步。飽食煖衣之樂。漸普及於人民。或生遊樂之情。或以其餘暇而注心於文學美術之嗜好。於是多數之人民。日日從事於勞働。以從事於生產。故上古希臘羅馬之盛時。其生產事業。悉使役其奴隸。乃確立奴隸制度。而奴隸乃爲生產社會之一要件。其奴隸自爲人間之一階級。私有私產。皆屬於各人之所有。得轉而賣買之。毫不爲怪。恰如現時土地資本。公許其爲私有而許各人之自由。降及中世。以農業爲生產社會。漸次而發達。乃唱道人權之貴重。生產社會之奴隷漸滅。以至於奴隷制度。亦全廢而創立資本的生產制度。於是資本主以巨大之器械。宏大之工塲。以使役多數之勞働者。不識不知。秩序整然於組織之下。其利益之多分。則分取而少與之。自今日而溯上古。考察其殖產社會變遷之事蹟。則資本的生產制度。現時實爲旺盛之時。然而彼奴隷的組織。賣買人身古代之制度。亦似無怪其然者。何以故。當生產事業未進步之時。各般之藝術工藝。皆頗幼穉。衣食器具生產之道。亦甚困難。其所製造必需多數之日子。社會多數之人民。從事於勞働生產者。不能不應社會之要需。故當時之生產社會。與現時之生產社會與代器械之原動力者。各人皆用奴隷以服勞役。其用乃延及於各種之生產事業。其生產社會奴隷之勞働者。爲貨物生產上必要之要件。皆此制度自然之必要者。故當時亦無怪之者。亦如今日土地資本。據爲私有。於現時之制度。不過經濟社會進步之一階梯。今日奴隷制度皆已消滅。而私有人身財產之習慣亦既廢止。則生產社會私有財產之區域。亦減其大半。至社會發達之度。更進一步。則私有財產之區域。更縮一層。此資本及土地與私有財產。爲過去社會進步之定則。自其實事而證明。既而社會之狀態。漸漸發達。貨物生產之方法。亦漸改良。藉械機之動力。其生產力亦大增加。斷無二六時中。長服勞働者。社會必要之貨物。其餘力而製出之。綽有餘裕。故社會者不過使役一部人民之勞働。改革現時之資本的生產制度爲國家的生產制度與作爲。故現時社會之進運。漸促此私有資本制度於滅絕。如以蒸氣電氣之力而代人力。以製出饒多之物品。而二六時中。不必時服其勞働。而社會之需要。必無缺乏之感。外界之事情。既已如此。其內情則必擾亂。故反抗資本制度之聲。日高日溢。而不可止。蓋封建時代之農工業。受貴族之保護。既而發達。而『市民』乃勃興。頓蒐世界之富。以使役多數之勞働者。以故現時之生產社會之作爲與社會組織之次第、漸失其平。百般之弊害簇出。而人民大苦。雖助一時生產之發達進步。爲資本制之良法。而一部少數之人民。其利愈厚。則其餘多數之勞民。嫉妬愈深。生產社會上不平不滿之聲。亦日甚。漸將糾合此等之勞働。企圖運動而反對資本家。謀畧既成。待時而舉。至勞働者一旦運動之開始。資本制度之外部。既破其內部亦從而陷落。而資本制度遂至告終。再以貧民而主宰生產社會。則生產組織之面目一新。社會之進步。至此而告其完全矣。

馬陸科斯既說殖產社會發達之結果。依其自然之變遷。資本私有制。必歸全滅。而讓步於國

馬陸科斯無政府主義

有制度。乃更進一步。推論社會組織之未來。今之所謂政府謂國家者。皆爲治者抑制被治者一種之機關。然社會進步之極資本制度之顚覆。共政權而歸人民之手。此國家必然之結果。其告終之例如此。蓋國家一部之人民。即以治者爲代表。而眞正爲人民全體之代表者。於生產社會。必爲國家的生產而絕生存競爭苦鬬之跡。以制其階級。以御其人民。國家成立之要。必支配其人民。代政府而設生產的方法之監督。現時行政的組織。必滅其跡而自然消滅。

以上馬露科斯之主義。雖欲設立無政府的組織。而其歸著與無政府黨之希望。頗有異者。蓋無政府黨之目的。以暴力而打破國家之組織。馬陸科斯則由自然之趨勢。以俟國家絕滅之期。即前者欲謀其强行。後者一任自然以達其目的。而其志願。兩者皆以人類之自由結合爲基礎。爲其社會之組織。其餘則欲以强制的勢力而制馭之。

馬陸科斯經濟上之主義。其概畧如右所述。彼與從來之經濟學者。以土地資本勞力三者。論定爲生產上之三要件相反。而生產上之要件。限於唯一之勞働。排斥資本家之利益。爲分取不正之行爲。土地雖爲生產之必要件。其性質上。不許私人之專有。故對土地之報酬。無論何人。皆得分配生產之利潤。而生產富利之全部。應歸勞働者之所有。故馬陸科斯自其畢生之

馬陸科斯對資本之駁論

研學。雖特發此大議論。於經濟學上樹立一新說。然向之而表反對之意者亦不少。故余輩欲研究彼之學理。亦必即其駁論者而反覆研究之。

馬陸斯科關於資本之議論。對之而表反對之意者曰。馬陸科斯以勞働爲生產社會唯一之要素。而斥資本萬能之說等。不免爲狹義之解釋。不知昔者生產事業之發達。甚爲幼稚。各自可求機械與原料而製造之。且自從事於貿易以自己勞力之量。而得自己之利益。今則工業社會之發達。市場之範圍。亦擴張對全世界之製造品與貿易販賣。皆有甚大之競爭。其事業必費經營。則物品與製造。除勞力之外。皆投於劇甚競爭之渦中。非大備機械與原料。不能與他人而競爭。而投機心。又必具經營之才智才能等。與勞力之必要。皆爲生產社會最大之一要件。故於勞働者。必有保護監督。而後不蹉跌其事業。始能雄飛於世界之市場。增進物品需要之額。亦爲今日生產社會之一要件。而不可缺者。而能任此者果誰歟。則資本家其人之任務也。

資本家之任務。既已如斯。彼又主張對生產事業。而受若干之報酬。即分配若干之利益。決不爲悖理之要求。且又如生產事業。必要固定之財本。不能萬世保存其原形。則機械之磨滅。亦必與土地生產力之漸減等。必時時修覆補理之。始可永久使用其功力。若此等之物品。不爲資本主所有。彼等不復修覆補理之。而更要求若干之利益。分配勞働者僅六時間之勞働。其生產價格之量。日定二十錢。彼等所産出此二十錢之物品。決不能使用機械與原料。而機械原料。既非勞働者之所有。而徒要求生產部全部之權。若應供給其人者。其供給者更出機械及原料之使用費。其對生產物而要求一部之分配。決非不正之要求。質而言之。此時之勞働。僅以六時間之勞働。而出二十錢之物品與生産。而其生産又不能補助其機械與原料。則補助者。自當與勞働者而分配其權利。是即資本家正當分配之利益。所以得要求其權利也。資本家所分取自己之利益。馬陸科斯所謂剩餘價格。收沒勞働者之勞働是也。然資本家既有享當然利益配當之權。則此餘剩價格者。亦爲生產社會必要之價格。勞働者以其賃銀以上之勞働。仍仰原料及機械之供給於資本家。若中止其供給。則其事業亦必中絕。勞働者之勞力。亦無任用之途。則勞働雖爲産出富利之一要件。而勞働之生產事業。必有經營持續之者。必推定爲生產社會唯一之要件。其說不免謬誤。蓋殖産社會之現狀。其生產必要之二要素。惟土地及資本。必蒐集於比較的少數者之掌握。以驅役多數之勞働者。而與以僅少之賃

資本與資本家二者之別

銀。其分配雖不均一。而勞働苟爲過重。則必忘卻資本家之職務。其分預富者之配當。仍爲不均平。馬陸科斯所稱餘剩價格。是卽對資本家報酬之量。其生產事業之所以能繼續者。終由此勞働者餘產價格之所產出。故其算定之權利。必收於資本家一人之掌握。不容勞働者置喙云。然資本家專斷之弊漸生。獨謀增進其利益。於是悲慘之勞働者。僅得最低之賃銀。乃爲殖產社會之通弊。資本家之暴富。旣日增盛。則勞働之境遇。日益窮乏。其利益分配之方法。一任資本家之專斷。勞働者定額之賃銀。不能滿足。是固背於正理。固爲經濟學者專心熟慮之問題。而欲資本家全然分與其利益。則終非正當之議論云。

以上對馬陸科斯之駁說。其大要如此。然單就彼之學說而駁之。然社會主義者。非僅欲分取資本家之利益。且企圖絕滅其資本。故資本家於生產社會之權利。唱社會主義者。斷無不攻擊之。乃其懷抱議論之根據。故社會主義之唱勦滅資本家。皆如馬陸科斯之議論。彼等共馬陸科斯之唱道此議論者。其計畫生產組織之改革。皆識認資本爲無用之物。而企圖絕滅之。蓋資本之功用。於生產社會者。雖時代未至。或不能免。而勞働爲生產之必要。必不以資本爲要件云。此等之思想。僅出於社會主義者。其餘之經濟學者。所不附和。且決不吐露資本無用

新社會主義之創立者

之暴說。然而資本與資本家二者各別。以資本爲生產社會必要件者。不必認定資本家爲必要。則唱道社會主義者。以資本家爲無用之議則可。直推定資本爲無用之說亦非。然議者往往不能區別此兩者。輒混視之。以攻擊社會主義。互嗚其非。此吾人不能不爲社會主義而訴其寃也。如對馬陸科斯資本說之駁論。爲此謬見所誤。則哆口而妄道之。故凡講究社會主義者。必須區別此等。而後下以明瞭之判斷。吾人茲以一言。敢告讀者之注意。

馬陸科斯其著『資本論』。於解釋資本之性質。果斷定其正當之資本爲掠奪之結果與否。尙未定之問題。彼非但舉排斥之議論。以攻擊現時之社會制度者。彼亦鑒於前者社會主義之通弊。徒唱荒唐無稽之暴說。馳於空理。流於空論。不顧社會之大勢何如。單訴人間之感情而計畫社會組織之改革者可比。若資本家之專橫壓抑。大背正理正道者。亦未嘗企圖社會制度之改革。此前者之通弊也。馬陸科斯之所以絕叫社會之改革。企圖勞民之改善者。以認識夫正道與正理。以公平之權利。爲正當之要求。以分與一切之人民。非如彼狂奔於社會問題。徒激發人心。以鼓舞社會而博一時之虛名。其事業倏忽而可解散者。故彼所採社會改革者。非僅就其面目。必以學理爲社會主義之根據。以攻擊現社會。以反對現制度。而創立新社會主義。以唱道於天下。舍加陸馬陸科斯其人者。其誰與歸。

第二章　國際的勞働者同盟

社會文明之進步。共諸國之交通益赴頻繁。近時世界之趨勢。萬國共同。而向於一目的。諸般之計畫。亦多採於國際主義者。於是諸國之勞働者。亦以共同之目的而相結合。以設立國際的同盟。亦社會之趨勢。無足深怪者。

國際的勞働者同盟。成於馬陸科斯之設立。又依其指導而發達。因之馬陸科斯。乃受本國政府之嫌疑。共同志而逐於國外。千八百三十六年。集於巴黎而稱『正義同盟』。結合秘密結社。千八百三十九年。巴黎騷動之際。移於倫敦。使用日耳曼語。集合北歐諸國之勞働者。乃啓國際的勞働者同盟之端。自後『正義同盟』之會員。爲欲達其目的而避革命的暴動之舉。以謀擴張自黨之主義。又其同盟之精神。尤在『各人皆同胞』之一語。且服膺共同的教義之箴言。又本馬陸科斯之學說。欲舉勞働社會。以脫資本家之束縛。以學理之指導而觀察其成立之狀態歷史之變遷。然現時之勞働社會。終不能免革命的運動之開始。然此等勞働者之革命。與社會進化之趨勢。必相出於一致。彼等深信馬陸科斯之學說。欲以經濟的方法。而支配社

共產的同盟及宣言書

會之組織。故其所謂革命者。只此改革經濟的方法而已。

千八百四十七年『正義同盟』於倫敦變更其組織。改名爲『共產的同盟』新表其宣言書。以開陳同盟之意見先述其目的曰。『同盟之目的以平民（即勞働者）之束縛者與市民（即資本主）而平夷。全滅階級之爭鬩。與舊社會之基礎。撤去階級制與私有財產制。以組織一新社會。』且大攻擊經濟社會之現組織。絶叫社會制度之改革。爲勞働者吐萬丈之氣燄。更結論之曰。『同盟者望無隱蔽其意見及目的。宣布吾人之公言。以貫徹吾人之目的。惟向現社會之組織。而加一大改革。去治者之階級。因此共產的革命而自警。然吾人之勞働者。於脫其束縛之外。不敢別有他望。不過結合全世界之勞働者。而成一新社會耳。』此宣言書之執筆者。即加陸馬陸科斯。以其共產的意見。發爲公論。以布於天下。而爲一大雄篇。

自後社會之大勢。勞働者益非。而資本家暴富之勢則日盛。於是其同盟乃再改其組織。大集注其勢力。以激各國之同志而助其運動。千八百六十三年。於倫敦開設萬國博覽會。同盟之氣運乃日高。旣而國際的勞働者同盟之結合乃成就。當時法國之勞働者。亦派遣委員於博覽會以察視。且此委員者。受皇帝之指命。而支辦其用費。然其委員遣派之本旨。不過以博覽

國際的勞働者同盟成

第一回之會合

其宣言書

會察視之名。欲於兩國之間。一掃猜疑之邪念。與勞働共相互之休戚。而作一大聯盟。該委員於六十三年。再至倫敦。結交英國之勞働者。千八百六十四年九月二十八日。於倫敦之西度馬陸茲賀陸。創立國際的勞働者同盟會合各國民之代表者。開設一大聯合會。此聯合會者。以教授卑斯麥爲議長。馬陸科斯爲監督。爲委託國際的新同盟之設立。選定委員五十名。造規約之草案。草宣言書。規約既成。宣言書亦脫稿。開其第一回之集會於列陸西陸斯。爲白耳義政府所拒斥。千八百六十六年九月。集六十名之代表員於西渥衛。開其集會。以決議宣言書。開陳同盟之意見。以設立國際的勞働者同盟。公表於天下。其宣言書曰。

我黨以解除勞働者之束縛。須自勞働者自身之運動。勞働者爲解除其束縛。所以有奮鬪之舉。以謀分與其特權及專有權。與萬人共負擔平等之權利與義務。以全滅階級之組織。

我黨專有之生產機關。爲生命之源泉。而勞働者隸屈於資本主之一事。是卽屈從之所由生。卽社會之貧困所由生。是爲招精神上之恥辱。致政治上之服從之原因。

以故解除勞働者之經濟的束縛。爲我黨畢生之目的。其餘政治的運動。只爲附屬此之目的。不過爲運動補助之一切。

然至今日爲企圖運動此目的。以致招致失敗之不幸。以各國之勞働者。乏鞏固之團體。且萬國之勞働社會。不足以相提攜。而欠乏同胞的親情之緣因。夫勞働解放者之問題。決非一地方一國民之問題。關於近世之社會的組織之成立與成在。必先於此種之問題。而解釋之。與開明進步之諸邦國。與實行的及學理的互相合同。而謀擴張其基礎。

故我黨盡其忠告。攪破歐洲働勞者之昏睡。向未來之好望而運動。協力同心。以鑑前年。

以上之理由。敢告第一回國際的勞働者同盟。凡屬於此同盟之團體及箇人。此同盟會員者。必以正理公道及德義爲標準。必遵守之。不以國民信仰及人種之異而差異於其間。義務者權利之隨伴。盡義務者必保其權利。保權利者必盡其義務。

卽此可以知其同盟之精神。

第二回之會合

希渥衛之開會。爲第一回之集會。以上宣言書議決之後。勞働者規定勞働之時間。議決八時間勞働之問題。其意蓋欲施行八時間之勞働制。於現在則短縮其勞働時間。漸次減少。以至八時。而其餘之智育及技藝上之教育。皆普及於勞働者之間。並議決上中級之人士。相併行之條項。

第三回之會合

千八百六十七年。國際的同盟。開第二回之會議於洛沙。以講究一層進步社會上之諸問題。爲通信運輸之諸機關。以絕私立社會之壟斷其利益。且勵行合資的組織。以圖國家之事業。次則講究勞銀騰貴之策。且更思慮其將來一朝此種合資的組織之發達。與現時之生產機關相對立。則勞働者之狀態。又增一層之困難。與現今第四階級者（即勞働者）之下。其第五階級之人民發生。其於社會。有增進不幸之慮與否。乃以合資的生產組織之獎勵法。爲此會議之一大問題。

千八百六十八年。第三回之會議。又開會於布陸西陸斯。初則英德法三國。既而白耳義。意大利瑞西及西班牙等之諸國。列席者共九十八名之代表員。專論運輸交通之諸機關。舉土地鑛山山林等。皆爲民主的國家所有。自其國家而貸與勞働者之組合。決定爲社會之基礎。依其正當之分配法。以經營生產事業。而講究其方策。以圖進步。其信奉布露度之學說之代表員。爲此生產組織之完成。關於生產之機關。以立共同社會。且依信用組合之組織。以保其不信之弊。採用布露度之計畫。加之此會議者。關於同盟罷工之事。更研究之。更議關於教育上之問題。以完成學理的實用教育之組織。又議定勞働者之勞働時間。必求短縮。乃閉會云。

生產物之全額。亦定爲勞働者所有。此爲社會主義之根本的理想。亦爲同盟會所公認。同盟會乃以關於此件之意旨。而議決曰。各箇之社會。其設立爲共和主義之基礎者。其地代利潤及地息。以如何之名稱與手段。而分與之。其充分之權利。全額之報酬。皆獨爲勞働者之保有。自是國際的同盟。每年於歐洲之各都府。以催其會合。以講究各種之問題。其勢力遂日旺盛。會員之數亦日多。千八百六十九年九月。於衛沙陸會合之時。同盟之勢力正達其極點。諸般之議案。皆已了結。其餘所議之問題。如廢止相續制之議。再現於議場。遂能占其多數。

衛沙陸之會合

國際的同盟之精神。既爲各國勞働者所識認。而表贊同。其數年年而增加。其勢力波及於歐洲諸國之社會者不少。先是巴黎之靑銅職工。一揆起。遂致同盟罷工。與資本主而討戰。國際的同盟援之。以供與罷工中之需要品。職工遂得勝而歸。同盟會又援英國之國業組合。以防歐洲大陸而輸入廉價之職工。又奏大功。千八百六十八年之初。於北日耳曼百二十二箇之職工之團體會合於耶列衛陸。科與國際的同盟。遙表贊同之意。千八百七十年。美人加那洛爲美國八十萬之勞働者之代表。又贊成此同盟之旨趣。而定布其公言。

猶不止此。此同盟之勢。更遠及於波蘭匈牙利等之諸國。且及於東歐諸州。以雜誌及其餘之機關。而謀各團體之親睦和合。以貫徹同盟之精神。千八百七十年。同盟又自其革命的運動之發生地。開其例會於法蘭西之巴黎。時際普法戰爭之爆發。乃於彈烟炮雨之間。以擴布其旨趣。論述戰爭之弊害。以防兵亂之未然。而救民生墮落之苦。然其時舉國之民心熱狂於敵愾。又不能傾心於生產事業。以謀勞民之改善。加之英國同業組合者。亦漸變其意向。而日遠於同盟。德意志社會黨內。又生內訌。資金亦大缺乏。政府又以苛法加困之。而同盟又無餘暇以致其力。自後同盟之勢力。乃漸衰微。

哈伊科之會合

以是等之事情。同盟之例會。因之而休止者二年。至千八百七十二年九月。又集六十五名之代表員於哈伊科。以開其會議。然哈伊科之會合。不幸同盟之運命。終不能隆盛。黨內異說之士。又生內訌。同盟遂終分裂。

同盟之分裂

當時馬陸科斯採中央集權政治之主義。欲把持重大之勢力。以指揮其同盟而達其目的。然無政府黨派之領袖衛科伊。不喜其策。乃提出聯合組織之說。依地方分權之主義。而分與其權力於各團體。兩者之議。不能相合。加以衛科意又唱道極端之破壞主義。絕叫全滅國家及政府。以覆滅社會之組織與根底。然後再出改革之舉。與馬陸科斯之民主主義派之議論。相互競爭。衛科意乃引率其同志而脫同盟。別組織無政府黨。企圖

自說之實行。而弄狂亂疏暴之手段。以招社會之嫌惡。終世而爲社會黨之敵手。暴動乃達其極點。（與第三篇第一章參照）

無政府派既脫黨同盟之勢。一大頓挫。自是黨員之結合漸弛。前途之形勢日非。千八百七十二年之會合。紛擾之後。乃會於亞摩斯拉路他摩。爲其結局同盟之本部。乃移於紐育。謀藉美國而扶植其勢力。其會於亞摩斯拉路他摩也。馬露科斯大試勇壯活潑之演說。以鼓舞同志曰。『在前世紀之專制時代。於各國之君主特權者等。講究各自之利害。乃會於哈伊科。今日吾人又會於此處。與諸君而講究。然吾人所講究之問題。全爲自己一身之問題。未嘗爲天下之勞働者分其休戚。而爲全社會之問題。』乃就歷史的進步之狀態。與時勢之變遷。而論定其所以。乃更說曰。『吾人但知英美及和蘭。其國之勞働者。以平和之手段。遂得行其目的。然不知歐洲諸國之大半。皆自革命之力。而後貫徹其目的焉。故吾人待時機之熟。蓄此力而待應用。』又於演說之結尾。以自己之決意而公言之曰。『吾人之過去者既已如此。而未來之實行。不奏社會問題最後之凱歌而不已。』馬露斯科。雖素希望平和的改革。而不知其腕力。於經濟上。自有一種之勢力。至事情不得已之時。雖至舉行非常的手段而不辭。

本部之轉移及同盟之瓦解

國際主義之擴布

馬陸科斯一場之演說。以活潑之運動。而刺激同志。以謀回復其勢力。然大廈顛覆。非一木所能支持。既而國際的同盟。其本部自倫敦而移於紐育。同盟瓦解之端緒。自是漸顯。僅保其一縷之命脈。千八百七十三年。再開會於希渥衛同盟之形體。竟全解散。然亦不過事實上表示同盟之解散。其精神自存於社會之間。既而再歷年歲。其氣燄日高。各團體之主義綱領與作爲。又自一國一部之結合。以謀其事。竟至列國協商。凡處理萬事。必至採用勞働者之方針而後止。各國之政府。亦協同而企諸般之計畫。如『郵便同盟』『版權同盟』『國際講和會』『赤十字同盟』等。皆依國際主義。而設萬國合用之規約。千八百八十九年。瑞西政府提出設國際的工場條例。規定萬國勞働者之保護法。德意志今帝。亦以此種之議論。諮問各國之可否。於是國際主義之勢力。極旺盛於朝野之間。是時國際的同盟之感化。漸顯於各國勞働者之間。其團體皆爲此同盟之系統。其矍鑠之精神。活潑之運動。普及於現時之社會。欲知社會黨之基礎之主義之狀態。與歐美諸國社會黨之現狀。（與第四篇參照）則於他編而記述之。

第三章　洛度衛陸他斯及其主義

主義學說。與馬陸科斯既同。其對社會之地位亦相等。而其研究學理。以求社會組織之人爲的改革。尤在馬陸科斯之上者。雖其避輕舉愼疏暴。與其餘之社會主義者比。全然異其趣。而深講究社會主義之學理。爲學理的社會主義之鼻祖。嶄然顯其頭角於學者之社界。爲研究社會主義之人。講究學理之必要者。吾人僅於洛度衛陸他斯見之。

洛度衛陸他斯之履歷

加路幼哈洛度衛陸他斯者。以千八百零五年八月十一日。生於普魯西之額拉伊列斯拉陸度。父爲其地之大學教授。幼時嘗遊卑茲契及柏林等。修法律之學。訪一時之法律家。歷遊各所。後又爲農夫於賀那拉意耶與耶契茲。以購求土地。故世人又稱彼爲洛度衛陸他斯耶契茲云。千八百三十六年。乃辭其社會的生活。退隱於耶契茲。講究經濟及其餘之學理。更盡力於其地方商業。

千八百四十八年之革命既終。乃選洛度衛陸他斯爲普魯西國民議會之議員。繼升文部大臣之位。在職僅十四日。辭之。其後四十八年之革命雖平。而歐洲各地。又再擾亂。普魯西之民心。又大搖動。乃辭蹟於社界。絕意浮世之榮華。功名利達之念。胸中淡然。遂隱於其鄉里。適北日曼議會之第一總選舉之際。既見失敗。自後獨營閑靜幽雅之生活。於寂莫蕭條之地。學窓之下。講究學理。別無餘念云。曾與拉沙列相識。共謀組織一黨派。與保守的社會主義家之陸

其社會的地位

度陸列耶幼陸及拉沙列之同志哈西科列陸助之。欲實行其計畫。然終不能成功。彼對社會企圖之事業。至是遂止。自後雖有計畫。不過講究其方案而已。彼以爲社會黨派中之一人。有爲其運動者。又必爲其指導者。乃於靜中研究學理。以解釋社會問題。觀破社會之病原。而說明其本性。獎勵社會自然之進步。以爲畢生之目的。靜養素修者。前後凡三十餘年。費畢生之歲月。以研究其學。於千八百七十五年十二月八日以逝。

彼爲解釋現今之混亂錯雜之社會問題。爲社會主義之學理的講究之開始。且其學理之根據。亦甚鞏固。實爲洛度衞陸他斯之功。彼之性質。素好靜穩之生活。非如馬陸科斯及拉沙列立於社會之表面。以試活潑之運動。廣傳其名於世間。又其著書。意味深遠。富於高尙之理論。雖非勞働者之所能解。而不能得其歡迎。然於學者之社界。彼之令名。今猶嘖嘖。爲識者稱道弗衰。羣推之爲博識精通之學者。伯林大學之教授哇他渥陸嘗稱揚之。與社會主義之利加度同稱爲稀世之大才。可想知其爲人矣。

洛度衞陸他斯對社會之觀念。設立純正之經濟的組織之點。與德意志之社會民主黨。其說雖同。然如拉沙列直欲依賴國家之權力。而出改造社會之舉。洛度衞陸他斯。則一任社會自然之進步。其目的以爲社會共和政。早晚必有設立之期。試觀後日德意志皇帝。宸斷畫策。建設社會主義之國家。以君臨一國。於是一輩之眞正愛國者。終始奉戴皇室。徐圖社會變遷之氣運。固由彼之社會主義之唱道者。雖對社會民主黨之運動。而置身局外。而其關係如此。洛度衛陸他斯之意見。一任社會自然之改革。抑制勞働者之政治運動。而希望其靜穩。然其觀察社會之巨眼。深察病毒之深因。心竊以爲其毒害之由來。如斯其深。人世德義之欠乏。亦如是其甚。而欲未來社會之改革完成。以成圓滿完全之組織與作爲。必需二百年之日月。與一億萬之經費。然其病毒之深因。果如何而去之。則彼講究社會主義者所宜考察也。

其社會主義

洛度衛陸他斯之社會主義。與馬陸科斯。殆同其趣。如馬陸科斯以富者之生產之要件。限於唯一之勞働。必與以正理之價格而後可。夫以生產品之利益對土地。以地代對資本。以利子對勞力分配賃銀於三者。爲必要之件。蓋以富者之生產。乃得之於社會共同之利。必歸於國家生產之一部。而勞力之賃銀。必自資本而支辦之。勞働者於社會既盡功勞。則必支給於國家所得之中。今之資本家。其於勞働之賃銀。乃支辦於資本之中。於是國家所得生產之全部。

現社會二者之病毒

皆收歸而爲自己之私有。地主又要求地代。以造箇人之富。於現社會又生二種之病毒焉。

第一貧困

其發生之原因

現社會二種之病毒者何也。曰其一則貧困。其二則商業上及財政上之恐慌是也。蓋現社會於生產上之組織。以勞働者資本者及地主。三者而成。就中之勞働者。自已之消費。且不足。且奪其生產之利與富者。其餘之二者。或取地代之利子。或取勞働之餘賸者。而彼等果有何道以分取之。質而言之。資本家與地主等。濫收勞力之一部。而爲已有。是果何等之理由乎。是即不外乎社會上之土地及資本而爲私有財產制之弊。夫土地及資本。固爲生產必要之要素。故欲從事於生產事業。勞働之外。必借此兩者之力而後可。而兩者共爲國家之有。而現時則爲一人一箇之私有。若地主若資本家。一部之輩。其使用料。必不分配其利益。而由彼等而把握之。勞働者空具勞力。而逼於饑寒之悲境。於是割其生產之內。以供地代或充利子。而勞働者之所得。僅得其最低額。存其生命而止。其餘之物品。又不得以廉價而賣買之。勞働之價格。大抵如斯。今更以永久之勞働。而不能分與其餘。即彼等勞働者。一已之外。不足養妻子而造後嗣。及至勞力不能滿足其程度之時。則勞働者之賃銀。且不能自給。故勞働之價格。不過依最低生活費之標準而計算之。勞働者所得顧主之賃銀。不過彼等生產之餘賸。地代與利子而分配之。故雖以經濟機關之發達。其貨殖之術。共大進步。而勞働者生活之標準。毫無進步改良對勞働者分配之生產品。亦漸次而遞減。十九世紀之文明。既徵蒸蒸之進步。全世界之局面。爲之一新。殖產工業之術。亦日進而無已。而其利益。獨爲資本家一派所壟斷。勞働者毫不與其恩惠。試以文明之殖產社會。與利益之程度而計算。自機械之發明。英國之工業社會應用之勞働者。節約至五千五百萬人。英國之一國。機械應用之利益。既已如斯。則全世界之工業界。其利益之程度。可想而知。而勞働者之賃銀。依然如舊。而購買力實際之賃銀。則日增加。故社會之富者倍增。生產物之額亦倍增。而勞働者衣食之狀態。則倍極其麤惡。豈非社會之日文明。而吾人人類賦與利益之大部。純爲資本家一派所壟斷之實事乎。此固富者貧者於經濟社會一種關係的事實。所以指示絕對的狀態。故於過去五十年前之社會。日得五十錢賃銀之勞働者。於現時之社會。日得不過六十錢。其餘之經濟的狀態。尙有一層進步之實。其賃銀所騰貴者。不過數字之上。則購買力則未減少。其結果則賃銀愈至下落。今日一切社會生活之程度。則日昂進。生產力之發達。亦極其盛。勞銀騰貴之割合。常不能得其平衡。而勞働者之配當額。漸次減少。其困乏則日愈甚。於是社會之萬事萬物。無不進步發達。而不存其舊形。而勞力獨不得其高價。勞民之貧困窮乏。豈非必然之數乎。故社會下層貧民之發生。畢

第二恐慌

其發生之原因

竟由私有財產制之結果。富者之分配不得其宜之所致。此社會的毒病貧困發生之原因。更有社會的毒病則恐慌之發生是也。其原因因生產額之增加。而勞民之分配。而日漸於減少。試即吾人之社會而徵之。假使於其一定生產之物品之量。有千萬圓之價格者。其中以三百萬圓丈與地主。以三百萬圓丈與資本家。以三百萬圓丈與勞働者。其殘餘之萬圓。以充租稅。而供國家之用。各自依其所得之富。以供給其必要品及奢侈品。國家亦依其機關之運動。而免支障。他日此生產額之變化。或有增減。而各自之分配額。亦必準此割合而增減。則生產社會。必能保其平衡。而需用與供給者。以相過而補不及。則商業及財政上之悲慌。決不發生。則於社會生產事業之發達。則世界一切之人民。皆得增進其福祉。普浴文明之恩澤。然今日生產品之增加。獨地主與資本家專其利。而勞民賃銀騰貴之割合。常不能相平衡。彼等因此生產品之增加。欲購求使用而不得其資金。而資本家與地主。又以濫費而購求無用之物品。以堆積於工塲及店頭。於是市塲之狀態。因之牽動。是即商業上恐慌發生之端緒。而經濟社會上之發生由之起。若採前者因生產力之增加。以以前社會產出千萬圓之物品。假使更加一倍。其額則爲二千萬圓。以各階級之配當。依以前之比例。則資本家與地主二者自占其多。

而勞働者已占其少資本家與地主。各得七百萬圓。國家之費用。亦增加至二百萬圓。而勞働者之分配。僅百萬圓。全額亦僅四百萬圓。於全生產。不過得五分之一。則從來之權衡。又復全破。而全生產僅僅高三分一弱。爲勞働者之消費。今僅得五分之一。而爲消費之資。而其餘二百萬圓者。又歸於資本家與地主之掌握。彼等之所消費。不過如此。而生產品多過之生產。又必溢出於市場。遂造恐慌發生之素因。至於此時。其救治之策。資本家與地主。必出其餘剩配當額於市場以供購求過多生產品之資。而開生產品消費之途。則市場始能復舊。而恐慌庶可保全。而勞働者仍依全生產高之三分一弱。以營日常之生計。且持續其事業。以就資本家與地主等。得其餘剩之配當。以備日用之資。其將彼等使用之方法。不出二途。一則坐計日高。以供其奢侈。一則更欲擴張事業。以發達其生產力。而其餘裕之財。在資本家者。一面則極其奢侈。以進物品消費之度。其一面則擴張事業。以大使用勞働者。故一時恐慌之狀態。又復平靜。生產社會。再振生機。市場亦再榮光。生產力亦復再進。生產品亦復增加。獨勞民之賃銀。不能進而比例。歷之未久。而前者恐慌之狀態。又復發生。市場又復沈滯。經濟社會之狀態。大抵如斯。而救治之策。不出於資產家浪費及擴張事業之二途。而絕無迴顧勞働者之狀態者。經濟社會愈恐慌而救助之策。其事業愈擴張。展轉相循。勞働者愈益窮乏。益失購買之力。上流社會。獨恣浪費。則恐慌之境。時時襲之。而欲生產社會之太平無事。勢愈不能。故曰對勞働者之配當愈遞減。愈爲恐慌發生之原因。此配當不得其平衡。則經濟社會恐慌發生之時代。雖萬世防之而無止期。

其社會的改良策

洛度衛陸他斯以二種之社會的毒病。爲貧困及恐慌之二者。其發生之原因。生於勞働者配當額之減少。而彼所計畫之社會改良策。必增加此配當額與其餘之配當額等。而其方法。則依國家之干涉。以求生產額配當之平衡。而保其相互之平均。然國家之干涉。僅行之絕無實際之制度之下。則欲變更現時之經濟組織。以規定勞働之平均時間。其策殊不易行。今試即

平均勞働時間

吾人之社會。想像一年間之生產與勞働之時間。以人間普通之勞力爲標準。凡四百萬之時間。一年間之生產費。卽得四百萬時之價格。假令勞働者於其中要求四分之一之權。則一時間應附紙幣百萬箇與勞働者。而國家之生產物。以交換其紙幣。以同樣之勞働時間。而賦與其物品與勞働者。則生產制度之組織。不至混亂。而移於國家之手。則生產力之增加。而勞働者之分當亦與增加。何以故。生產力之增加者。則勞力之價值。亦必隨之。故勞働時間。卽以紙

其社會進化論

洛度衛陸他斯與馬度科斯

幣之價値爲代表。生產力增加一倍之時。則紙幣之價値。亦必增加一倍。勞働者與以前相比。亦得其一倍之分與。社會之組織。果至如斯。則貧困與恐慌。必絕蹟矣。

以上所記述。皆洛度衛陸他斯之經濟的議論。最有名於時者。其餘論述社會變遷之順序。以證明社會所以自然改革之理。由與馬陸科斯之論。大抵相似。其言曰。社會之變遷。必經過三段之階梯。其第一期。爲私有財產與奴隸制度之時期。奴隸與家臣全然隸屬於一箇人之時代。第二期。爲廢止私有財產之時期。生產機關。與資本及土地而爲一人一箇所有之時代。進入第三期。不獨禁其私有財產。且生產上之要件。資本及土地皆爲公有。各人悉從其勞働之度。而享有其利益之時期。今日僅經過第一期之時代。僅能廢止奴隸制度。未能撤去土地資本之私有制度。而此資本的生產制度之現時代。決非進步之極度。故社會必有自然之改革。而入於第三期之時代。以前例徵之。社會能改奴隸的勞働制度。而確立現時之勞働制。則他日資本與資本主而分離。以廢除資本制度。必有可豫期者也。

要之洛度衛陸他斯之社會主義。與馬陸科斯。大同小異。皆反對現時之資本制度。要求國家之干涉其事業生產。以造富於勞働者。爲唯一之要素。變更資本的生產制度。以匡正其分配之不均一。以土地及資本皆爲國有。以企未來社會之作爲。然馬陸科斯。則用强力以企社會組織之改革。而欲組成黨派。掀翻社會之波亂。依賴人爲的手段。以行急劇之改革。二者之說。雖若相等。至其行動。兩者大異。其趣馬陸科斯爲稍急進的。彼則爲漸進的。若就學理學術而研究之。無他異也。

第四章　列陸檄耶度拉沙列及其主義

第一節　其履歷

千八百五十二年。英法二國社會黨派之運動。未克成功。希賀及布拉等之計畫。皆其失敗之明證。社會黨之氣燄。乃頓衰頹。有落日孤城之狀。不過於寂寞蕭條之裏。招集餘黨。嬰殘壘而自守。然而社會主義。雖衰於英法二國。而超入於德意志。再爲社會的大運動之開始。千八百四十八年之革命擾亂。及於歐洲全土。德意志諸州。亦爲其氣運所驅使。極其騷擾。德意志社會主義之各派。其氣燄日高。然而社會的勢力。尚未爲當時之社會所持。至加陸馬陸科斯之新社會主義。漸次開發勞働者之思想。同時又推列陸檄耶度拉沙列爲其首領。以試活潑潑地之運動。以大震動於社會。於是德意志之社會主義。乃勃然而再興。

拉沙列之幼時

列陸槲耶度拉沙列。與馬陸科斯同爲猶太人千八百二十五年生於普魯西之布陸斯洛市。父爲其市之巨商。其父欲拉沙列襲其業。乃修養商業之教育。送於拉伊布玆可之商業學校。然不欲執牙籌以爭錙銖。別有絕大之志望。復去商業學業。移於布陸斯洛之大學。復遊柏林大學。修哲學及原語學等。專攻哈契陸派之哲學。更留心以研究政治學。千八百四十五年。遂終其業。其學生之成績。每出於儕輩之上。烏陸海陸摩哈賀陸托稱之爲神童。自後彼更研究哈契陸派之哲學思想。

其著述

其哲學的著述。題爲『海拉科利他斯』因伯爵夫人之訴訟事件。乃遲其出版之期至千八百五十八年。乃公刊之。大爲世人所贊賞。後千八百六十一年。更以法律上之著作。題爲『既得權論』亦爲世人所贊賞。當時之法學者卑意尤心折之。以爲十六世紀以降。無此著作云。自是著述家之名望漸盛。其學說亦漸廣。大爲社會所歡迎。

拉沙列與哈斯赴野陸度伯爵夫人親交而擔任其訴訟事務

先是拉沙列與哈斯赴野陸度伯爵夫人極相得。共結終世之親交。時千八百四十六年。蓋夫人之夫伯爵。放恣淫逸。素行不修。遇夫人極形酷薄。毫無伉儷之情。夫人不耐其苛酷。決意而請離婚。訴於法庭。且要求離婚金。然訴訟遷延。勝敗未定。夫人生計之資日窮。勝訴之後。請於拉沙列。每年與以六百磅。擔當其訴訟。而救助其生計。拉沙列義不能不援之。適當社會有不幸之期。其父送金爲救濟之資。乃割其生計費之一部。以與夫人。自擔任其訴訟事務。備極辛慘。出入法庭間者前後凡八年。共三十七次。夫人終勝而歸。乃踐其前約。夫人以其收入之所得。每年受六百磅之報酬。拉沙列之生計。因之頗裕。然自彼與夫人結交而擔任其訟訴。世之議論之者。貶爲敗德不義之汚行。臆測兩者之關係。乃流布一種之情說而詆之。然其時夫人年已四十。餘香將散。芳顏漸凋。昔日之風姿。已傷憔悴。然天成麗質。風韻猶存。嬌娜嬋娟。餘霞炫爛。拉沙列亦容貌秀眾。舉止温文。體貼温存。沁人心骨。癡兒騃女。困難相助者八閱年。兩者纏綿之情。誰能遣此。則世人之議之者。亦不容疑。然而拉沙列固富於義俠之奇男子。志趣遠大。前途修偉之青年。豈無故而睠戀一婦人。等於薄志弱行之人哉。況其放棄先人之產業。退隱於社會。與夫人而寄同情。費八年之日月。以謀夫人之勝訴。其義俠之念。豈庸夫俗子所能測者。彼日後運動貧民。絕叫勞働者之改善。亦不外抑强扶弱義俠之一念所鼓舞誘導耳。

然而拉沙列以此訴訟之事。苦無證據物件。乃嗾使共同者二人。竊取男爵夫人所持之手函於可羅旅館。此舉最爲世人所非難。吾亦不能不爲彼惜。而吾乃愈敬其熱情。蓋伯爵夫人得自其夫年金賦與之約束證書。藏於函中。此約束證書。並寶石數枚。同爲竊取者所攜出。乃擬共謀者與以竊盜之罪。禁錮六月。幸以法律上之罪科。未及搆成。得免處刑。用此詭謀密計。一意以謀夫人之利益。甘受世謗而不辭。蓋兩情之親密。一至於此。此其所以受世謗者。然而諒之矣。

拉沙列社會運動之開始

千八百四十八年。拉沙列乃結合馬陸科斯意契陸斯等之團體。發刊『新列希茲野額希茲特』以唱道極端之社會共和說。然當時之運動者。只馬陸科斯等之配下。僅受其指揮。然茲希陸度陸列之地方官吏抵抗之。爲其所捕。而受禁錮之刑。處囹圄者六閱月。當時引致法廷。辯明自己之意見。公然自陳曰。『余之志望。惟喜共和的社會民主主義而已。』是明以己之懷抱。與社會及政治上之主義說明。以此演說大惹世人之注意。爲後來運動開始之一進路。

其後至千八百五十八年。拉沙列移居來因州因伯爵夫人訴訟之事件。事務鞅掌。而仍不廢著述。且於千八百四十八年。一揆暴動之際。欲干預其運動。將入柏林市內。而不能。然至千八百五十九年。僞爲馭者而入首府。請於國王。得其赦免。遂定居柏林。是年又出其著述。題爲『伊大利戰爭與普魯西之使命。』以論伊大利戰爭與普魯西國民之意嚮而斷定其去就曰。普國援墺而敗伊大利。是愚之甚也。其故何也。墺爲日耳曼聯邦之盟主。吾人雖不能望其積

其排墺政策論

年之餘威。以統御四鄰。今乘其國內亂。或以伸吾國權。吾人須殺墺之權勢。而謀普魯西之勃興。以求自立之策。墺今與伊構隙。法國又不善之。普民方當利用此好機。以親善法國。借此强大國之力。放逐墺國人與伊太利人於國外。而脫烏科托陸野馬意野陸之手下。以建伊大利統一之事業與自由。北則連衡於法以當墺。逐之於日耳曼聯邦之外。謀置普魯西於現墺之地位。目下爲普魯西之謀。莫愚於助墺。莫善於親法云。是爲後年麥斯馬克採用其策。以大發揚國威。而爲排墺政策之骨子。然其當時之發此議論。無一人顧之者。卽以一事。已足見其識見之明透。議論之雄大。非尋常之比。爲卓越一世希有之大才可察而知也。

拉沙列於訴訟事件既結之後。出其著述。其名漸播於社會。偉才卓識。往往受世之歡迎。然其痛念勞働者之味方。爲救濟貧民。乃飜社會主義之旗幟。爲此社會的大戰鬬之主動者。千八百四十八年之一撥暴動。其所運動。雖於其全生涯之事業。不過僅見一部。而非其新案奇說。則不足以聳動一時之耳目。其謂社會改良之目的。必自勞民之改善。而勞民之改善。必保政權分配之平衡。普通自由之撰舉制者。爲我黨之最大主眼。以如斯之平溫單純之議論。以結勞働者而表其同情。故他日萬丈之氣燄逼天。震動社會。而演驚天動地之大活劇。非當世人

千八百六十二年德意志之形勢

士之所豫測。而不知其此等平易之議論。而暗運動於其間。以試其第一著之事業。威名漸顯於世間。其後次第漸進。數年後。普魯西之政府與反對黨。互相爭鬩。彼勞働者自成中級社會。組織自由黨派以惹政府之注意與同情。隨伴時勢之變遷。徐企前途之計畫。凡一舉一動。皆糾合同志。以靜待時機之熟。自後社會之風潮。益益變動。日耳曼之羈絆漸弛。普魯西之國勢漸興。社會改革之期。日逼日近。歲月循環。乃有千八百六十二年之舉。

千八百六十二年。拉沙列初公表自己之社會主義於天下。公然爲其運動之開始。建設未來之德意志帝國。以展宏大之志望。是爲德意志史上最重要之時期。

昔者僅馳哲理之空想。研智於書册之上。究幽玄微明之理。以爲畢生之能事。是爲德意志學者之風潮。今則漸變其旨。以收實地應用之利。以講富國强兵之策。變哈契陸之德意志。而爲卑斯馬克之德意志。於是普魯西乘墺大利之衰運。奪其覇權於掌握。以成新德意志聯邦。而爲其盟主。驅逐墺國於聯邦之外。以期他日之覇業。與作爲志氣勃興。臻臻日上。他日新德意志帝國之建設。其第一之皇帝維廉第一者。以六十一年。卽普魯西國王之位。其鐵血宰相卑斯馬克。亦於六十二年。而爲維廉第一陛下之總理大臣。國勢勃興。普魯西之氣運大熾。

拉沙列之憲法論

普魯西勢既勃興。而能稱霸於其聯邦內。以奏新帝國組織之功者。其策如何。曰自擴張兵備始。於是新王乃與卑斯馬克謀。提出軍備擴張之議案於議會。自由派之議員斥之。不從內閣之意。兩者之確執甚强。事局頗困難。拉沙列調處其間。說明憲法之本性。全然與自由黨相異之意見。蓋憲法之成文的律令與法理普通之解釋。乃相反對者。曰『憲法者乃其時代之政治界最大勢力之表號。王者貴族及勞働者等。皆於普魯西之現政界。不能與其勢力相違。就中最有勢力者。無加於王者。何以故。彼有整然之武備軍隊於其手下。操縱如意。不難排異論而貫徹其意見。彼虛空之辯論抗議。豈能敵之。今日普魯西憲法之基礎。其勢力不出此軍隊之外。徒爲無用之辯。以爭是非。多見其不知量也。』乃更進一步。豫想其議會與王者衝突之意見而演其最後之手段曰『議會與國王之意相反。不欲貫徹其意見。議員不過退席於議場。解散議會之策。議會既不能成立。則內閣議案之可否。不能諮於國民代議政體。必失其機關。政治之轉運。必生支障。而政府之組織。必有搖動之勢云。』

拉沙列此等之議論。蓋以調和其黨與與自由黨。而孰知爲後日對自由黨相反對之進路。自由黨乃漸疏外之。兩者之關係。至後日而始明。然其事實。彼之議論。不過證明議會之否決其軍備擴張案。爲當局者之計畫。而政府持續前來之考案。乃大擴張軍備。大反議會之意見。着着而實行之。於是國民之非難攻擊。痛罵毒詈。興於四方。輿論或以政府爲逆賊。或目卑斯馬克爲亂憲者。非難攻擊。萬口沸騰。至千八百六十六年。乃承認此違憲的行爲。而頌揚於卑斯馬克。故拉沙列以其卓識巨力。斷言於其事之前。以推論當時之國狀。羣推之爲名說焉。

拉沙列與自由黨絕緣

既而拉沙列之意嚮。漸與自由黨相反背。彼更大試其演說。以絕其斷然之關係。自後乃遂分離時千八百六十二年。乃著一書。題爲『勞働者之宣言及勞働社會之觀念與現時代特別之關係』是也。此演說之要題。爲社會進步之結果之一新階梯。與勞働社會之支配者與代表者之事。（與第二項學說之條下參照）而彼之演說。竟爲與自由黨之絕緣。而於社會的運動之進路。別開生面。又爲其生涯歷史之新時期。然政府以其對富者而煽動貧者。乃擬其罪以禁錮四月。彼不服。更控訴。請其再審。出十五磅之罰金。始免刑體之辱。

不獨此也。其勞働社會之政治的思想。亦次第與自由黨相反離。自千八百四十八年之革命。養成政治上之共和主義。唱道者漸多。其一派之人。欲確立普通撰舉制。以舉行政治的改革。當時之政界。最懷抱進步的思想之進步黨。於採用普通撰舉制之事。黨議尚待躊躇。於是彼

各種之團體多採用拉沙列之說

等與其餘之勞働者團結而成一團體。樹立一新黨派。以抱貫徹其希望之感念。拉沙列當時。亦離自由黨而思別造自己之黨派。乃出其新思想傳說於勞働者之間。冀得其贊同。以俟時機。於是勞働社會之各團體。皆大歡迎而傾聽其意見。自由進步之兩黨派。不滿之輩。亦相結合。而集於拉沙列之麾下。當此時。進步黨則歸依於希由路野特利茲野之指揮。採用信用組合法以企改革社會之組織。其黨與雖熾。而其方策固不能與拉沙列之計畫者比。故其趣旨。全然相異。（希田陸野之信用組合法於本章拉沙列之學說所解說者詳述之）故兩者不能一致。千八百六十三年。進步黨乃向拉沙列而要求明示其運動之方針。拉沙列於是乃作公開之文書以答之。以述勞働社會之狀態。與改良之必要。勞働者於政治社界。以把持其獨立的勢力。且論斷社會改革緊切之要件。曰『與勞働以同一之貨物。爲賃銀上之定則。支配於生產社會之間。必改善勞働者之狀態而後可。且其生產物之多額。常歸於他階級者之專有。勞働者不過僅得其一小部分之分配。如現時社會改革之實。必以勞働之生產與生產物之全額而爲勞働者所有。國家以其權能而組織一生產的共同團體。且依普通撰舉之制。實舉眞正之代議政治。』（委細與本章第二項參照）乃問於拉伊列茲可之勞働會議之委員等。於此議論。可否表其同情。乃達之總議會。其會議乃請求出席。

而開陳其意見。拉沙列容其請求。乃演說於會塲。拉伊列兹可勞働者之會議。得三千百多數之容認。

拉伊列兹可勞働者。議會深贊拉沙列之說。彼更赴列拉科賀陸托拉那。自述其說。亦謀得其贊成。蓋列拉科賀陸托拉那者。亦日耳曼州內之一大都會。勞働者之數甚多。然其多數。則欲組織進步黨。且奉希野陸野拉利兹野之說。其贊成彼之議論者頗少。不能得多數之贊成。而難助其一大事業。其第一次之演說。多爲反對者所壓。喧囂雜複。不能盡其詞。費二時間之辯舌。仍未合衆人之意見。越二日。乃試第二次之演說。聽者乃漸表其同情。希野路野派退會席者四十名。而有四百名之多數。同表贊成之意。乃占最大之勝利。翌日。又於耶拉斯。再試其演說，得贊成者凡八百人。

拉沙列之說。既爲日耳曼州所歡迎。其黨員亦漸次第增加。勞働者之多數。漸信奉其說。有依賴其指導之意。彼遂貫徹其多年之志望。計畫爲一大同盟之團結。千八百六十三年五月二十三日。會合勞働者於拉伊列兹可。組織日耳曼勞働者同盟之團體。雖爲他日德意志之政界。雄飛於世界。以聳動天下之耳目。卓卓而爲德意志社會民主黨之種子。然當時深隱匿其

日耳曼勞働者同盟成立

鋒銳。以避危險之革命。導行社會之風潮。而爲平穩無害之說。而其所期。一意以政權分配與平衡。而賦與普通平等之權利。曰『同盟之目的。乃欲得普通撰擧之權。苟非和其伏在各階級間仇敵之情。以調和日耳曼之勞働者。又爲全社會之利益而出眞正之代表人。必依公平之直接普通選擧法。以變當時普魯西之選擧法焉。蓋當時之選擧法者。依財產而分三階級。初以普通之選擧。既而由選擧者而撰擧議員。更由此選擧而撰擧代議士。爲間接選擧之制。故欲變更之。而達此目的。故於同盟欲以正當之平和的手段。而冀全國輿論之贊同。』日耳曼勞働同盟者既成。推選拉沙列爲其首領。以五年之任期。各聯邦之勞働者。皆加入此同盟。助拉沙列運動之勢。援以喚起全國民之輿論。而惹其同情。拉沙列又赴伊大利。再張同盟之勢力。時春光漸謝。炎威漸振。酷暑日逼。勢不可耐。乃避暑於他所。其運動乃暫休止。同盟之勢力竟因之而不能伸張。至六十三年秋。再至拉伊之地。大糾合同志。以爲運動之開始。自是年之冬至六十四年之初春。乃評論其敵手希野路野拉利茲野之經濟主義。更著一書。題曰『衛斯茲阿希野陸野。』爲勞働者吐萬丈之氣燄。是爲拉沙列公表經濟的議論之唯一之大著述。筆陣縱橫。以攻擊舊派之經濟學。雖昌言反駁希野陸野派之方策。然議解往往流於偏

拉沙列經濟上之著述

僻。加之文字麤野。議論不確。出問於世。未足贊揚。乃自發憤。修飾其著作。勵精刻苦。日以繼夜者三閱月。乃得完成。文筆拔羣。深刻顯達。其絕大之忍耐力可察而知。彼嘗自述其當時苦學之狀況曰。『余以刻苦勉勵之極。勞殆將死。其感覺乃覺非常之敏銳。而精神耗散。夜不能眠。終夜輾轉床上。翌朝五時。抑頭痛而出床。精力消耗殆盡。而勉强執筆。著錄不休。又復勉勵其餘之事務。且於從事職業之傍。又從事於衛斯茲阿希野陸野之著作。凡三月間。鹵莽以成功。其不恰意者不少。且身體之康健。又以過勞而損。質而言之。蓋文界之勞働者歟』

拉沙列之勢力

拉沙列既以過勞成疾。身體之康健漸損。暫避於閒靜之地。謀其回復。再準備社會之雄飛。千八百六十四年五月。身體復舊。更爲運動之開始。而遊歷諸州。於那利契衛陸耶哥洛及烏野陸那陸斯契路茲等。皆大試其演說。以開陳其意見。彼之遊歷諸方。隨處皆有盛大之儀式。與多數之人民。而送迎。如國王之警蹕。老幼雲集其路傍。目擊其盛觀。數千之勞働者。以得拉沙列之一顧爲榮。咸圍繞其身邊而歡迎之。五月二十二日。爲勞働者同盟第一回之祝典。舉行於落計度陸列。勞民熱誠之情達其極點。老少男女聞拉沙列至。自四方而來集者。相互而稱萬歲。拉沙列所經過之地。女工等輒投以花飾。布滿其地。全市之勞民。咸狂奔而迎彼。歡呼之聲震動天地以表祝賀之意。拉沙列身受此盛典。曾致書於哈斯列野陸度夫人曰。『余之所經歷。人心之傾向實有出人之意外者。即欲設立一新宗教。諒亦非難。』可想見當時之盛云。

拉沙列之逝

拉沙列之勢力一時極其旺盛。勞働之信仰亦極其致。立於社會之地步亦漸鞏固。初志殆將徹貫。然物盛則忌事與願違。自後數月。竟以非命而死。畢生壯圖。遂嗟蹉跌。然彼前者之成績。後者之事業皆關係於一身。加以當時同盟之結合。運動之機關。漸有成勢。其社會的運動之行路。亦大進步。曠世而忽失此偉人。此所以不能不爲社會主義而痛惜也。至其死時。異變悲

其死因

慘之事件。尤可痛惜者。千八百六十四年。拉沙列出席於柏林之文學會。席中有一妙齡之少女。容姿豔麗。娜婀輕盈。姑射神人。殆相彷彿。與拉沙列共談。意氣相投。拉沙列遂寄深思深情嫵婉花容月貌。髣髴時現於目前。寤寐轉側。終不能忘。無何。再相邂逅於利撒。兩心之秘密。暗洩春光。遂訂結婚之約。以俟日期。蓋少女名列拉度意額。自衛利耶派遣於希渥衛一外交官之女。時年二十。荳蔻春濃。遂與多情多恨之拉沙列。訂終生之約。白頭共誓。指水盟心。而其父頑固迂拘。聞而大怒。監禁其女於一室。嚴其出入。斷然而絕拉沙列之音聞。蓋其女已許伯爵列拉特可烏沙。已承諾其結婚。故百方設策。以絕其心。或甘言撫慰。或加鞭撻之刑。鴛鴦好夢。

未卜其成。玉慘花愁。幽閨深鎖。拉沙列知之。憤怒不能自禁。裁書與其父及許嫁之伯爵要求決鬬。許嫁者乃承諾。於千八百六十四年八月二十八日。會於希渥衛近郊之加洛苛。礮聲一發。中丸而死。濃情義俠之偉男子。竟以身殉。時爲是月三十一日。行年三十九。

新社會主義的運動之發起。拉沙列既死。然其爲社會改革之先驅。於勞働者之味方。振其滔滔懸河之快辯。振新思想。注入下層之勞民。演說社會主義之本義。而求其贊同。勞力之勢漸盛。勞民之多數。乃相團結。而興一大同盟。以欲貫徹其目的。彼生前所計畫之大事業。謀達社會改革之大目的。僅啓端緒。而未見成功。遽赴幽冥之域。而其精神。則常鼓吹勞働者。以覺社會之迷夢。結合同志。以擴充其勢力。千八百七十八年。卑斯馬克發布鎭壓社會黨之令。始知社會黨之勢力。非政治界所能止。皆彼之精神所繼續培養之所至。其生前所布畫。死後乃顯於社會焉。吾人既記述其經歷。故畧述其精神與議論之綱領如此。而知其思想之何如。

第二節　其學說

列陸茲耶度拉沙列者。曠世之戰士。德意志之社會黨。爲彼而生。爲彼而動。爲彼而增進其勢力。今日社會民主黨。所以把持政界之勢力。而有多數之黨與者。彼之力居多。然彼所唱道之

拉沙列之社會主義三種之著作

社會主義。不立前人未發之奇說。以聳動世人。不過襲用馬陸科斯洛度衞陸他斯等之學說。潤色而敷衍之。故拉沙列之社會主義。其半皆自馬陸科斯與洛度衞陸他斯之學轉化而來。馬陸科斯之解資本分價格之類爲二種。餘剩價格之貯積者爲資本發生之基因。斷定資本爲强奪之結果。拉沙列亦倣其說。論定資本之性質曰。『收人間共有之財產與土地而歸於少數人民之私有。自由而使用其餘之人民。故現時之財產制。竊取全人類之權利而私之於少數者。是爲不條不倫之制度。其掠奪的資本之存在者。遂起悖理之制度與作爲。以釀成多數人類之不幸』云。其對資本而發如斯之根本的理想。與馬陸科斯分二種之類相同。故拉沙列之經濟的議論。往往與馬陸科斯同其軌。以攻擊經濟社會之現制度而庇蔭勞働者。然彼能自逞其辯以述自己之思想。或執筆而說明其學理。則秩序整然。毫不紛亂。無論如何至難之問題。皆能闡明其原理。毫無餘蘊。無論枯窘艱澁之議論。一經彼口。則津津而樂道之。必令聽者忘倦而後已。故無論知與不知。莫不信奉其說。而其快辯更得雄文以佐之。彼風行於天下者。讀其社會主義之三種著作可測而知。其三種者。一爲『勞働者之宣言』千八百六十二年之演說筆記。二爲『公開文書』六十三年答進步黨質問之書簡。三爲『衞斯茲阿希野

第一勞働者之宣言書

陸野。』六十四年春之所出版是三種者。其平生之唯一之著述也。千八百六十二年『勞働者之宣言』之所演說者。爲拉沙列最初發表此社會主義之持論。其首章論述歷史的進步之狀態。曰『近世於歷史之進化。區分之而爲三段。其第一者。爲千八百七十九年以前。卽法國革命以前之時代。當時之社會。凡土地之所有者。其全權皆掌握於國家王侯貴族之徒。依賴其門閥。以統御其下民。既而法國革命之風潮。橫溢瀰漫於世界。於是社會之組織一變。政權漸移於中級社會。殖產工業之術。亦自此等人之計畫。其富產則從其次第增加。資本之勢力。亦極旺盛。立法與行政。兩者支配於社會。貧富之懸隔。因之愈劇。是卽近時爲第二之時代。自是半世紀之後。至千八百四十八年。第二之革命之爆發。政權之分配。乃稍得其平。萬人之權利。一概平等。多數之勞働者。乃得參與國政。舉行諸般之改革。於是中等社會之權利。移植於勞働者。自少數之政治。改爲多數之政治。是爲勞働者建設確固基礎之時期。然舊日之因襲。未能盡去。於保護市民之利益。各種之法律。未能銷除。而中級社會。隱然於此法律之下。逞其驕橫。然今日彼等之根柢既破。彼等之命數。亦不能久保。世界之權利。將移於勞働者之時代。故當今日則必改此諸般之規則。變此各種之法律。以成四民平等

選舉制改正之希望

之社會與作爲。勞働者乃握社會之主權。以經營萬事。以其所享一種之權利。而盡其正當之義務。

以拉沙列之說。則勞働者之新時期。乃發現於千八百四十八年二月二十四日第二革命爆發之時。勞働者乃設立豫備政府。自是遂件社會之進化。施行普通平等之選舉制二十一歲以上之男子。不拘財產之有無。悉得把持爲政者之政權。一變其階級政治而支配於勞働社會。全滅各種階級特有之特權。豫期四民平等之新制與作爲。蓋人間之生存於此世。苟欲以自己之力。增進社會之公益。無論從事如何種類之職業。皆有勞働者之天職。所謂勞働社會者。是卽人類之全體。勞働社會之目的。卽爲人類全體之目的。勞働者之自由。即爲人類全體之自由。勞働社會之支配。卽爲人類全體之支配。相須相成。無有異者。故勞働社會之勢力既增進。而人類全體之勢力。亦隨之而增進。

然則欲全勞働者之天職。其統御權確立之策如何。曰普通選舉制之實行。是也。普通選舉制者。不開財產之多寡。以分配政權平等之制。以普通選舉而成立眞正之代議政府。而爲人民輿論之代表。打破少數爲政者之專橫。注意於多數人民之利害休戚。終始卽勞働者之味方。

漸求社會改良之功。蓋社會進步之目的。非增進一人之利益。乃增殖全人類之福祉。而增殖全人類之福祉。必自社會共同之力。而普通選舉制。與政治的之社會共同制。與此種之目的。乃相一致。故謀人類之進步。企圖社會之改良者。舍此制度之外。別無良制。此拉沙列所劃之社會改良策其要求之第一要件。所以必以確立普通撰舉制爲急務也。

普通選舉制者。爲社會改良之起點。又爲增進勞働者勢力之起點。誠爲完全無缺之良制。然識者往往非難此制度之施行。其言曰。移政權而委於多數民之手數。彼等妄用其權利。以壓伏富豪。覆滅社會組織之根柢。暴加於少數資本家之上。遂造擾亂社會之素因。實爲多數專制之最顯者。則普通選舉制。非社會改良唯一之良策。乃擾亂社會無二之惡制。此等之議論。爲反對普通選舉制之人士所唱道。彼等蓋以少數者之權利。爲多數之人民所侵占。以一部少數之人民。把持過大之特權。以壓多數之人民。乃國家最良之組織。加之社會全體之分離。陰發於一部之階級與作爲。以害其中級人士之地位。及其利益。且及全社會之公利公益。蓋社會之進步。而欲增進全階級之利益者。恐終不能。則彼等之多數。箇箇分立。汲汲於其私利。而不顧慮社會之公益。假令政權歸於勞働者之掌握。必不能充其希望。蓋普通撰舉制之効

第二公開文書

用者必得天下全體之協力而發揮之。多數勞民之結合。豈能服膺此等之眞理。以充成此制度之運用。而圖社會全般之進步發達。若國家採用此制度。分與政權於一般之人民。包容多數之人民。於勞働社會。其對社會。一變其主宰者與被治者現在之狀態。一躍而皆登於治者之位。豈非社會組織之一大變革乎。拉沙列對勞働者之宣言。警告人民天賦人權之意。畢竟不出此意旨。故彼之演說。於普通撰舉制之眞理。縷縷說明其効用。更於其結尾。大爲勞民訴訟曰。『吾人論述前者之論旨。凡屬於勞働社會之人民。必負擔其一新大職務。以高尙之議論。與適切之舉動。以期登於治者之地位。其主義爲全時代之主義。其思想爲支配全社會之思想。改鑄社會之形模。以負天職。故吾人於此歷史的一大名譽之職分。必先鍛鍊其思想。以覺悟一般之人民。必求一定不動之地。確然立其基礎。以建設未來之伽藍。』

以上所述。皆彼『勞働者宣言』之演說。拉沙列絕叫社會經綸之第一策。與政治上之改革。及所以唱道普通撰舉制之設立者。彼於答進步黨之質問。其『公開文書』開陳經濟上之宿論。自生產的方面。而論述社會改良之方策。彼更解釋利加度之『賃銀論』。而說明其本質。乃題其書而加以殘忍之名詞。名之曰『賃銀上之鐵則』。卽此文書之要旨。

賃銀上之鐵則

拉沙列所著『賃銀上之鐵則』之議論。與馬陸科斯之『餘剩價格論』同。爲經濟學上最有名之立論。馬陸科斯於歷史之分配。而觀察資本家之狀態。拉沙列則於勞働者之側。以觀察生產物分配之方法。推論使役勞働者之殘忍。其結果也。驅吾人之同胞而伍牛馬云。

『公開文書』說明賃銀之原理曰。『勞働者之賃銀。定限需要供給之法則。其平均額。無論如何之時。於勞働者生活持續之必要。不得以最低之生計費當之。』是卽利加度之『賃銀論』反覆詳說之本義。彼論生產之分配。對勞働者之定額。（卽賃銀）先及勞力『自然之價格』與『市場之價格』而區別之。且曰。『此二種之價格。一昂一低者。變動勞働者之賃銀。其結果或進勞働社會之幸福與繁榮。或增生計之困難。其需要供給之大則。於『自然價格』與『市場價遂。』復同位賃銀之分量。隨勞働者之人員而增減。其階級與生活持續之必要。依其程度而定限之。於勞働社會如何繁榮之時。與如何衰微之時。以謀調和回復之道。此固利加度所唱道賃銀之本旨。卽拉沙列所目爲殘忍非道之鐵則。而著爲宏大議論之骨子。

利加度所著名之賃銀論。以勞働者之勞力。與貨物一視平等。依其需要供給之大則。以定其價格之低昂。或如其分量而增減於勞力之價格。及勞働者之人員。亦依此大則支配之（下隨其分而低昂增減。故拉沙列之議論。凡物品者。依其於社會之需要何如。以定其價格。或騰貴於生產入費以上。與或低落者。必復其兩者同樣之價格。蓋勞力之眞價。其對自然價格與勞力者於市塲價格。其結局有同位之性質。而其所謂自然價格者。則必與勞働者生產入費相準。勞働者之賃銀。與此自然價格相一致之時。則勞働者普通之狀態。必能持續。彼等旣得享有此自然價格與相同之賃銀。其額或下或上。無定額者。則稱之爲市塲價格云。質而言之。市塲價格者。以需要供給之關係。自勞働者供給於其資本主之賃銀之額。是也。此時勞働者之生活費其日用之常費以最低之生計爲標準依勞働者之人員而增減之僅足持續其生活至勞働結婚之數日增。則人口亦從而增加。然人口之增加者。卽勞力亦因之而增加。卽超過其需要之供給。則賃銀自必減少。其極則市塲價格必下落於自然價格之內。勞働者之生計。漸至困難。則彼等之死亡。又必超過其出產而再減其數。故賃銀之一低一昂。乃生產社會之狀態。自然之理。其賃銀之平均額。以勞力之生產入費爲標準。不得超過最低生活費之期。而生產物對勞働者之分配高者。終不能脫此範圍之外。勞力之價格。必依此法則所規定。則生產事業之發達。共資本之利益而增進。則彼等而欲享多分之配當。終無其期。

希野陸野派之社會改良策

生產物對勞働者之配當高者。以如斯之限定。則彼等終生欲高其生計。勢必不能。終必浮沈於一昂一低之裏。而與牛馬伍。是卽利加度所唱道賃銀論之本旨。拉沙列所說明賃銀之原理。乃無二之眞理。且此賃銀規定之法則。於勞働者詳說其殘忍刻薄之理。以開陳自己之宿論，賃銀規定之原則。旣已如斯。故彼遂斷定勞働社會。爲拘束無慈非道之鐵則。於是乃欲變更此法則。破碎此鐵鎖。以求生產組織之改良。策畫社會的主義方案。以爲應用之舉。

『公開文書』者。乃彼說明社會主義的方案。然彼之所講究者。先向其餘之方面。以計畫社會之改良。而反駁希野陸野特利茲野之方案。當時希野陸野特利茲野。爲進步黨之領袖。主持政界。注意社會問題。以畫貧民救濟之策。而其方策。則以信用組合之組織。彼之信用組合者。集貧民零細之資本。造一箇之團體。以會員相互之融通。以供資本之制度。而其組織。不免於偏屈狹隘。彼等所常服膺之語。『合組員之外皆勿貸之』云。卽此可察而知。乃於全國之各處。織成此種之小結合。以集勞働者之資金。頗爲姑息之改良策。與拉沙列之計畫根本的改革策相比。兩者大異其趣。此則於勞民之權利。付諸等閒。加以希野陸野派欲擴張其信用制度。給各勞働者生產品之原料。使勞働者各營其生產事業。其計畫如此。不過變現今之資本制

共同店舖之制

度。改手工勞働之制。以期信用制度之擴張。而拉沙列則反對之。然手工勞働者頗喜其策。以爲救濟勞働社會之妙策。趨時勢者則贊同之。

更爲計畫勞働社會之救濟策。欲設立共同店鋪。共同店鋪者。以消費者之同盟而成。以廉價之物品。而給其供給者。以改善一時勞働者之狀態。彼等割其少許之生活費。餘剩以爲資本。然其結果。勞働者之利益。終不敵資本主之利益。何以故。彼等共同店鋪之制。以供其廉價之物品。而以其生活費之減少者爲資本。彼生活費之減少者。卽勞銀之減少。是卽最低生活費之標準。卽爲勞銀之率。則此等生活費之減少。是爲低落之由。名爲救濟勞働者。實則與以資本者之利。

其策如斯。則果如何而後改良。非改革生產社會現組織之根底。變更富者之分配法。終不可。彼賃銀之鐵則。羈束勞働者終生之運命。終無救護之期。而此法則者。終不恰適人間本來之天性。適應天賦之權能。勞働者一種之階級。終不能除去之。則文明之進步發達。獨爲少數資本家之利益。而不顧多數之勞働者。豈改革之必要乎。拉沙列素以改革全社會之負擔以自任。今覩此勞働者之狀態。沈淪於悲慘之域。必先就其速改善而改善之。則必先改善其現時之生產組織。而欲改革現時之生產組織。則必打破利加度所發明賃銀之法則。以變更富者之分配法。而排除與勞働者以貨物同一等視之經濟的觀念。

普通選舉制者。爲社會改良之必要。拉沙列之議論。吾人既已述之。彼爲勞民以傳檄。大唱選舉制度之改革。以喚起天下之輿論者。豈貪政界一時之虛榮。蓋欲於殖產界抱持無限之勢力。以左右勞働者與資本家之一派。占有政治界同等之權勢。故拉沙列之所唱導者。欲依普通平等之選舉制。先奪政治上之權利。於彼等之掌握。企圖收之於公衆之手。以組織衆多平等之政治。爲改革社會之起點。爲彼實行其計劃第一之階梯。

拉沙列之社會改良策

生產團體之組織

選舉改正法之計劃。既達其目的。政權既移於公衆之手。則國家者。初爲少數人民之專有物。今爲社會全體之共有物。於是其計畫生產社會改革之方策。始得實施。然彼所謂社會改革之方策者。襲踏前人之計畫。而行姑息之改良。故彼於消費者同盟之店舖信用組合之設置。其初亦有採用之意。既而一變其組織。全廢資本主與勞働者之關係。直以勞働者爲資本家。驅除資本勞働兩階級之區別於社會。然則以如何之計畫。如何之改良。乃足以救之。其決行之法又何如。曰第一著之事業。先組織國家保護之生產團體。即自此團體。以融和資本家與勞働者。置之於休戚利害相共之地位。而此生產團體者。又設多種類之分業。以使役多數之勞働者。並以利用之器械。以助其經營生業。設立大製造所。然此大製造所者。非區區之勞働者所能設立。是必對國家而要求其保護。

國家之原理

彼如斯之計劃。爲社會改良之第一策。依國家之保護。以改革其生產組織。然國家果能不干涉其生產事業。但盡其保護助勢之權與否。不能不先慮之。拉沙列乃以關於國家之議論。說明『國家之原理』可以窺其論定。彼與自由主義派相反對。以解釋國家保護箇人之自由及財產。導誘社會之進步。爲最高機關。如彼自由主義派之說。以爲借國家之職務。而保護箇人之自由與財產。則國家者。不過守嗚鷄狗盜之番人。貴重國家之職務者。豈獨限於此等二三之事業。不顧社會進步之事蹟。蓋人類社會者。其對天然之苦鬭。不勝其擾。或天災地變。饑饉惡疫。貧困暴戾等。遭無限之困難。或啓愚魯。或制蠻行。社會之事實。不知幾經變遷。忍此等多數之困厄。排除多數之障害。而後人類社會所以進於今日之域者。決非偶然。若放棄於一私人之手而不顧。舉此等萬般之障害。一切一任箇人之排除。則社會之進步。何日可望。吾人之幸福。何時可期。而所以除之排之者。以謀社會之進步發達。是皆國家之力。故助自由之發達。

謀權利之伸暢。以增進人類社會之福祉。使國家盡社會之義務。則一人一箇之力。終不能舉萬般之事業。以成完全之社會而導誘自由幸福敎化等。故國家之於社會。乃當然之職務也。拉沙列解釋國家之職務。既已如斯苟和社會之不調和。匡社會之不均一。以謀社會全般之改良進步。乃國家當然之職務。必當其任者。毫不容疑。若資本制度之發達而及減縮勞働者之自由。生產品之增加。而反減少勞働之價格。如現時者。則調和匡正之責任。亦國家應盡緊切義務之一。故謀改革生產之組織。必借國家之助援。可確信而無疑義者。

以上所論。卽拉沙列『公開文書之』論述。爲社會經綸策之大要。然彼所言此國家保護之生產團體。以完成社會改良之目的。充分以解釋此社會問題。固可信者。然而此社會問題者。乃至難之問題。豈一朝一夕能豫期其完美乎。彼之計畫此等之團體者。不過欲變更此不和調之生產組織。而進調和整頓之域。案出過渡之一方策。實行於工業之中心點。漸波及於各部之地方。以除無益競爭之弊害。厚其相互之信用。以助共同一致之念。庶幾一新殖產社會之面目。彼之所希望最後之社會組織者。皆以馬陸科斯及洛度衛陸他斯以公有主義爲基礎。卽共和的社會是也。彼其所著『衛斯茲阿希野陸野』所論述。其言曰。『於生產社會勞働之分業。以尋其實際。結合生產社會的之共同勞力。此共同勞力以物品與生產爲眞正之要素。故社會者。於全生產中。必先除去私人之資本以役使社會共同之勞力。即以社會共同之資本。於從事生產事業之人。應其功果之割合而分配以生產物』

衞斯茲阿希野陸野之所論者。已說明拉沙列之公有主義。而講究經濟上之諸原理。彼所採用馬陸科斯等之學說。多於其書發見之。就中之議論。其彼此相等之要點。以解釋資本者。馬陸科斯之解釋資本。以狹義。其理想在希望絕滅生產社會之資本。而拉沙列則依社會變遷之狀況。以現出歷史的之現象。於其『衞斯茲阿希野陸野』而解其理由曰。資本者自生產社會之狀況。而發現一種之現象。質而言之。資本者歷史的發達之經路。以現出一結果。於法律經濟及社會的組織之下。別成一種之名稱。與大工業之發達。必生分業之方法。其產出之物品。販賣於市塲者。亦從而擴張。自自由競爭之盛行。勞働之器械。歸於一階級者之特有。於是自由勞働者之階級。利用賃銀之鐵則。强奪餘剩之利潤。次第收貯其財產。所謂資本者其所有者。非自自身之勤勉。乃收沒他人之功果。以爲資本之作。爲其勢力乃愈强大。愈自由。遂成過大之繁殖力。故資本之勢力者。乃壓倒其餘之生產業。而富者愈富。財產者愈生財產。以强奪其貯蓄。於是過去之勞働力。全然變形爲資本。以壓現在之勞働者。故今日者。乃過去而壓現在。以死器械而擒生勞働。器械與勞働者乃轉換其運命。而器械則日月而發達。勞働者僅爲運動器械之機關。非運之迫。日見其盛。而器械又變爲資本矣。

玩味以上之議論。馬陸科斯及拉沙列使用資本之意義。與其餘經濟學者之說相比。無所大異。此兩者於生產事業。皆唱道資本之無用者。不過於使用上之措語。微有差異。其解釋資本。以爲『富者造富非生產事業之名稱』。與其餘之經濟學者同。彼等則認定此種資本爲必要。蓋就時代而立言。以爲生產社會之事業。而社會主義者。則匡正富者之分配。以抑壓資本家之專橫。故於資本之功力。皆視之爲無用者。今雖資本在於箇人之掌握。而不能逞其跋扈於殖產社會。故社會主義者全收之於社會全體之手裏。以擴張其一層之功力。而謀生產事業之發達。其所以反對殖產社會之現制者。蓋不欲歸於一人一箇之私有。而蒐集未來之富與少數之資本家。彼等所欲改革現組織者。變箇人的而爲社會的。以絕滅資本之功力。移之於一私人之手。而收於社會共同之手。是吾人記述馬陸科斯之資本論。所不可不知者也。

拉沙列所計畫社會主義的改革案。即已如斯。然彼之抱負。未曾實演而先逝。雖其計畫。不能充分而實行。而其黨與續其衣缽。乃祖述其說。以造日耳曼社會黨之基礎。自後社會民主主義之議論。漸爲世所注意。而喚起其同情。日後於日耳曼之政治社界。試活潑潑地之運動。以聳動天下之耳目者。拉沙列其功首也。

近世社會主義第二編終

近世社會主義

（下）

第三編　近時之社會主義

緒言

近時社會主義之趨勢

溫急兩派之發生

第一期之社會主義者。皆荒唐無稽之空說。試諸實地。輒形失敗。降自第二期。對社會主義所研究之學理。漸進其步。於是經濟上之原理。異論疊生。馬陸科斯拉沙列等之名。一時喧傳世上。舉世皆傾聽於社會問題。以求社會改革之法。溫和急激。互異其趣。一派則爲疎暴急激之破壞的急進黨。一派則爲溫和著實之漸進的平和黨。其議論之根底。互標異幟。其運動之方針。亦大逕庭。兩者之背馳。竟成仇敵。於是社會民主黨乃宣言曰『必以國家干涉生產事業。而後賃銀的勞働之組織。乃可打破之。以收一切之利權。置諸勞働者之掌握』而唱無政府主義者。其說更激曰。『用國家以打破無益之政府。凡現社會之組織。必破壞而全滅之』其後乃進而講社會改革之法。用國家社會主義。以公共的之性質而營事業。收之於政府之手。嚴其監督。勉其保護。以謀現社會之改善。以與前二者之議論相比。其差異殊別。相去何等。今吾人分章別目。以尋溫急兩派運動之徑路。以考其如何思想而後近世之社會主義。乃可得而

無政府主義

無政府主義與社會主義

稽查之也。

第一章　無政府主義及其黨與

與社會現制度反對之社會主義等。如希望貧富平均之社會主義。與對階級特權及財產制之觀念。皆爲一派之社會主義。大致有相似者。若主張共產及共有之制度。而排斥一切中央政府之干涉爲無用。必絕滅之而後已。其唯一之目的。蓋注於此。世遂稱之爲無政府主義云。

無政府主義者。其非社會主義之一派。不容疑問。然其思想之根底。實自社會主義而胚胎之。其議論之程度。亦與社會主義相近。其所作爲。亦多與社會主義之計畫爲一致。以盡各種之方策。希望社會之現組織。以企一大改革。而保永久社會之平和。上自王侯。下及奴隸。共造一大美善之社會。故彼等最後之目的。亦不外打破階級制度。而匡正貧富之懸隔爲宗旨。

無政府主義者。一言以蔽之。其對現組織。則主極端之破壞主義。於社會之制度、文物、階級、特權。及其政府。一切皆破壞而全滅之。以達其目的。然彼等之方法。而欲社會之改良。自由之伸暢。貧富之平衡。終難實行。故用過激麤暴之手段。於現社會之制度。加一極端之打擊。或造秘密的結社。以企放火暗殺之非行。暴裂彈與刀劍等。常爲彼等之利用。甘爲社會之公敵。以殺戮顯官貴人。襲擊帝王妃后。種種之暴動者不少。其狂暴如此。頗爲紊亂社會之安寧秩序云。

無政府黨之宣言書

吾人欲知無政府黨之目的。與懷抱與主義何如。茲就其四十七名黨員所决議於利拉公會無政府黨之宣言書而述其大要。

無政府黨者。第一則唱道言論之自由。而又唱道無限之自由。

公然表發多數之意見。吾人之組織無政府黨。吾人既得所希望絕對的自由之外。更有無限之願望。以對天下數百萬之勞働者。

吾人切望自由。各自詳言其所欲。苟非自然的不可能之事情之類。凡其餘之裁制。必以人己一致爲標準。全然滿足其要求。

吾人既切望自由。而此自由者。與其餘之權力。無論其如何之起源與形體。與在於何人之手。終無並立之勢。卽如其有權力者。不問其爲選舉制與委任制。王制與共和制。與論天賦之神權。與人民之公權。及神聖的方法。及普通選舉之法。雖最良之政府。吾人必深惡而痛絕之。

無政府黨於組織黨派之制度。與所發明之公理。以布之於人民。

凡人民財產之所有主。爲求平等自由。蒐集其資本於少數者之手。且日遞減其資本主之數於社會。以期人人皆自由。

吾人深信資本者乃同時代之人民。協働之結果。乃全人民之共有物。應供社會全體之使用。

他人或目吾人爲極惡疎暴之徒。然吾人爲天下之同胞。要求學問。要求職業。要求獨立與正理之外。不敢別有他意。

無政府主義與列陸度

嗚呼。果爲同胞而要求學問與食物。要求其職業及獨立。要求正理之黨派。則何故而廢政府全滅國家之機關。而不能達其目的。而無政府主義之首唱者列陸度曰。『政治學所說明自由之學問。以組織人間之政府。無論其有如何名稱與形體。皆爲不理不正之舉。以束縛自由而妨害權利。此吾人之所謂與政治之意志相反者。故欲求高尚社會組織之方法。必求之於秩序整頓之無政府的狀態之下。』其舉暴戾、悖戾、無道、壓抑、等社會百事之罪惡。其根本的病原。悉歸之於政府。

無政府黨與俄羅斯

以故凡信奉無政府主義之人。欲勦滅此等萬般之罪惡。而得極端之自由平等。必先覆滅政府。全廢官吏。於是隱謀暗殺爆裂彈等之手段。皆爲彼等所襲用。而其最

衛科意

有勢力者爲俄羅斯。

唱道無政府的議論。爲法蘭西之社會主義者。爲列陸度。嘗欲集其同志。以實演其議論。未果而先逝。然彼之議論。因衛科意遂占有俄羅斯社會確固之地步。其勢蔓延至千八百七十年。遂爲虛無黨組織運動之開始。

米加野陸衛科意者。出於俄羅斯之名門。以千八百十四年。生於托陸希幼科。曾投身軍籍。爲砲官。奉職波蘭之聯隊。其從事業務之際。因波蘭之人民。困於俄羅斯政府之苛政。目擊其極於困難之慘狀。乃激動其仁慈之至性。遂發達而不能自禁。斷然決意。遂脫軍籍。乃抱社會改良之素願。以委身於學事。千八百四十七年。去本國。遊巴黎。與列陸度而訂交。依其薰陶。遂爲信奉無政府主義之巨子。而爲列陸度門下之高弟。

千八百四十八年之革命既興。衛科意亦預此舉。千八百四十九年。度列斯特府之運動。大盡其力。然革命之勢力終屈服於諸王侯之手。竟至誤其目的。衛科意亦革命之主動者。爲復舊的政府所逮捕。居於紗科耶意墺大利俄羅斯等之獄者。凡八年。既而爲俄羅斯政府處以終身放逐之刑。護送於西伯利亞極寒之地。義魂俠魄。將埋沒於淅瀝風雪之中。幸而當時西伯利亞之知事摩拉卑幼列。爲彼之姻戚。待遇極寬。於彼一身上之自由。皆不拘束。刑名之重雖無比。而辛慘之遇則甚輕。故處西伯利亞風雪之中。既歷四年。備嘗艱苦。遂犯無數之危險與困難。乃脫走配地。越重洋而走於加利賀陸意耶。千八百六十年。本國之警戒漸寬。遂移居倫敦。衛科意既嘗無數之禁錮追放之辛苦。前後共十二年。以可惜之光陰。而斷送於暗澹陰鬱之裡。既至倫敦爲文明界之中心點。觀察社會之狀態。四顧風物。皆不足滿其意。而復舊的政府之勢權。依然旺盛。革命之反動。愈倍壓抑自由與平等。皆爲各專制君主所障害。況以久抱義憤於囹圄之中。如衛科意者。覩此種種不滿足之狀態。乃又憤然蹶起。以鼓吹民間革命之氣燄。既而勞働者同盟既成。乃榜示無政府主義。以示破壞政體之策。彼之說曰。『人間只服從天然之法則。若其餘一切萬事之拘束制裁者。不問其爲神權與人力。不論其爲多數團體與一個人。皆無服從之義務。』於是彼乃對現制組織。全然以破壞爲目的。匡合同志而組織無政府黨。千八百六十四年。勞働者之國際的同盟成立。乃共同志而投之。擴布傳說過激無政府主義於西諸歐洲。以至瑞西。爲最有力之國際的無政府主義之代表者。羣震訝於衛科意之名。而占最大之勢力。千八百六十九年。更共同志以組織社會的共和主義之同盟。不能

衛科意與馬陸科斯分離及其死

完成其目的。至七十二年。哈伊科之會。抗爭國際的勞働者之團體。與馬陸科斯之中央集權之制。以國家而經營生産事業之説。大相反對。彼主張國家及政府。爲存在百般罪惡之根源。凡政體官吏法律。皆爲束縛人間之自由。必全然排除於社會。凡社會之現組織。必一一覆滅其根底。與馬陸科斯之一派。全然相反。故共同志。乃脱同盟。而傳播自己宿論之破壞主義於各國民之間。以試其活潑之運動。以大張其勢燄。於是其黨派之勢燄。極於極點。然至其晩年。乃漸衰歇。至千八百七十六年。乃逝於柏林。

科陸賀托契

衛科意一面以過激流暴之攺革案。唱道破壞主義。一面又主張無政府主義。與俄羅斯相類者不少。如卑托陸科洛賀托希公。如拉烏洛列。如衛陸茲。其手段方策。全然與衛科意相同。其希望社會改革。皆主張無用政府。與絶對的自由平等。科陸賀托契。出於俄羅斯之名門。其父有廣大之耕地。家財豐富。地望甚隆。故彼幼時受扈從之敎育。出入宮中。與王侯貴人相交接。目擊上流社會驕奢之風習。居常深顧下民困乏之悲境。大激其同情之念。雖身居貴族豪富。極反上流社會之奢侈驕淫。見下層貧民之境遇。日赴窮乏。遂認社會改革爲必要。然當時民權自由之壓抑。言論出版之束縛。達其極點。政權獨握於君主之掌中。而慴伏於專制之下。徒欲喚起民心之輿論。以舉行平和的革命。終難實行。故彼於社會改革之方法。採用非常手段。以破壞現制爲目的。左袒顚覆政府勦滅官吏之運動。

俄羅斯當時之形勢

俄羅斯當時之形勢。外難頻臻。歲無寧晷。其兵馬勇健。爲萬國之魁。常驅擴張領土之野心。以干涉東歐之事件。前後二次與土耳機構難。招各國之猜忌。國帑罄於內。兵勢竭於外。君主不能盡忠於人民。不能致力於國家。徒充皇帝之慾心。而驅無數之民生。以殞於鋒鏑。蠢爾蒼生。凡仗劍以抗敵國。集銳以禦外寇者。不過爲皇室充慾之犧牲。亦不顧其爭鬪開戰之理由。絕非爲正理爲人道而出於不得已之義戰者。彼等皆爲專制政府所壓抑。專制官吏所跋扈。殞身喪命。人民不堪。

無政黨之檄

千八百七十八年。俄土戰爭之結果。於是無政府黨員。乃傳檄於人民曰。『吾人所敵者。非暴戾無道之土耳機乎。然彼等尙布憲法。以脫專制政治之舊態。而所以激成衞陸額利耶州內之逆殺。致三十萬俄羅斯人民之流血者。皆爲啓此衞陸額利耶不幸之民衆。啓其立憲法開國會以施民政之途。而免無道之壓抑。然此等俄國之人民。能以仁心而憐他國之無辜。而反於自國內之專制壓逆。不能滿足。此無道之政體。何以服人心乎。』其正理正論如此。

科洛賀托希之運動

俄羅斯之形勢。既已如斯。當時科洛賀托希爲可沙科兵營之一將校。留於西伯利亞者五年。千八百六十七年。乃歸俄京。遂脫兵役委身以研究學術。爲地理學會之書記。千八百七十二年。遊白耳義。大受國際的勞働者同盟之感化。乃共衛科意而爲共產的無政府黨之設立者。既歸俄羅斯。更加入革命團體。開秘密之講筵。鼓吹革命的精神於勞民之間。運動甚盛。爲政府所逮捕。拘留於希托賀路及希托卑路之獄裏。然以病篤。移入陸軍病院。乃遁走英國。千八百七十七年。又赴瑞西。於希渥衛著一文。題爲『革命』。發刊於新聞。時千八百七十九年。然居無幾。又爲希渥衛所放逐。轗軻不遇。不能容其身。千八百八十二年。被捕於沙陸茲意耶。八十三年。又拘留於里昂處五年之禁錮。既而由法蘭西大統領之命。乃解其刑。千八百八十六年。爲英國無政府黨之機關。乃盡力創立『自由』之新聞。遂卜居於倫敦近郊之哈亞洛。然其公爵之爵位。先已褫奪。欲再得之而不能。

於是俄羅斯國內之無政府黨員。其巨魁多放逐於國外。或處流罪於西伯利亞。加之政府又命銳敏熟練之間諜。視察黨員之動靜。防事於未發之先。然而秘密結社。依然存在於各所。以造黨結派。自千八百七十四年。社會革命黨之結黨以來。與千八百七十六年。平民黨之結黨。

虛無黨之發生

咸望破壞現在之政治組織。別組織社會平權的之新政府。黨勢益益擴張。又新生恐怖黨。至一千八百七十九年之中頃。乃有用嚴極之過激手段以達其目的之虛無黨發生。於是下層之人民。憎惡王侯貴族之感念。更加一層。農民亦復大起。以示反抗政府之趨向。政府遂命各地之長官。以逮捕其黨羽。但有嫌疑所届。不拘罪蹟之有無何如。悉依行政命令。追放之於西伯利亞。人民之處流刑者。前後接踵。自千八百六十九年至八十年二年之間。凡六萬之人民。其審問判決。悉任行政官之任意。其罪人遂流竄於西伯利亞極寒之地。

虛無黨之暴動所暗殺者

於是其反動益甚。輒以陰險疎暴之手段。加荼毒於高貴。將軍耶希那陸先被刺。知事科洛賀托希（非前出之科洛賀托希公僅同名耳）絕之。佐官托列特亦幾蒙其禍。先是有名烏野拉沙斯利茲者。乃一少女。懷短銃。托事而謁俄京之市長托列賀卜。乃刺殺於市廳之公堂。沙斯利茲雖受審問。然當時之法庭。赦刺客之罪。與以無罪之宣告。沙斯利茲度獲赦。再出社會。仍欲再斃其所謂『殘忍悲道之惡鬼。』（即指官吏）無政府黨員等。深贊美其猛勇大膽與行爲。以迎彼女之熱誠。於是彼等之疎暴手段更甚。又有刺客摩洛希斯契者。欲刺行政委員長那利可列。不成。將處絞殺之刑。將死之時。從容於官吏前曰。『余之所爲。無他人知者。又非他人所能共者。然余雖死。而那利可列終必爲余等之所殺。』放言無忌。舉動激昂。人心頗爲激動。加之虛無黨員又傳檄語。以挑發民心而脅迫帝與官吏。其檄曰。『我黨確認政府爲國民自由發達之大害障。必令皇帝亞歷王讓與其權力於人民之手。設立立憲的國民議會。以講社會改革之法。我等無論何時與政府應戰而不辭。』嗚呼。彼等之毒刄。引率於其所謂『殘忍悲道之惡鬼』之巨魁。以俄羅斯皇帝之尊。尙不能免。千八百八十一年三月十三日。彼等又施其毒手於其所謂『俄羅斯社會之公賊』亞歷山王第二世。於是亞歷山王。遂殞身命於虛無黨之手。

蓋俄羅斯無政府之一派。既變而爲虛無黨。既不能抱光明活動之希望。而專制壓抑。益復難忍。同抱絕望之念。遂乃自暴自棄。以殺戮貴族顯官爲洩其忿懣之計。如彼衛科意之說。『於社會現存之制度。無論天下何物。皆無永遠存在之價値。若法律、若政府、若警察、若議會。凡妨害社會之自由平等者。吾人必破壞絕滅之。而後爲後圖之計。於對現制組織。吾人無一採之者。必破壞絕滅而後已云。』放言肆議。誠說破破壞黨之眞想。蓋以俄羅斯專制政治之國。出版言論之自由。全然杜絕。加以苛政刻法。拘束彼等之舉動。凡一舉一動。政府之干涉。無所不至。彼等之鬱憤。亦置之而不理。故雖以間諜周備。而秘密的運動。益密益巧。政府遇之愈刻。彼等亦對之愈暴。而虛無黨之勢力。伏於社會之裏面者。雖不能得其眞相。而共一面之發於暗殺陰謀之非行。則以示威運動之强迫手段。以逼當路。其一面於逮捕審問之件屬。流竄於西伯利亞內地之囚徒。日益無已。故俄羅斯現時之虛無黨。其勢力亦困於退縮之極矣。

無政府主義與世界主義

希幼賀斯托與其主義

夫無政府主義者。不局限於一國一家之下。必無國家。無宗教。無帝王。無大統領。破壞一切之現組織。以除其不平均。而造一切平等貧富均一之新社會。而爲世界的組織。其黨員不獨在於俄羅斯。歐洲各國。以及世界各部。隨處皆有散在者。但俄羅斯之無政府黨員。於比較上。其勢力極爲旺甚。蓋其國情使然。無足怪者。然而彼德意志社會民主黨之一員如希幼賀斯托者。亦絕然爲無政府主義之人。彼之所唱。亦以暗殺爲社會進步之好手段。然其所說過於奇矯激烈。不容於本國之黨員。乃走合衆國。盛傳播其自說。大得勞働者之贊同。如千八百八十三年二月十一日。演說於衞陸茲賀阿之時。天將陰雨。聽者無立錐之地。彼之言曰。『吾人當絕望於借投票者之力。以驅除其壓制吾人者。欲爲勞民諸君。斷其箝制禁錮之苦。莫如以暴力。痛快而掃除之。吾人敬告諸君。諸君若欲達其平等自由之目的。必須購此銃砲。若此銃砲。不用之時。藏之於室之一隅。何煩之有。一朝機運就熟。以備使用之時。則彈丸之所發。以斃此

無政府黨之運命

壓制者與暴逆者。豈不快哉。諸君當今之時。僅依賴吾人之紙筆而望自由。吾人斷信其無効。百人之投票。不如一人之砲銃。欲得吾人之自由者。舍火藥彈丸而何措也。『(Lead and powder alone make us free.)』以德意志之人民而唱如斯激烈之說。此種之議論。竟擴遍國之勞民之所喜。於是無政府主義之暴說。於社會之裏面。把持無限之勢力。以試其秘密之運動者。則未易窺測也。

依無政府黨派之所唱。其對壓制者之手段。皆悉正理。而彼等之所謂壓制者。乃指於君主及政府。乃指於顧者。乃指於資本家及勞働者以上之階級。暨凡百有勢之人民。故彼等成隊沮派。動輙同盟罷工。與資本主應戰而不辭。而其專走極端之徒。或殺君主。或刺大統領。全社會之民。咸戰慄於彼狂亂之非行。憎之之念。乃益熾。如千八百九十四年。意大利之無政府黨員額卑利渥刺法蘭西大統領加陸諾於里昂之市。又如千八百九十七年。意大利之無政府黨員統殺西班牙之首相加諾烏斯而狂暴自喜之徒。往往爲此無故之殺戮所不能免。不問其主義與目的如何而輕舉暴動之態。愈出愈奇。不但政府及人民。視如仇敵。其所連絡。其餘之社會主義者。漸亦惡其無謀之舉動。而擯斥之。於是所謂無政府黨者。孤立無援。獨自挑發下層之賤民。加禍害於國家。妨其安寧。亂其秩序。以成其疏暴狂亂之舉。彼等所謂自由平等最極之目的。終無能達之期。徒自取暴亂之汚名。以自暴其身而已。

至於今日。天下漸苦無政府黨員之疏暴。警戒其過激之手段。以法律與警察。兩者相俟。欲盡力而勦滅之。然而其黨近日之舉動。更涉一層過激。殘虐暴戾。殆無其極。列國相互妥協而開國際會議。以求鎭壓無政府黨之策。而其近因其由來頗久。若千八百九十八年之逆殺事件。千八百九十八年九月。墺大利皇后遊瑞西。至希渥衞。而爲意大利無政府黨員陸契意所逆殺之事件。是年十月。德意志皇帝遊歷衞列斯他伊之際。而爲無政府黨員要之於歷山王港而狙擊之事件等。於是民心洶洶。流言百出。道途相傳曰。無政府黨者。欲盡殺各國之帝王高貴而後已。分派其決死之黨員於四方。徐圖暗殺之計畫。如墺國皇后之逆殺。此其一例也。浮言所至。舉世騷然。咸抱危懼之念。各國政府。不能默視之。意大利政府。遂爲首唱開國際的秘密會議於羅馬。以畫鎭壓無政府黨之策。是年十一月。列國之委員相會。意大利乃提言其各種之要求曰『第一爲監視無政府黨員之動作。新設國際的警察部於柏林。自法德英意四國爲始。而俄羅斯墺大利瑞西白耳義和蘭九國。各出一名委員。以監督其事務。又此國際的警察部者。與歐洲諸國之警察。必互通其氣脈。其經費則九國等分其負擔而維持之。第二則歐洲各國之政府於關於無政府黨員者高議其引渡條約。』其事未經審議。不能知其詳。然於無政府黨近來之暴動。其於世情何如。可察而知。於是彼等因法律嚴禁其行動及結合。且深注目其舉動。故於社會之表面。不能大高其勢燄。僅於其裏面之秘密運動。散在各國同志之間者。脈絡相通。以求其勢援。故吾人於無政府黨現在之勢力。不能知其强弱之度何如。

若欲詳記此等詳細之運動。非本書之要素。不過舉其無政府之懷抱與理想一二而已。

前所記述。以政府爲社會上所不必要。且爲百事罪惡之根源。其論定之所出。始於列露度之所唱道。從其說者。不拘其政體之組織何如。凡有政體。凡有政府。皆爲國家所不必要。所以以免社會之不公平。蓋以吾人所應享有之絕對的自由平等之權。或藉治者之威力而始振。或因被治者之屈從而放棄。皆爲於社會上以傳播其不公平不均一之種子。而衞科意傳之於各國民之間。遂唱道政府爲不必要。以破壞現制組織爲目的。而遂組織破壞的無政府黨。然無政府黨員唱道之所說。與社會主義之所說相比較。兩者之間。雖有非常之差異。而二說亦有相同者。今畧述其異同之點於左。

無政府主義與社會主義之異同

無政府主義與社會主義相異之第一要點。其主權之所在。社會主義與無政府主義相同。雖皆以希望人類之自由平等。或借人民之手。而得其所希望之權利與自由。且以其所得權利之一部。或托之政府與國家爲社會秩序之保護者。若無政府黨之目中。無政府而僅有國家。熱望是等絕對的自由之黨員。必欲破壞現制組織。以貫徹其目的。人人以各個之力以自禦而自守。論社會主義者。以主權現存於國家。而無政府主義者。則欲收之於個人之掌中。無政府主義者。以政府獨立自主之權。爲屈從外部之意志。其解國家。以一定永住之土地。方爲全人民之代表者。君主個人及團體。皆不能侵入他人之權內。以其主義而集合爲團體。故彼等以國家及政府。爲侵蝕人民之權利之結果。故於社會主義。每每反對此解釋。而社會主義皆。不但不附和之。且欲依賴國家或政府之手。以企圖增進其自由與幸福。其懷抱如此。不但此也。其兩者之方法。又互各異其說。但其主義思想。兩者之間。又有全然一致之點。如共產的無政府黨。以『凡物各有所屬。以必要之物品與必要之生產而供相應之勞力。無論何人。不能限之。其對各物品之供給。以公之於社會。』此與社會主義之根本的理想相一致者也。然其依各人勞力之多寡。而定各人所得之標準。其議論與洛度衛度他斯及馬陸科斯等

無政府黨之現狀

相比。則逈相殊。而求社會之自由。進勞民之幸福。以打破貧富不均一之念慮。則爲兩主義之懷抱與根本的理想。故深溯其根底。探尋其思想。玩味其議論。兩者歸著之趨向。相去不遠。然其手段方法之末技。每生相互之衝突。忘其相合之感情。如千八百七十一年。哈伊科之會。衛科意與馬陸科斯之分離。全然織成獨立之一派。於是兩者再無相結合之期。社會黨派。今漸然組織於歐洲各國之地盤。爲確固社會的勢力之基礎。與作爲其所分離之無政府黨派。則狂亂疏暴之舉愈劇。背憲法廢法律。屢屢危難其生命。社會乃變戰慄之時代。以致各國政府之恐懼。而誓心必欲勦滅之。故今日彼等於法律上。不許其存在。不能得政府公許之運動。而僅以秘密之結合。暗集同志。時時逞其陰謀。曾因德意志社會民主黨之黨員。懷抱極端之無政府主義者。如希幼賀斯度及哈西陸馬等。既被驅逐之後。千八百九十一年。開會於卜陸希陸斯。爲萬國社會主義同盟會。自相會合。而驅逐無政府黨員。千八百九十三年。斯利茲之會。亦不認無政府黨員之列席。自是兩者之隔絕。愈甚昔之握手一堂。以企圖經營改革社會之大業者。今則如仇讐云。

第二章　社會民主主義

社會的與民主制二派之議論

主張生產的民主制論者之中。議論亦分二派。一則於生產界放任其競爭與自由。唯採其所有獨占的性質。而不委之於政府之手。一則置其獨占的事業。置於政府之管下。凡屬生產事業。必强迫之而爲共同相互之間。而泯其競爭之舉動。此其二派也。

拉沙列所唱道之社會主義。稍類於後者之議論。彼卽依於國家之帮助。案出生產界共勞働的生產之方法。全滅競爭之弊。救濟弱者之窮乏。以企圖人間社會之改善。彼不拘人間之材能與勤勉何如。萬人皆抱絕對的一致。而爲懷抱社會的共產主義之人。而社會民主之義之議論者。繼讀彼之思想而祖述之。而主張過激疎暴之派之論者。憂其議論之温和緩慢。而欲加變更。乃用協働生產之法。以試組織共產的社會。以狹義而解其所謂自由平等。而抱絕對的意味。以達天下一般萬人一樣之眞正之目的。不問各人之智識才能何如。必置萬人於絕對的平等之地位。

以著實温和派拉沙列之議論。頗不爲社會民主黨中過激派之所認許。彼等蓋希望國家之保護勞働者。以其土地及資本無社會一切之共有物。依共同的方法。以從事於生產。於個人間之競爭。全然廢滅之。官吏豫測人民之需要而造統計。量生產之額。以監置勞働者之勞働。

社會民主主義之綱領與咨他之定誓書

以現今之貨幣及紙幣。記載勞働之時間。而採用勞働幣紙。是爲此黨派中極端之主義與理想。凡社會民主黨。大抵皆然。彼等雖或有稍主温和之說。喜著實之主義者。然不易見。千八百七十五年五月。德意志社會民主黨員利卜科渥希度及衛海陸等。會同志於咨他。委細與第四編第二章參看發表其決議。其同黨之宣言。卽社會民主主義之主義綱領。傳播於世界之文字也。今錄於左。

第一　勞働者爲富者及職業之泉源。一切必要之勞働者。卽所以經營社會。故以其生產物之全額。凡社會所需要者。卽以組織此社會而隸屬於人間。而人間之組織此社會者皆有一切勞働之義務。又當從其正當之要求。以分取其生產物。而享有平等之權利。然於現社會勞働之機關。如土地資本等。皆歸資本主及地主之專有。以屈服勞働者。故勞働者沈淪於悲慘之狀態。而欲救助勞働者。必賴勞働者之力。何以故。蓋勞働者以外之人。皆爲反對之人。

第二　採用以上之主義。日耳曼之社會民主勞民黨者。依正當之手段。設立自由之國家。以絕滅各種之私利的事業。以改善社會上及政治上之不公平。而打破賃銀上之組織。破壞賃銀上之鐵則。

日耳曼社會民主勞民黨者。當初其運動。定限於一國內。蓋吾人勞民之運動者。實含有國際的性質。故四海同胞之主義。可以實行。各國之勞働者。必復行義務而不怠。

日耳曼之社會民主勞民黨者。其社會問題解釋之方法。要求設立社會的生產團體。以勞民之民主的管理。於國家保護之下。而此生產團體者。爲勞働者全體之社會的機關。所以發達之方法。以工業及農業而終營之。

日耳曼之社會民主勞民黨要求國家設立之要件如左。

第一　關於國家及各種之團體會合及其選舉。凡三十歲以上之人民。以義務的秘密之法。用普通與平等而行直接選舉之制。其選舉日限於日曜日及其餘之休息日。

第二　與人民以直接立法之權。且宣戰講和之事。必決之於人民。

第三　軍事上一切之義務。與其常備兵。則以人民兵代之。

第四　凡例外之法律。皆廢棄之。凡束縛出版集會結社就中思想及議論之自由之法律。亦全然廢棄之。

第五　國家用普及之普通平等教育法。且設强制的教育之制。而教授上之自由教育。必於公共上之塲所。於一切私人的關係之宗教。則禁止之。

更錄日耳曼之社會民主勞民黨於現社會之要求於左。

（一）以以上之所要求爲宗旨。以期大擴張政治上之權利自由。

（二）國家及社會現行稅率。就中最苦人民者。以間接稅代之。以施行累進的所得稅之賦課。

（三）凡結社者。無制限之權。

（四）社會之需要。必求適當於範圍內。且定正當之勞働時間。於日曜日禁止其勞働。

（五）凡婦女及小兒之勞働。損害健康及風俗。必禁止其使用。

（六）保護勞働者之生命及健康之法律。對勞働者之居住。必注意於其衞生。且選定勞働者之吏員。巡視鑛山製造所及家內工塲等。以注意於社會。

（七）獄舍勞働之管理。

（八）管理勞働者之資金。及勞働者全體之事。

社會民主黨之理想

以如斯之法則。而改造社會。收生產機關之全部。於國家之手。凡土地及資本。皆爲社會之共有。故社會民主黨曰。社會所共有者。只限於生產機關及必要之物品。其餘之物品。皆不許各個人之私有。如書籍家具圖畫及樂器。苟許爲私人之所有。則必子孫相傳。而妨害社會。且如此種之物品。既非使役勞働者。又不能營貨物之生產。徒爲增殖財產。以助貧富懸隔之勢。且此等之物品既多。則必歸之於富者。則此等之富者。於現社會。占有生產社會非常之勢力。以壓其貧者。而勞民遂屈服其膝下。以陷於維命是從之苦境。於是富者大振其富者之威。貧者日陷於貧者之苦。職是之由。故必禁絕之。

社會民主主義主張資本之共有

社會民主主義與主張全滅階級制度

而且社會民主主義之議論。於社會之階級制度。雖不全然主張而廢棄之。若徒依賴祖父之舊勳門閥。以占上流之地位。子孫相傳。而徒襲其勳爵者。決非彼等之所認。蓋吾人必以其勞力而營其生活。以造其地位。量其才能。而後可占社會之上層。若退而居其下層者。則必依各自應分之報酬。以求生活之方法。則不敢依賴先代之舊勳。而擅其顯榮。以肆其傲然自尊之態。吾人之社會。雖素希望於平等。然天下萬衆未達劃一之期。則智愚賢不肖性質各歧。其地位亦因之而異。此亦誠有不得已者。如竊取他人之功。而貪其顯榮。則斷非社會民主主義所

社會主義與民主主義之差異

認。故彼等於社會階級之等差。於人間有不得已之事情者。亦寬容之。然如確立階級制度以定世襲之制。則決非彼等之所認。

社會民主主義。關於社會階級之感念。既已如斯。故彼等雖論社會萬人爲絕對的一樣。而與共產主義之徒。大異其趣。依其材能勤勉之如何。以等差其報酬。苟各人同服一樣之勞働。或爲勤勉熟練之勞働者。與怠慢不熟練之勞働者。同受一樣之報酬。則必無肯爲勤勉練熟者。彼逸樂送世之徒。其生計必至於窮。夫人民之甘於勞働。皆所以營其生計。故於現社會之素餐坐食者。必驅之於社會之外。彼依賴祖父之遺產。世襲衣襲之富者。必全然排除之。則立於此社會之人。必用力以教育其子孫。以造充分獨立獨行之素養。且既有種類之職業。自不必世襲其祖父之業務。則土地與資本皆爲社會所有。必求得其職業而後可。且必各自從事其所好之職業。從其所欲而勉勵。以營安寧和樂之生計。則貧富之懸隔。必絕於社會。而社會乃由之而調和。社會之上流。必不敢縱其驕奢。而置人生之悲哀於不顧。而他人之勞力以謀衣食者。亦不至屈服壓抑於富貴權力之下。而後吾人之敵可以除。而後民生之賊可以滅云。

懷抱如斯之主義。以企圖改革社會之社會民主黨。其依托國家以監督其勞働。且要多數之

社會民主主義乃世界主義

保護。以期社會之調和。如曰制限勞働者之時間。（制限勞働時間之長短者。或依其國與其黨派而定之。大抵自十時間與六時間之間。而德意志之社會民主黨者。則以八時間之勞働爲自黨之主義。）曰廢日曜日勞働之制。曰禁止使用未滿十五歲者（或云未滿十二歲者。或以十七八歲爲標準）曰禁婦女之勞働。其餘或就職工之衛生。或遇疾病及不時之災害。而設充分保護之策。本篇第四章之末。揭載比西馬克之三保險法者。亦多採此以爲精神云。

彼等以此種之議論。非僅欲行之於一國或一政府之下。乃欲廣布於社會之全般。不論人種之異同。宗教之差異。皆必蒙其平等之恩惠。於是日耳曼之社會民主黨與墺大利之社會民主黨。亦同抱此種之思想。希望廣行於世界。乃徧傳檄於各州。以開陳其意見曰。

吾人爲全人類開放其經濟上之繫留。匡正政治上之不公平。要求教育之普及。不問國民之異同。人種之差異。男女之區別等。必求一致。今現制度之所以不公平者。以無關係之政治的爲起因。凡全社會之生產機關。皆爲少數之財產家所專有。多數之人民。與勞働者。全爲資本主之奴隸。凡於生產機關而爲其所有者。則於近世之社會。獨占政治及經濟上之最上權。而此生產機關之私有制度。於政治上與國家。依其階級的區別而成立。故經濟上

社會民主主義者希望軍隊的組織之社會

貧困者之數既日增。歷年既久。則人民悲慘之境遇。亦愈陷溺而不可救云。

其言如此。凡單指一國民一人種與以全社會之生產機關爲私有者之制度。皆反對之。而欲變更改革。則社會民主黨。果以如何之方法以改造社會之組織乎。彼社會主義民主之理想。即欲以軍隊的組織。而改造社會。拉沙列之死也。社會民主主義。乃一轉步。漸傾於共產主義。今則雖希望共產的制度之設立。而其奉社會主義之輩。則欲以軍隊的組織。爲社會改造之一方策。彼等之所謂軍隊的組織者。則謂其下曰。人間之才智才能。到底不能平等。既不能平等。則不如以生產機關之全部。而收之於國家。以爲社會之共有。勞働之多寡。與才學之深淺。不相應。則社會更生多少之不公平。此固出於不得已者。然雖出於不得已。則必量其才能智識之何如。各與以適應之地位。智者以馭愚者。能者以導不能者。相互之間。以森嚴之規律。而採調和之策。則社會庶幾於平和。而此等之模型。必依軍隊的組織。不見夫今日之軍隊乎。上自將官。下至士卒。凡才與不才。能與不能者。各以其類而別之。或爲上將。或爲裨將。或爲下士與兵卒。於嚴正規律之下。整然依持其秩序。故人類社會之組織。亦必如斯。各量其適應之才能。才者能者。占於上層之地位。不才者不能者。退服下級之職。各勵其應分之技量。在上者無獨占的制度。而邀幸於世襲之富豪。在下者無終生之勞苦。而沈淪於饑寒之悲境。各自勉勵其才學。或超位於衆班之上。或抑置於衆庶之下。皆量其分而相與。更何懟而何咎乎。夫土地與資本。爲全然社會之共有物。雖有非常之才能者。亦不能積蓄自己之所得。以供生產機關之要。以役使勞働者。以營自己之事業。而下層之勞民。亦不能謂社會上之生產機關。非其所有者。如現制度之下。勞働之多分。皆歸於資本主之所有。而自己雖欲得其一小部分。而亦不能滿足。於全所得之中。將來除去其資本。以其餘剩。悉以各自應分之分配。以增加其割合。其生計之餘裕。欲造恆產而不能。世情如此。故暴動之徒。時有所見。不獨此也。且現制度之下。生產社會之弊。各自逞其私慾之念。以貪暴利。而熱中之極。往往以無益之競爭。而製造無用之產物。不察社會之需要何如。浪費資本與勞力。惹起經濟社會時時之恐慌。爲失敗事業之結果。以陷於家產蕩盡之悲境。更延及勞働者一層之大不幸。若以軍隊的組織救之。則此等之弊害。決不發生於此社會的制度之下。何以故。此制度者。爲社會上唯一之資本主。以求社會共同之利益。應其需要之多寡。以從事於物品之生產。如彼以無益之競爭而製造無用之物品者。則決無之。卽以此等無益之競爭之資本與勞力。轉謀其餘有益之事業。以謀全體社會

社會民主主義之評論

社會組織與軍隊組織之欠點

之繁榮。以謀全人類之滿足與幸福。社會民主主義之計畫如此。故其目的或能達之。然此亦不過社會民主主義之理想。爲全然無稽之議論。其爲勞民要求短縮勞働之時間。切望衞生及道德之改善。主張禁止婦女幼童之勞働。企圖勞民一切敎育之普及等。皆爲學者與經世家之所贊同。苟試之於事實之上。誠爲適用之計畫。如彼之工業條例。如同業組合。其制定之目的。亦多採用此等之議論。爲保護勞民之實舉。此等之目的。其成功何如。雖未知之。然彼等既造此點。自謂必達其目的。至如生產機關爲社會之共有。以廢絕土地資本之私有制度。此固凡社會主義者之所常唱道。未足以動世論者。但其以社會之組織。改用軍隊的制度。以嚴正之規律。支配萬衆之擧動。其果能實行與否。則未可知。蓋軍隊之中。所必要者上官之命令。與絕對的權力。故對其下也。以壓抑與專制爲支配軍隊之精神。若夫社會之人民。豈能忍此等之壓制。甘此等之專制。爲順從上意而行服從主義者。則彼等之計畫。亦無實演之期。而且喜自由、愛平等者。人間之本性。其屈從於無限之拘束。無上之壓抑。其終不能耐。可想而知。吾人於彼以社會的組織改造爲軍隊的制度。斷信其目的不能終達。加之彼等既反對於現制度。絕叫保護其勞民。慰其不幸。憐其壓抑。以切望一切之自由平等。而社會之抑壓專制。不與彼等之目的相反背乎。逃一方之抑壓。而受他方之專橫。求一面之自由。而購其餘之不自由。假令其理想。雖能貫徹其目的。而其結果。終至現出窮屈不自由之社會。是社會民主主義之議論。其理想雖云如此。然終未能得吾人之首肯也。

附言　社會民主黨之運動。及其現狀。與第四編『歐美諸國社會黨之現狀』相參照。

第三章　國家社會主義

國家社會主義

保護勞働者。以進人生之幸福。弛貧富之懸隔。謀社會之調和。於生產界抑制資本家之跋扈。救濟可憐之勞民。舉行其他政治及經濟上百般之改良。依賴國家之力以達其目的。是卽國家社會主義之持論。

國家社會主義對個人社會主義及社會主義

然則國家社會主義者。非如其他之社會主義。必以貧富均一財產平等及絕對的平衡等爲目的。全滅財產之私有制度。收之於社會之手。舉其生產事業。一任之於國家。不過彼等之希望。任放一切萬事與自由。以保護干涉之。於妨個人之自由。阻礙民業之發達者。則唱自由主義之議論。抱絕對的反對之意見。必以國家之保護與干涉。爲民業發達。而除其妨害。或獎勵之。或監督之。以期生產社會隆盛之氣運與作爲。於現時之生產社會。一面抑資本家之暴富。

解釋國家社會主之經濟學

一面救悲苦之勞民。以國家當然之職務。而斷行之。依個人主義之議論。以國家之職務。限制其不平。以擴張社會主義。不問事業之種類何如。必以國家之權能干預之。以求至當。蓋於個人主義者。一面則爲個人而抑國家。限制縮少其權力。以希望個人自由之進暢。於社會主義者。一面則爲社會而抑個人。減少個人權力之發達。以期社會之調和。與國家之安寧。而屈服之。兩者之所論。如冰炭之不相容。於社會則全然抑壓個人。奪其事業。收其資本。於國家則以個人爲國家之奴隸。而爲社會人生求補救之方策。是卽國家主義之議論。

不獨此也。國家社會主義者。於經濟學上議論之根底。與自由主義。全然而異其趣。英國學派之經濟學者。其解釋經濟學。斷定爲『富』之學。與國家社會主義者。以『人』爲斯學之基礎相反。如洛希野陸所謂『經濟之發起點與歸着點皆注重於人』云。卽其證也。故彼等以斯學而研人間社會學之一部。以涵養其德性與智識爲目的。而及倫理學之一部。若夫主張自由主義派之議論者。以富之生產求適用之手段。爲經濟上之正理。希望經濟社會之發達。與健全。蓋人之最熱望者。利慾之念愈高。則利己主義之活動愈旺盛。乃獎勵自由競爭。以爲優勝劣敗天理之應用。而謀產業社會之發達。苟社會之人類。極其充分自利之見。則利慾之念愈高。

則經濟界之進步發達愈速。凡害其自由。阻其競爭者。凡一切之法則。全然排除之。各自以利己主義之活動與自由。以釋其束縛羈絆。逞其自利私慾之技。卽爲生產社會之好手段。經濟社會之發達者。皆由之。其論如此。蓋自由放任主義之經濟學派。與福利主義經濟上之指針。皆感獎勵自利心之發達。於經濟學抑貧拔富。斷定其爲無慈悲之學問。適投彼等之所好。然彼等於社會以自利主義之支配。重置於倫理之上。故其產業社會大勢之結果。其傾向往往抑貧者以利富者。苟非認其干涉。則愈助貧富懸隔之趨勢。則下級賤民怨嗟之聲益高。其勢如斯。有必然者。今於產業社會。純然爲自由競爭之發達。此等經濟學派之議論。於不知不識之裏。而唱無慈悲之說。放任個人之私利私慾。以謀社會之調和。終難達其慾望。於是此派之本據者。英國乃欲施行職之條例、土地規則、貧民法等。各種之法律。以講貧富調和之策。以試解釋社會之問題。蓋人既爲社會之一員。於利慾之念。則必多少抑制之。依於倫理公道。以養成克己之心。非議排斥道德上不正之行爲。於經濟上。每以反覆之勸誡。於利已主義之發動。加以多少之限制。於國家社會主義。以解釋經濟學與倫理學之一部。調和社會主義與個人主義以保其平衡。職是之由。彼等乃圖多數人民之利益與幸福。殺個人之利益。增社會公衆

國家社會主義之經濟學研究之方法與歷史的

之利益。雖以私人之事業爲犧牲。亦所不辭。

故國家社會主義者。雖於經濟社會之發達。全然放任其自由。而謀幾多之保護。與干涉之必要。然究以如何之事業。而與以如何之保護。以如何之事業。而與以如何之干涉。終未嘗確立一定不變之定則。其所以未立者。蓋其不能確立也。彼英國學派之經濟學者。說明經濟上之原理。與一定不動萬古不易之眞理。無論於何時何國而用之。可信其決無謬誤。若如彼等之所採彼等經濟上之議論。以彼之自然法。決非千歲不易之論定。或從時勢與國土之異。而異其適用於一國則爲眞理。於他國則爲悖理。今日許爲正當之方策。百年之後。漸漸而成不法之所爲。凡諸般之事情。而欲以抽象的之論斷。確立千古不磨之法則。於經濟學上。到底難望其信。故欲以經濟學之原理。定國家應用之政策。稽其歷史而察其國既往之狀況。又再統計其現在之時勢。必彼此參酌。以規定適用之法則而後可。要之彼自由主義派。與經濟上之議論。與世界的斷然相反。彼等乃判定國家的從其研究之方法。兼採其繹演的。以定理論上之事實。先採用歷史的之方法。蒐集事實。然後加以理論。蓋此等之兩派。其學理之根底。與其基礎。本有相異者。故其學理研究之方法。亦不能相同。其結論之歸着。不能一致者。無足怪也。

哇科渥陸之學說

國家社會主義派之中。其最有力者。爲希可托列陸及哇科渥陸。以歷史的觀察。而解釋諸事物。如哇科渥陸者。論國家之職務。及其範圍。亦反對彼之限定千篇一律之法則者。曰『政府之權利。所以確立一定之原則者。不過自其從來之經歷上而規定之。』故彼一面於國家對社會萬般之事物。立全然受働的之地位。以非放任之論。其餘之一面。則加以極度之保護。而主持不容不干涉之說。卽彼立論之脚步。確認社會及經濟上現制度之設立。且保存現行之法律。以企社會之進步發達。彼之企圖社會改革者。先欲改善勞働者之狀態。而欲改善勞働者之狀態。則國家對國家之活動。必加一層以保護救濟勞働者。或干涉製造家之事業。縱或奪其事業以爲國家的。亦所不辭。且更以自活自營之說普及而勉勵之。其對悲慘之勞働者。亦以此道而求其改良。然而自働自食者。實天下之眞理。彼徒依賴國家之保護。社會之救濟。以勵其其勞働者。故彼之所素望。亦認自營自活之正理。而獎勵其手段。今日勞働社會之狀態。功不足以償其勞。故其生計。易至窮途。則如何以自營自活之方策。以收救濟之功。於是彼乃以團結合力之機。試辦同業組合及合資組織於日耳曼國內。欲於社會改良之上。而收幾多之補益。然其時因勞民之團結聯合。頗有欠點。其結果遂起資本主與勞働者之爭鬪。然當

自由競爭之利害

今日資本主之跋扈。於生產社會之事業。幾爲其蠶食所盡。可謂之爲眞正之自由競爭。其對勞働者同盟團結之手段。於必要之際。則不得不以同盟罷工應之。亦誠有不得已者也。且當資本之權力旺盛如斯之時。其抑制勞働者之自由與阻礙其同盟團結等。則必以國家之權利。與國家當然之職務。以匡其不均一。防其暴動。責其不正。亦固其所。今因窮迫而欲赤手而援勞働社會。以脫資本主之羈絆。而歸復生產社會之自由。終難達此目的。於是非以國家救濟之。終不能貫徹而沐自由之恩惠。故干涉生產事業者。爲此事之必要。則如自由之競爭。其益亦大。於生產社會。實惟唯一之好組織。故彼等之所採。以自由競爭爲生產社會萬事之主宰。而至今日雖有多少之利益。而倍蓰之弊害亦由之而生。目之爲自由競爭之害者亦不少。是過去之實事。以自由競爭爲社會組織之明證。乃不得已。而抑之壓之。欲斷其自然之趨向。加以無限之限制。復借國家之力。以掣其肘。永無達其希望之期。

哇科渥陸之倫理說

旣用國家的裁制。哇科渥陸又謀倫理之發達。依其指導。以期社會改良之功。依彼之說。於生產界以勞働者之勞力。依其賃銀而推定其賣買。而斥不倫理之甚者。如顧者與被顧者之關係。生產者與消費者之關係。以及人與人之關係。苟不測定人之勞力。而以其餘之物品。以一

增加收入勞働者二樣之方法

樣之價格。而定其評價者皆斥爲殘忍之苛法。以文明之進步發達。其功多出於勞働者之勞力。而彼等之蒙其惠澤者甚少。僅於利益之分配。畧得最少之價資。若能計算彼等眞實之功勞以公且爲彼等而授以高等之敎育。則彼等亦可對有形的福利之分配。而要求多分之權力。質而言之。生產社會者。爲事業之所產出富者之大部者。彼等以當然之所得而自取之。然必先變現時不公平之分配法。如何而使富者之多分而爲勞働者之所有。則不外於兩策。其一則以多數勞民之勞働者。增加於生產社會之收入。然是策也。則又有不安者。假令以現今生產收入之高者。從而增加勞民之利益。則歲月旣久。何以處之。哇科渥陸乃再案出一策曰。『增加勞民之利益。卽以資本家所得之幾分而分與之。質而言之。以致下級社會之地位而揚之使高。以減殺上級社會之利益。如其利子、其所得、其地代等皆可割其幾分以配與勞民。且曰減殺其如斯之利益。以分配勞民。則上級社會對之。必訴爲不法。何以故。上級社會與下級社會。分與其所得。則下級勞民與上級社會之交涉者大殊。其輕重難易非同日之比。假令上級社會分與其利得之幾部與勞民。其地位與資產。勞民亦得兩者之優利。』故哇科渥陸之利益分配法。與純正社會主義之利益分配法。頗異其趣。蓋社會主義者。以希望絕滅社會貧富不平衡之根底。而哇科渥陸不過低減其度而已。
更研究哇科渥陸所主張經濟上之意見。彼欲增加勞働者之賃銀。以高漲其生活之地位。而短縮勞働之時間。以備其心神修養之日。禁止日曜日之勞働。以得倫理及宗教上之素養。欲得機會而要求之。且以國家實行之手段。豫規定勞働之時間。定嚴密監督之方法。以杜反對之意見。若勞民議會者。則謂之爲仲裁局。爲新設之機關。以上之諸件。必由監督之議決。凡監督勞働之時間。及其狀態者。於勞働者之衞生。有至大之關係。如日耳曼所施行之現行職工保險法。實爲哇科渥陸之所首唱。其初彼之創此法律也。蓋以關於疾病老衰及不慮災害等。於職工社會。創此法律以安之。且更希望賃銀契約之公平。而勞働者使役之契約。必以年爲限。若於解顧之時。政府當任其充分之保護。乃更採用洛度衞陸他斯一派之說。凡勞働者。以生產的組合與組織。而易勞働者爲企業者。咸取之於資本主。更借國家之勢力。或鑛山事業等。舉變更爲勞働者之合資的組織之例。又變更私人之事業。改爲合資的組織等。其所主張者。大抵如此。要之此種之議論。不外於抑制資本家之權能。置勞働者於最高之地位。又就生產之方法。而爲勞働者盡其忠謀。以限制資本主之權勢云。

救濟勞働者之一方法

更有救濟勞働社會之一方策。卽關於勞働者。減輕租稅之割合。是也。蓋哇科渥陸於租稅之種類。乃主張間接稅之論者。其摭擇之課稅品。與勞民之有關係者不尠。如穀物麥酒珈琲鹽及茶等之租稅。則輕減其稅率。而對富者奢侈之物品。則稅率極高。且全廢勞働者之直接稅。而課中級社會以適度之直稅。又定其所得之稅。依各自之職業及勞働者之所得。而減輕其稅率。於地代及利息等。則對其所得。而課以比較的高稅。於關於何等之所得者。卽以是等之租稅爲率。而以累進之法用之。又課其遺產相續者。爲相續稅。其稅率則取之於遺產相續者。依其血族之遠近親疏。與遺產額之多寡。各異其等。且對其遺產者與相續者之血族。皆疎遠之。國家不認許其遺產相續之權。而其所得之方法。若穀米之取引若株式之取引等。如對投機者。而賦其過重之租稅。

不動產之哇科渥陸之學說

哇科渥陸又論定國家之干涉權。及講究其課稅之方法等。與國家社會主義之議論。毫無所異。其關不動產者。彼所講究之議論。益無國家社會之所說。而得感悟之一致。哇科渥陸承認沙卑意及拉沙列之所說明既得權之學說。其對財產各種之契約。必剝奪之。以別定適當之條項。以要求於社會。何時實行此條項。以得變更社會之所有。至於此時。乃以適當之報酬。而與其前所有者。雖認拉沙列之說。而與拉沙列之意見。不無少異。又其絕對之土地所有權。亦與沙摩度陸之說相反對。以爲土地者得於人間之製造。雖一寸之地。一尺之地。非人力究無如之何。夫以人力之所關者。必與其私人以絕對之權利。決非以公衆之利益。而得至當之處置。人之欲保其生命者。必借生產力從事於物品之產出。故彼對土地之私有制度。雖唱議而排斥之。而於土地國有及土地共有之制度。亦唱道爲社會之好制度。而欲其實行。依其財產物品之狀態。或爲私有者。或爲社會所有者。又有於其所有認許爲兩者之便宜者。舉其未來之經歷。及社會之狀況。依其方法。類別其爲公有與國有之土地之種類。附記其理由於左。

國有土地之種類

第一

第一　風土及財政上之理由。凡森林者。必爲國有與公有。　日耳曼森林之大半。悉爲國家所有。或如一州之制。依其歲入所得之大部。爲國家之公共團體。天然的收入之夥多。凡其土地所有者。同時而增加國庫之收入。以輕減一切之租稅。

第二

第二　耕地之小者。不妨爲其私有。至其大者。則禁止其私有。　蒐集土地於少數者之手裏。於公共上之用益。漸減少其傾向。其多數之小耕地者。則集之於少數之大耕地。而爲大地主之所有。俾得支持其比較的多數之人民。而國家則分割大地主之土地。以配與自作之農夫。

第三
第四

第三　都會之土地爲私有者。乃最危險。何以故。一以不便衛生之因。二以奬勵不德義之投機業。以社會之公益而歸於富豪地主輩之專斷。　都會之土地者。殆有獨占的之性質。故其價格。亦漸次的上騰。爲地主者要求法外之地代。至人口之增加。事業之發達。以及土地暨家屋。一依投機的之計畫以爲成功之目的。而肥投機者之腹。哇科渥陸以此類之投機業。爲經濟上不正之行爲。亦爲道德所不許。且斷定爲誤用所有權。而欲除去此弊害。必奪此土地與家屋於一私人之手。而爲社會公共之所有。但此等土地家屋。爲社會之公有者。或以此兩者而置於地方廳之管下。與人民之適宜之貸與。又土地既爲國家之所有。則土地家屋。必任地方廳之支配。不能出於二途。社會之組織。果至於斯。則投機者事業之盛衰。人口之增減。及不法暴戾之作用。皆不得施其技。而土地及家屋之價格。亦常保其平準。若必移兩者爲國有與公有。殊爲難望之事情。以時價對租稅與土地家屋之賦稅。採其利益。以供天下公共之使用。

第四　道路鐵道運河等之交通。必爲國有。或爲公共團體之所有。　鐵道之布設者。其目的收益不少。非僅謀利之途。若經營配當金目的之事業。必求其完美。以謀公衆之便益。爲最後之目的。其事業之性質上。當然而爲國有。且既爲國有之時。其對投機業以止壟斷私利之弊。

第五 國家事業與生產事業之種類

以其所生之利潤。增加國庫之收入。於交通行政。出於一途。於軍事上亦大有益。

第五　石炭鹽等日常之必要品。與產出之礦山。亦爲國有與公有。　就中工業社界之食用品如石炭等。爲社會必需要之件。今爲私人所有。擅其專占。於社會之公益頗多不利之憾。然如金銀鑛等。必得多數之勞働者。與精密之監督。與其國家自營其業。不若移爲民業之利益。

以上哇科渥陸類別爲國有與公有之不動產。彼更類別其生產事業之性質。依其如何之種類。必歸於國家之經營。如列拉特及煙草等之製造。必爲國家之獨占。不獨於財政上有絕大之關係。於社會風紀之上。亦有至大之關係。其餘於國家的事業。如保險事業等。亦籌適當之計畫。蓋此保險事業者。不僅擴張生命之保險。凡及動物產之保險。皆所注意。蓋社會者。必受至大之便益。庶幾保公衆之安全。此種之事業。固可以個人營利之目的以營之。然以個人與國家比。其利益又相懸絕。一則可保其事業之安全。二則節減莫大之經費。何以故。對社會信用之厚者。雖如何富豪。無出國家之右者。且國家的事業之性質。與個人的事業之性質相比較。則貯藏純多之利益。以所餘之配當爲必要。

哇科渥陸對國家及社會所要求改良之諸點。如上所述。而其議論。直與國家社會主義。毫無

國家社會主義即講壇社會主義之起因

所異。若置哇科渥陸於國家社會黨中之地位。殆無異其代表者。而其意見相同。共把持其黨派者。如科陸他斯、希野賀列陸、及亞度陸列海陸度等。於國家社會黨之中。錚錚名於一時者。皆與哇科渥陸同時同受日耳曼各大學之教授。各自以其懷抱與學說。以教授其學生。於是唱道此主義者。學者與學生之間。大增其數。世界乃附之以講壇社會主義之名稱。

講增社會之起因者。當既往二十餘年之時。當時世人嫌惡社會黨之情甚熾。目之爲破壞安寧秩序者。羣相論難。哇科渥陸一派之經濟學者。於世之所謂社會問題。獨認識其存在。熱心以解釋之。而講究經濟學上之實地問題。遂成一派之學說。與作爲然反對此議論者。與其餘之經濟學者。皆冷笑嘲罵。以當時世人之所嫌惡社會黨之名目。遂附之以講壇社會黨之名。蓋當時世人所常用之語。彼等亦甘用之。其說置重國家。又稱之爲國家社會黨。（第四編第三章叅照）以學理的研究之基礎而成立國家社會主義者。與其餘之社會主義大異。決不發荒唐無稽之議論。又不希過激疎暴之改革。徐行以圖進步之經路。漸以達其目的。而其目的所在者。國家之事業。必求與年而增加。以縮少民間之事業。質而言之。移私人之事業而收之於國家之手。哇科渥陸述國家之定則。不外說明此種之理由。其言曰。『政府所執之事業。每隨年而增

國家社會主義之改策

加人口之增殖。與社會之進步。相依於政府之事業。以爲擴張增加之基。然必察各國政府之狀態。與國家事業增加之度。與人口之增加爲何如。如英國之例令。千八百四十一年之公費。與千六百八十五年之公費相比較。增加約四十倍之多。人口增殖之割合。僅不出三倍以上。是政府之事業。所以明示以年年增加之明證。而民間之事業。歲歲自見其減少。其勢之趨向如此。於是民業漸變爲官業。私人之資本。皆移而爲國家之所有。吾人之希望於國家社會主義者。則共時運而進步。徐徐乃得實行於社會焉。

國家社會主義與國家

以如斯國家社會主義之議論。較彼等向社會而施急激之改革。尙覺易於實行。故各國之政府。採用社會改良之政策者。亦不少。如德意志現行各法令之精神。以此說爲基礎者爲尤多。其宰相卑斯馬克。本此議論。千八百七十八年。以關稅改正法案提出於議會。次則如煙草專賣法案及編制三種之保險法案。（委細與次章參照）亦明示以國家之權力。使用民間事業之實例。近來德意志之政策。採用哇科渥陸之思想。尤爲顯然之實事云。不但德意志如此。假令無論如何確守任放主義之政府。欲求社會之改良。則於不識不知之裏。必借國家之力。試問今日之政府。何故而設立衛生會議。干預勞働者日常之衛生。又如工業條例之編制。及工塲監督之緊切。將於電信郵便及教育等之事業。凡民業之不適當者。皆將干涉之。則政府之職務。專以解釋消極的其行動不可狹隘。而限於範圍之裏。其此等之計畫。於無用之事業。則免其不正之干涉。所謂無用之事業免其不正之干涉者。僅電信郵便等一二之事業而止。如鐵道運河及教育等。諸般之事業。必經營於政府之手。卽今日各國之狀態。可想而知。於是國家社會主義之理想。其一部之目的。業已貫徹。吾人可斷信其可由此而擴張發達云。

惟其然也。故以國家之權力干涉私人之事業。扶貧者弱者整理富者之分配。解除勞働者之困厄。既如斯矣。而以如何之法則干涉之。此則未易明答。而爲不容不疑問之問題。蓋國家社會主義。以經濟學爲目的。而講究富者分配之理。必以最高等之倫理學解釋之。而國家之干涉權。與工業之監督。及其餘一二之事業而止。而不能干涉其他權。彼等既各滿足。且無下級賤民之利害休戚。表其同情。移富豪獨占之事業。爲多數人民之職業。以干涉之法則。抑制其一方。以救助其他方。質而言之。則依國家之權力。抑富者以揚貧者。以維持社會之調和。與經濟社界之平衡。同謀公利公益。以道德之感念。加於其間。涵養其高尙克己之美性。爲比隣相扶助之計。復人間之本性。與社會之本義。能致此善與此美者。爲國家對社會之最大職務。蓋

國家社會主義現今之地位

國家者。爲人間偶然組織無意味之團體。其本來之性質。必有至聖至高者。始能爲萬事之主宰。而爲萬衆之望。如敎會之望其信徒。依神意之發現。謀德義之涵養。故國家亦與敎會等。其爲人間道德之指揮者。共享天帝之司配。咸有謀社會之進步。與完美之職分。試思自有國家以至開明之世。其歷史孰非如此。過去者旣然。則未來者、亦必依國家之力。以謀社會之進步發達。可測而知。故敎授希野賀列陸曰。『國家者、以人類至高之敎化訓育、與道德的所組織者也。』希野賀列陸之一語。是爲國家社會主義之理想之國家。

其國家之改釋。旣已如斯。故其社會改良之方策。必主張以可成國家之權力。以干涉私人之事業。而謀其大利益。然彼等不願行急激之改革。生現組織非常之變更者。蓋欲漸次開發人心。養成智德。望平和之手段。以施行其改策。而達終局之目的。雖費無限之歲月。亦所不辭。而以秩序的進步之徑路而冀其成功。

要之國家社會主義者。其視國力之權力爲萬能。欲依賴其力。易於處理萬事。以舉行諸般之改革。然此等國家之萬能主義。果從而深察之。其說不免於謬誤。卽如其自由競爭於社會之上。其弊害不少。卽國家萬能主義發現旺盛之時。亦不免多少之弊。然較之其餘之社會主義。

或涉於過激麤暴。以紊亂秩序安寧。或述荒唐不稽之說。以爲識者所嗤笑。或雖唱道新學說。而其實行多迂。凡社會主義者。比比皆然。獨國家社會能開拓經濟學斬新之一新派。嶄然發表其旗幟。其議論亦最適時勢。而實易行。德意志及其餘之諸國。皆應用其實地之政策。眞爲國家主義之特色。故此主義者。於各種之社會主義中。斷定其爲特出。洵非虛譽云。

第四章　比西馬克之社會政策

如前章所記述。國家社會主義之發生地者。自德意志始。而採用此政策者。亦以德意志爲最多。故吾人欲講究此國家社會主義之學理。則必次述德意志如何應用此主義。而實行之者。則卑斯馬克其人也。

卑斯馬克者。爲社會黨之深讐。鎭壓社會黨之令。實出之於彼手。社會民主黨遂爲彼所壓服。而卑斯馬克至蒙竊盜草賊之汚名。（委細與第四編第二章參照）然彼獨當實務之衝。而總掌國政。其終生之經綸。多傾注於社會問題。其策畫考案。盡非常之辛慘。胸中熱血之所鬱結。乃布社會黨鎭壓令。與民主主義之黨。與加一苛刻之擊打。其畫貧民救濟之計。而期社會改策之實行。其對社會民主黨。雖視爲賊子。然時或借一臂之助力。夙夜鞅掌於國事。衷心注念於國家。其外交上

卑斯馬克對國家之觀念

則用其大手腕。發揚國威於中外。內治經營之功亦甚多。故卑斯馬克者。本為一代之人豪。與稀世之大政治家。故彼之計畫。其一面則講究社會改策。而其勇才智畧卓越一世。可察而知。

卑斯馬克之社會政策者。與國家社會主義之說同。依國家之力。以期改革之成就。彼於自由放任之經濟主義。則所最反對者。其所信者獎勵社會之發達。以期於健全狀態之下。盡國家當然之義務。若生社會變動之狀態。而與不均一之傾向。則國家有調和恢復之任。若僅維持公衆之安寧。社會之平和。尚未為盡國家之職務。蓋僅能於人民團結包合於無事平穩之裏。而營日常之生活者。僅為半面之義務。而改善其狀態。啓發而誘導之。其餘之半面。尤為國家最大之職分。於是國家者。以干涉私人之事業為必要。遂有或束縛其行為。或掣肘其事務之舉。故國家而欲眞為社會而謀其改良進步。如干涉生產事業。束縛私人之行為等。決非不法之舉動。乃國家對社會之義務。約而言之。國家之職務者。以消極的而為積極的。以受動的而為他動的。故國家為貧民之謀。而講其救濟之法。或以支出之國財。而去少數私人獨占利益之弊。為圖其均一之必要。以收其事業於國家之手。亦非不正之舉。要之當社會改革之衝。企圖國利民福之增進。匡正社會之不平均。而保其平衡。以圖其進步。而勉其改良。皆決之於國家權能之上。以干涉爲義務。而不嫌其越權者。是卽卑斯馬克之持論也。

煙草專賣法案

卑斯馬克對國家之觀念。旣已如斯。彼爲國家之要衝。三十年間。其所計畫。社會政策實行之方法。概依國家事業之經營而成。或出鐵道國有之議。或畫煙草及列拉特專賣之策。又案出有名之三種保險法。而以上之諸法案者。皆以國家爲主。以經營是等之事業。千八百八十二年。又提出煙草專賣之法案。抗議之者。議論沸騰。辯難歷許久。彼依前述之理由。以經營國家之生産業。爲此等之事業。雖卻奪於私人之手裏。確信其非悖理。其觀察社會經濟之點。識認亦極其緊切。以圖國家歲入之增加。與財政整理之完成。國家自任專賣業者。其効頗鉅。故提出議會。以要求其協贊。然當時之國論。未認國家事業之利。反對其爲不穩者頗多。審議講究。歷時頗久。先是政府命任命之委員。以煙草稅率之問題。共專賣問題。同附審議。委員先請否決其專賣法。與歲入不足之塡補策。課烟草以重稅等。以待決議。當時委員之總數十一名。有八名之官吏。與三名之實業者。（一名爲煙草製造業之代表者。一名爲煙草耕作人之代表者。一名爲煙草販賣業之代表者。）而普魯西大藏省代表官吏之委員。於專賣法。反對者三名。贊成者得八名之多數。時急激黨領袖利嘻拉陸。於當時之議會。提出『所課煙草現行稅。

社會政策與卑斯馬克之意見

以上之商稅。及實行其專賣法與經濟上財政上政治上不正之處置』之決議案。而察人心之趨向。以覘其對煙草專賣者何如。

專賣法實施之件。國內之異論。益熾反駁攻擊。愈出愈劇。專賣法將來之運命日非。然而卑斯馬克尚確信其專賣法之利益。毫不異其主張。其對社會政策。開陳自己之意見曰。『爲社會多數之幸福。吾人所採用多數政策之中。偏於社會主義者固不少。然吾人於社會改革之方策。或躊躇而採用社會主義。咸奪人民之土地以與其餘之人民。其與專賣法之施行相比較。尤爲一層過激社會主義之政策。故吾人今日採用此等之政策者。爲社會莫良之策。何以故。蓋因此而增中級社會之安全。復得勞働社會之改善。吾人之所望者。豈獨專賣法之施行乎。今日之社會主義者。四面楚歌。以敵社會主義實施之政策。改良之日。殆不可預期。余自身得以目擊其實行與否。亦不可測。然諸君試思。爲國家企圖善策者。必須計畫其適當。如爲農夫而伸張自由者。目之爲社會主義。爲國家而主張收賣鐵道者。亦爲社會主義。獎勵水道規則之普及。爲一般人民講供水之途者。亦爲社會主義。要之社會主義者。凡講究貧民之法。唱義務敎育之普及。强行道路橋梁之建築者。諸君皆以『社會主義之語。以戰慄人心。若抱奇異之感覺。而故爲警語者。諸君之反對者。非爲余不保立脚之地步。而余之言。不能作退嬰保守之觀。吾自信爲不能變更此地步。蓋以爲吾帝國之立法之必要云。

議會仍無贊成卑斯馬克之社會政策與否決煙草專賣法案之意。於是卑斯馬克更提出決議案。而加修正之。並審度其文字。對專賣法而必許政府之主張。乃得百八十一之多數。而反對者仍有六十九人。專賣法之議仍不決。乃開普魯西之經濟會以議之。是會也。以千八百八十年十一月之設立者。蓋欲表發贊成政府之意。千八百八十一年十一月。政府布發勅令。以辯護專賣法之利益。曰。近年將圖租稅之改革。其向後之手段。欲得間接稅豐富之財源。政府依之。全廢直接國稅。減輕貧民之租稅。與學校之授業科。又輕其土地及人口稅之附加。其過重之直接輸入稅。亦漸減少。而對此改革確實之財源。徵之近鄰諸國之實驗。於煙草專賣法。皆認爲最適當者。故欲立帝國之團體。必須裁決。以企圖其實行。

卑斯馬克既諸般準備。乃提出煙草專賣法案於議會。今錄其數件之條項於左。

一　製造原料煙草及製造精製煙草。必得政府之認可。乃得於製造場之外營之。但煙草耕作人所自手製者。不必官許。而得營業者之製造不在此限。

二　政府發賣之製造物。並其所製造者。於煙草以外之用物。得以變造刻煙草捲煙草及臭煙草等。

三、得政府許可製造煙草之人。專賣法施行地販賣之外。不得販賣之。

專賣法提出之理由

千八百八十二年五月十日。爲該法案議事日程。其開第一讀會。卑斯馬克於席上。未及說明。衆論紛紛。未能了結。六月十二日。及開第二讀會。卑斯馬克於議院出席述其提出法案之理由。以開陳自己之意見曰『專買本來之目的。不過專賣夫自身之弊害。吾人之所認識者。然此法案與搜索其餘之稅源。及實行諸般之改革。爲第一著之事業。故吾人特敢提出之。而欲速決可否爲第一之問題。專賣法之弊害。與其餘諸稅則之弊害相比。孰大孰細。盍講究之。』

煙草專賣法之否決

乃更續語以示自己之決意曰。『吾人審議講究之結果。已認專賣法之利益。玆故提出之。然對此法案。無論輿論之向背如何。吾人皆無所關。何以故彼輿論者時時刻刻。其變轉無極者也。』卑斯馬克之烱眼。已早窺破議院反對之形勢。同法案之運命。心竊危之。旣而果然。四月十四日。贊成者僅四十七。反對者乃二百七十七之多數。不能決之。然卑斯馬克已豫知其結果。故毫無失望落膽之色。

列持拉專賣之否決

卑斯馬克之煙草專賣法。既已失敗。於是彼更講究列拉特之專賣法之可否。以煙草專賣同一之理由。於千八百八十六年。提出此法案於議院。議院亦以煙草專賣同一之論鋒而非難之。又不能決。且於歲入之欠額爲塡補之財源高其稅率之議。亦未爲妥。彼乃再向專賣法之實行。屢經計畫。而究未能達其目的。

二種之物品皆不能得專賣法之施行。卑斯馬克以輿論之反抗。不能達其意見。於是社會改策實施之計畫。其目的愈有難達之時。然謂彼之社會改策。全然歸於失敗。則亦未然。蓋彼之專賣法雖失敗。而保險法之實施竟得成功。鐵道國有之實行。亦得着手。其計畫一部之社會改策。爲實行於天下之機。

鐵道國有政策及其理由

鐵道國有者。爲社會改策之一。卑斯馬克之所深研究者也。千八百三十八年。編纂普魯西之鐵道規則。其精神則採英國之鐵道規則。以私設鐵道之原則而參酌之。政府則任命監督。自營業開始後。經過三十年。其前五年、平均之利益不過僅有以二十五倍之價值。收賣之特權。自後八九年之間。民間更與十二大鐵道會社。於是鐵道事業。徐徐着手。世漸入於鐵道繁榮之時代。政府助其事業之完成。或保證其利益。與補助其事業。並以多數之國財。附之於鐵道

德意志鐵道行政之爭狀

會社。至千八百七十八年。向政府支出之全額。殆出三萬磅（三百萬圓）巨額之上。於是無數之小鐵道會社。勃然繼興。鐵道之布設日進其步。其統轄之方法。漸流於龐雜而失統一者。乃從鐵道線路之延長。年年倍增其利益。交通之頻繁。共之而加。乘客貨物。亦益益增加。鐵道營業之種類。亦甚多。故政府統馭。極其不便。旅客之手數。亦謀統一之道。以求鐵道行政之完全。共社會文明之進步。皆認以爲急務。加之補助其事業。保證其利益。誘導其發達。鐵道之事業。愈益旺興。今爲最大事業之一。其性質漸顯獨占之姿。爲少數私人。供其利益專占之機。此卑斯馬克所以主張社會政策之一以鐵道爲國有也。蓋其唱道斯論者。由來已非一日。千八百四十七年之時。彼既唱鐵道國有之議。以求輿論之贊同。千八百七十八年。發布鎭壓社會黨之令。於是彼之政策。明係襲用國家社會主義之議論。鎭壓令發布以後。一面從事於社會黨之鎭壓。一面則計畫斯論之適用。千八百七十年。普法戰爭之結果。阿陸沙斯洛列二州爲德意志所有。鐵道國有論之萌芽。乃漸顯於德意志。以供卑斯馬克多年所經綸適用之機。然欲統轄全國之鐵道。純然而立鐵道國有之制。則尚未能。蓋德意志當時之鐵道。其組織極其駁雜。管理之方法。殆分六種之差異。即如國有鐵道。其權利全然歸於國家之手。亦其一也。又或私有之鐵道。其監督委之於政府。又如布設營業。共歸於私人之手裏。如陸契西衞陸科者。以私人之布設。其鐵道貨與其政府。而營其業等。又營業及管理之方法。亦非常之亂雜。加以國體與聯邦諸國之合同未成。故此等混亂之鐵道行政。未能全然統一於政府之手裏。以期國有鐵道之實行。雖以卑斯馬克之敏腕。亦不易達其目的。當時評此紊亂錯雜鐵道行政之狀態者。謂之爲『六十三種鐵道的國家。』可知當時之時弊。某記者又謂『自栢林至加陸斯陸海。其各自獨立之私設鐵道線。凡六種。自那斯至可科意斯衞陸科。而欲輸送貨物。其賃銀表殆有百五十之異。其賃銀頗難計算』云。則其臨時之鐵道行政。其狀態如何。可察而知也。

其事情如此。故國內之輿論。其對鐵道國有。亦如對專賣法。其反對之氣燄强盛尤倍之。既而鐵道國有實行第一之手段。新設鐵道歸於政府之議案。千八百七十三年六月十六日。得議會之認許。翌年五月。新設之鐵道局。爲鐵道行政改良之第一者。以發表國有鐵道之法案。此法案者。最惹世人之注意者。還延竟至數年。至千八百七十六年。卑斯馬克遂决意提出普魯西議會一種之法案。『以普魯西州內之州有鐵道讓與於日耳曼政府。附議院而議之。』然而反對者終占多數。始得得兩院之認許。』

鐵道國有制徐徐乃得實行

卑斯馬克之國有鐵道政策。既得普魯西之承認。向日耳曼帝國之各州。訂其充備之章程。移州有鐵道而委於帝國行政管理之下。而聯邦議會。則未能服從此提議故因鐵道國有政策之實行。於是更放膽以圖採用之必要。然如度列斯特沙科西米可哈等。極論委任州內之鐵道於帝國行政之下之不可。斯希托加陸托之大臣。亦極論讓與普魯西鐵道爲變更帝國之憲法。烏陸衛陸科亦唱反對之旨。抗議之者。又盛於一時。

移州有鐵道於帝國行政之下。卑斯馬克之政畧。除普魯西之外。皆表反對之意。其鐵道政策。不能達其目的。於是卑斯馬克。乃決意收買私有鐵道爲著手。自千八百七十九年至千八百八十二年之間。共買收九千五百契洛沙托陸六百九十哩餘之鐵道。其餘二千一百五十九契洛沙托陸八百二十哩餘之鐵道。同時亦離於私立會社會之手而直轄於政府。全國之鐵道。雖未全爲國有。而聯邦諸國。亦以統一州內謀鐵道州有主義之實行。卑斯馬克之理想。乃著現實之進步。

蓋鐵道國有之問題者。不獨爲財政上經濟上之關係。且必於政治上立法上見之。衆論未知所歸著。可否之辯論故未定。故確立國有主義。以統轄鐵道之全者。實非易舉之業。於己身果能期其完成與否。雖卑斯馬克亦不敢豫期。然而日耳曼聯邦者。以州有鐵道一般之原則。再轉一步。則移州有而爲國有之期。亦所不遠。現今（指千八百九十六年）日耳曼國內鐵道之總數。於二萬八千八百八十二哩之中。屬於國有及州有者。達二萬六千六十五哩之長。殆已占其大部。其私設鐵道者。不過二千八百十七哩。而其中百八十三哩。其營業權。仍屬政府之手。彼此合算州有及國有之鐵道。占有全鐵道九割以上。此國有主義之政策。實行於德意志之原因。

與鐵道之國有主義相關聯而起之問題。如郵便電信之行政。以謀交通機關之完全者。兩者之間。必完其連絡。以企圖通信之迅速。然郵便電信之國有主義。既爲各國所承認。千八百七十一年。德意志亦發布郵便條例。禁止私營郵便送達者。千八百七十五年。以發布之條例。而與鐵道相連絡。以便交通。自是以來。通信制度。乃確立於完全。

以上所記述。皆卑斯馬克之社會政策。於鐵道國。有既行其一部。乃更制定保險法。以供社會問題解釋之資。故彼當編纂此法案之時。以關於社會問題而開陳自己之意見曰『吾人聞社會問題之名詞。既五十年。社會黨派之感與生產社會。每因之搖動。歸因於此問題者甚多。故吾人提出社會黨鎮壓令。向世人而講究社會主義發生之眞因。以解釋其誓約。富亦世人所記憶。吾人所未能忘却者。然而社會問題者。素爲至難之問題。以五十年之講究。未能收其充分之効果。及余身果能解釋與否。尙未可知。然衷心所不能已者。如提出保險法案。卽其一也。』保險法案者。以三種而成。第一疾病救助之保險法。第二災害救助之保險法。第三老者及不具者之救助保險法。是也。千八百八十一年。於三種之保險法案中。先附災害保險法於院議。乃先述其理由曰。『上古及中世者。國家自代社會救濟之勞。然今日國家之性質。非前世之可比。其趣有大異者。故國家當然之義務。必立貧民救助之策。以援窮迫而謀下級社會之改良。卽以解釋社會問題之思想。以國家制定此種之法律。而圖貧民之利益。假令因此種之法律。爲救助貧民而需國財者。則由國家富者之濫費。以濟枯竭之財源。其結果也。於國家豈無些少之効。雖依此法律。而謀全然改善其社會。固爲至難之業。則此法律者。尙必有幾多之改良。余所深信不疑者。此余所以提出社會改善之第一著也。』以四月一日之議事日程。開第一讀會。乃遂決議。八十二年。再加改正。添入氣病保險一案。提出於議院。蓋前年之法律案。乃依官吏的而改削。乃除政府直轄與保險局設置之條項。以國家事業。變更政府自營保險之計畫。不問其爲私立國立者。但依其會社之事業及性質如何。必加入以保險之規則。直接以屬於監督。區別災害保險與疾病保險。假令爲災害而不能盡其職者。以其欠勤之日。日

三種保險法之成

在十三週間以內之時。則依疾病保險法而扶助之其以上罹災者。則改正災害保險之制。以扶助之。蓋國家干預此等之事業。而加入保險等。而強行於私人。果爲正當與否。頗爲此法案之爭點。故卑斯馬克又述其自說。以裁斷此爭點。曰『以吾人之意見。援窮迫以救濟國家之賤民者。本耶蘇教的國家之急務。』而於其第二讀會更述自己之主張曰『勞働者之勞働權。自普魯西之民法所規定。勞民有自撿束其過失之職。國家有給以職務之義務。』附於議會之委員。其結果疾病保險法案。八十三年三月三十一日。百十七反對者而得百九十九之多數。議院之會議如此。是年六月十五日。乃發布其法律。至十二月一日。乃見其施行。而此法案。能得贊成所以通過者。急進黨與社會黨議員之力居多。翌年八十四年五月十五日。再上災害保險法案之日程。其二十一日。托附委員之議決。遂得多數之贊成。七月六日。議院通過。至翌年十一月一日。乃見施行。其後於老者及不具者之保險法案。亦以千八百八十九年提出於議會。其六月。乃定其法律。所謂卑斯馬克之三保險法案者。乃全告完成。其救助貧民之方法。與彼所計畫之政策。漸漸乃施於實行。

疾病保險法（千八百八十三年六月十五日發布附則千八百九十三年四月十日發布。

三保險法之大要

此保險法者。以强制的法律。每年收入四千馬科以下者。必須加入此保險。若被顧者之時。其義務皆其地主所擔負。然保險之手數料。可於賃銀中扣除之。於被保險人應得正當要求之扶助料如左。(一)疾病之始。與以自由之醫士之取扱藥料眼鏡繃帶及其餘療治之必要品。(二)於能執職業之時。自發病後三日。每日要求賃銀之半額。非特別者。不得以上之要求。

純然爲家僕及農業勞働者。不在其數。目下被保險者之人數。殆達於八百萬人之多。救助疾病之費。其金額約一億馬科以上。

災害保險法(千八百八十四年七月六日發布)

此保險法者。與病災保險相待。其保險之効頗爲完全。亦以强制的法律。於各工場之勞働者。及年俸二千馬科以内之官吏等。必加入此保險。加之使用一部之器械。與從事於生産之勞働手工。亦必加入此保險。而此保險者。以帝國之保護交互的組織而成。顧主於一地方之各種之職業者。包合帝國全部之職業者。以組織組合之團體。

加入保險之目的者。勞働者於顧主從事職業之間。於不慮之災害。與負傷及死亡之時。則賠償其損害。而此賠償之標準。於負傷之時。則代其療治。其未能從事於職業之時。則支給定額之扶給料。然負傷者若至死亡。其葬禮之費用。與妻子及兩親之扶助料。則支給之。或負傷全愈。及不具者。則支給其勞働者所受年給三分之二之扶助料。若自不慮之災害。而負傷者其初則受十三週間保險之救助自十四週間。則受災害保險之保護。本文概記述之。

扶助料之額。自警察官之撿視後。於其地方之組合團體而決定之。有不服者。得出訴於仲裁裁判局。仲裁裁判局自組合團體之選出委員二名。自被保險勞働者之選出委員二名。以一名爲局長而成。於特別法律之下。審判此種之事件。

其上則爲帝國保險局。爲關於保險之行政及審判等之最高府。保險局者以聯邦議會之推選。受皇帝之勅任。爲終身官之局長。其任命法。則任命數名之高等官。自聯邦議會選出之四名之代議士顧者被顧者雙方之所選出。以兩者同數之委員而組織之。

此法律施行之範圍。年年擴張之。今則百萬之商社員與二百之勞働者。皆加入此保險。依其賃銀而謀生活之勞働者。及每年所得二千馬科以內衣食之小吏。其餘如工業上之管理人。農業上之管理人。與勞働者等。其受此保險之恩惠者甚大。

老者不具者之保險法（千八百八十九年六月二十二日發布）

賃銀及俸給與謀衣食之官吏勞働者等。與受疾病災害兩保險之保護之人。而救濟之。行强制的法律。凡滿十六歲以上。如所列階級之人。必加入之。（一）不問其職業如何。凡有賃銀及衣食之家僕與勞働者。（二）年受二千馬科以下之俸給之官吏與會社員。（三）一人以下之從業。及使役之小資本家。（四）所謂家內工業者等。及其餘之小資産家。皆得隨意加入。

被保險人者。凡老衰之徵證者。滿七十歲。則受養老金。然既支受此養老金者。自其保險料之三十年內者而支出。

凡給不具者及老者之扶助料。及支出顧者被顧者之共同之資金。帝國於各人每年支給以五十馬科之定額料。支辦勞働者與海陸軍之兵役。所服役中之保險料。其餘帝國支辦保險局之經費。免稅保險料回送之郵稅。其餘之經費。以顧者與被顧者同樣之合割。而共負擔。以支辦通常之保險料。而保險料之支拂者。則顧主擔任之。更購求保險切手。（郵便切手之類）貼附被保險人之受取賬。以便保險料支拂。故此切手者。於隨處之郵便局及郵便切手賣下所皆販賣之。

此法律施行之結果。於八百九十一年。授與年金十三萬二千以上。併六百有餘萬馬科之政府補助額。又支出千五百三十餘萬馬科之金額。其保險切手賣下者。收入九千五百萬馬科。

卑斯馬克之社會政策。其專賣法雖失敗。其保險法則成效。如鐵道國有者。今將爲實行之期。其對勞働問題。與德意志社會之嚮背、及社會黨之運動、於卑斯馬克之社會政策。雖相關聯。吾人於後編始記述之。與第四編第二章參照 今於其對此等之問題、及社會之趨向、與卑斯馬克之態度。今茲不贅。

第五章　基督教的社會主義

『愛汝鄰人如愛己』。此基督教之根本的理想。爲四海同胞之福音。基督教徒之所傳說。故基督教之烱眼。視人無貴賤之別。貧富之差。又豈有於資本主與勞働者之間。而劃鴻溝之界線哉。四海皆兄弟。萬物皆我友。又豈徒限於鄰人哉。故聖書曰。愛爾之鄰。而毋憾其敵汝曹所聞。

基督敎的社會主義之所以興

然告爾曹。當愛爾曹之敵。詛爾曹者爾祝之。憎爾曹者爾善視之。虐遇迫害爾曹者祈禱之。如此。則爲在天爾曹之父之子。（新約全書馬太傳第五章）以博愛及敵爲敎義之本旨。然今之人。不獨憎惡敵人。卽四鄰訴寒之聲。充滿於耳。啼饑之狀。激刺於目。而不之問。則基督敎徒爲社會問題而蹶起。無足怪也。

聖書中之會社主義

研究基督敎之敎義。社會主義之議論。發見於其中者不少。一視同仁者。乃基督敎本來之主義。實爲扶助四鄰之舉。或散富者之財。以與貧者。此又吾人敎義之所敎。『凡貸於貧者。非自我而貸之。非自我而施之。而天自償之』（舊約全書箴言第十九章）『凡施惠於貧者。乃與貧者之糧也。』（同上第二十二章）『勿吝爾財。而慨施於貧者。則天之於財。將舍爾而誰福』（新約全書馬太傳第二十章）『衆人問於幼哈渥曰。以何者而濟我儕。曰二而已矣。有衣服者。分諸其無衣服者。有食物者亦然。』（同上路加傳第三章）是實博愛之本旨。以除貧富隔絕之主義。

勞働之權利者。社會主義之所唱道。遊惰者積財而爲資產家。勤勉者饑驅而爲勞働者。與社會之本義。乃大相反。社會主意。爲天下所絕叫。故凡對勞働者。必求適用之原則。確立勞働之權利。驅除素餐坐食之徒於社會。乃社會主義本來之素願。與基督之敎義同其趣者。『汝等食於神之前。各勞其手足。凡所獲物。以取快樂。以分於衆人。』舊約全書申命記第十二章『惰者較蟻而不如。蟻尚有智慧。有首領。有有司。有君王。於夏時收獲而收糧。惰者終日臥息。殆遠不如蟻。』同上箴言第七章等語。是皆勸告勞働之緊要者。是爲勞働者自尋快樂之敎義。

『資本者畧奪之結果也。』此馬陸科斯一派之所論。列陸度排斥債主取貧債主。爲不正之行爲。亦曾發見於基督之敎義。見於聖書之中者。『凡七年之終。汝必放釋之。貸於鄰者勿呵責其債主。其視爾鄰。仍如爾兄弟。』舊約全書申命記第十五章『爾勿取爾兄弟之利息。卽金之利息。食物之利息。凡一切之利息。皆勿取之。』同上第二十二章等皆是也。

平等者。社會主義最極之目的也。基督敎亦以平等爲宗旨。物與物無等差。以去貧富之懸隔。卽此敎意之本旨。『以人人之名數。分與其地。以爲產業。人衆則與多者之產業。人寡則與少者之產業。各以其核數。而以爲受產業之制。』舊約全書民數紀畧第二十七章

其餘如以博愛之本義。而戒貪婪熱中貨殖之術。而逞殘忍之行。以毀損人間之美性。是皆宗敎的敎義之福音。而爲基督敎之所深監戒。蓋自由主義之學說。極其旺盛。於經濟社會。凡任放之行爲。與富者之貪婪。一任自然之趨勢。於是社會組織之弊害漸顯。而不公平不平等之

顯象。益益彌蔓而經濟學者。乃欲以倫理說加入其間。而芟除此社會的弊害。與基督教的社會主義。卽其一也。基督戒飭富者貪婪剛慾之邪念。於聖書之全篇散見於處處者不少。『得智慧者勝於得金。得聰明者勝於得銀。離惡之途。行己之直道。以守己之靈魂。』（舊約全書箴言第十六章）『愼爾戒心與貪心。凡人生命所蓄之饒者。勿拳拳而不舍。譬彼富人。其田旣豐收。終日自思何以廣我之所藏。又復自忖曰。我將毀我之倉而大建之。凡我之貨物而藏於其所。其所藏之貨物。安心而自飮食之。而不顧爾鄰。神則呵之曰。是無知者。貴而身外之物。而不貴汝靈魂。故神告其子弟曰。我告汝等。爾曹生命。以何而食。身體以何而著。汝有生命。自優於糧。汝有身體。自優於衣。』（新約全書路加傳第十二章）不過其教義之一部。而此種之思想。充滿其全篇。故服膺基督教徒之心事。必欲反抗現社會此種之貪婪。其氣燄日高不可遏抑。又如『心之貧者福矣。天國卽其人之所有。哀者福矣。其人必得安慰。柔和者福矣。其人必得地與嗣。饑渴而慕義者福矣。其人必得飽。矜恤者福矣。其人必得矜恤。心之淸者福矣。其人必得見神。和平者福矣。其人必爲神之子。爲義而受責者福矣。天國卽爲其人之所有。』（新約全書馬太傳第五章）爲衆人而要求幸福。爲義而希望社會之平和。以神之所謂人間之幸福。卽基督教徒所唱之社會主義。亦不過欲得此幸福。

英國基督教的社會主義

而冀圖社會焉。
蓋欲研究基督教之教義。與社會主義之關係究何如本爲至難之業。如吾人之身既非爲宗教家。誠非其任。偏於尊重物質的觀念。而怠精神之修養。決非所以救護社會人類之途。如彼基督教徒。向社會問題之運動。皆所以擴布此等之教義。以救護心性之惰落。與社會之腐敗。而全其天職。果爲宗教家社會問題適當之解釋與否。暫爲未定之問題。不過述序其社會主義講究之順序。與其運動之大要。爲譯社會主義者研究焉。
英國茲耶列斯契科斯列及撲列特利科賀利斯之一派。皆爲基督之教徒。以研究社會問題。千八百四十年之頃。賀利斯以薄給額聘教師。爲勞働者講教育獎勵之策。卽爲彼等研究社會問題之端緒。其後契科斯列又謀組織一協會。集勞働者講教育獎勵之法。盡力開發其智德。千八百四十八年。兩者相圖以合組員而開共同店鋪。而供給廉價之物品。雖不過一時之成効。其結果甚不小。而基督的社會主義之創立者博多少之名譽。果得達其目的、千八百七十七年。西托馬希野之協會既興僧俗兩者之間。有數百名之會員以成一個之社會的團體。而其創立者之首領哈托拉摩。於此協會。乃設一月刊雜誌。爲之機關。題爲寺院之

法國之基督教的社會主義

改革者。以發表其意見。扶植協會之勢力。以基督教之本旨。謀社會之改革。即彼等所稱基督教者。有擁護人民精神之義務。與救濟其身體之職分。於是基督教的社會黨。裨益於勞働者不少。不獨生產組合之創立。且養成慈善博愛仁義之美性。而覺破貪婪無情之社會。以高潔之精神。與慈仁之心。獎勵富者義俠之行。小之盡涵養德性之務。大之變政府施政之法。制定貧民救護之法律者。不得不推基督社會黨之力爲最多也。

拉耶渥以基督教而解釋社會之問題。於法國爲基督教的社會主義之開始。於『舊教信者』之唱王政『贊成論』者。於拿破侖之即位。痛切而攻擊之。乃逃本國而走英國。千八百三十年。乃著公刋雜誌。題爲『未來』。以『神與自由及法王與人民』。標示其綱目。使人民脫政府之羈絆。置於神之支配之下。以享受自由與幸福。故於教會則擴張其勢力。以爲畢生之目的。一面則攻擊政府。以抗其壓抑。欲以教會之改革。而企圖教會政治之完全。時羅馬法王科列可利十六世。輔其說。一時同表贊成之意。然於千八百三十一年。與法王因起爭端。請赴羅馬面謁法王。淹留七月。終拒絕而不得見。遂失法王之信任。當時彼等之思想。欲設教會於民主主義與羅馬教之間。以舉社會改革之事業。自後教會爲寺院所放逐。終世誤其目的。而不得達之。

然法國之基督敎的社會主義。與英美諸國之基督敎的社會主義相比。大異其趣。或信托於宗敎敎義。或純然爲社會主義的黨與。然法國之基督敎的社會主義。其勢力不免微弱。

日耳曼之基督教的社會主義

日耳曼之基督敎的社會主義之團體。有二種。一爲舊敎的社會黨。以千八百五十年。自牧師烏契託列陸之創立而成。二爲新敎的社會黨。千八百七十七年斯托契陸托度等之所設立。（與第四編第三章參照）然與前者相比。後者之勢力則甚微弱。未能占有社會的勢力。故時或兩者合併一致而運動云。

烏契托列陸

烏契托列陸者。以千八百七十一年生於摩斯特陸。遊學於可茲契哈伊特陸海陸科摩西野等之諸大學。千八百四十四年入敎會。從事敎務。後自列拉科賀陸托選出而爲日耳曼議會之議員。千八百五十年。進爲耶希之僧正。彼屢屢依其敎會。而結合勞働者。以助日耳曼基督敎的社會黨之成立。彼蓋承認拉沙列之所謂殘忍賃銀之鐵則。爲今日生産社會之眞理之論者。於其攻擊現社會之組織。與社會民主主義之議論。亦多得彼之贊同。而其神學上之意見。以爲神於敎會。有全財産之最上權。而人間之權利者。不過占其一二。故敎會之權利。救社會之貧困而助貧民。決非不當之舉。蓋現社會困窮之所以發生者。其基因不出唯物主義與自由政策之二者。夫唯物主義之旺盛。則精神修養。附於等閒。自由政策之施行。則每啓個人之横暴。故欲救治之。必欲國家與敎育。結而爲一。必須干涉、其他人民日常之行爲。故欲救勞民之窮乏。以企圖社會組織之改善。苟僅國家獨任之。必難收其滿足功果之效。蓋國家者。必依敎會之力。敎會者。必借國家之援。以此而圖改善。庶幾達其目的。故彼欲借敎會之力。爲勞働者而謀救濟之策。其所唱道之議論條列於左。

一　敎會者爲此勞働者之各得其職業而設。以管理之。而欲盡此等之温和性質。必受敎會之訓育。始能以温厚柔和之心。完此一切之職務。

二　敎會者。勸誘勞働者。以造基督敎的家族。

三　敎會者。以基督敎之經典與眞理。而敎勞働者。是爲勞働者眞正之敎育。如彼自由主義之議論。以自助爲本。而不顧勞働者之敎育。一任彼等之團體。而陷於麤暴之擧。

四　敎會者爲勞働者之團結力。以結合其人民。而助勞働者團結聯合。且此種之團體。各勉其各具基督敎之性質。

五　敎會之團結力。以基督敎爲基礎。設立生産的協同團體。富者出其供獻。以圖人之便

亞美利加之基督教的社會主義

利。

亞美利加基督教的社會主義之發生。爲最近之事實。雖列利希斯等爲其首唱之一人。而基督教的社會主義之理論。爲無數之知名學者所論述者不少。其各派之間。雖有多少之相異。而現今勞働教會之主旨。錄其大畧於左。

一　必依神命以運動勞働之原因及生動力。以如何之組織而搆成之。若個人之勞働運動。卽爲與神之反對。

二　以撤去賃銀與奴隸制爲目的。凡運動者。不問其有心與無心。其共神之運動者。卽爲眞正教會之會員。

三　改善人間之性質與社會之狀態。脫卻倫理上及社會上之束縛。以謀自由之安全。

四　爲同胞以正理之運動。置勞働者於現時之基督教會。及吾國之歷史上。

而彼等之所謂十戒亦錄之於左。

一　汝依自身之勞働。以謀衣食。決不得以利息地代利子等以謀衣食。

二　汝欲救助他人。其割合者必依其人之强弱愚鈍貧困之度何如。

三　汝所有之投票權。使用最高大之利益。是神聖之與汝委托權。
四　汝視其餘之勞働者。如汝之兄弟。
五　汝防戰爭於未然。且預先而絕滅之。
六　汝於其餘窮乏之間。不得逞其奢侈及不道德之行爲。
七　汝於不正之壓抑。及社會的害惡。必抵抗而壓伏之。
八　汝須知現在之義務。無幸福爲最上之幸福。
九　汝凡爲人而謀增進幸福者。卽爲汝自身而增進幸福。
十　汝不可忘三個之尊者。一曰神父。二曰人子。三曰愛聖靈是也。

以上所述。皆各國之基督敎的社會主義。及其黨與蓋基督敎對社會主義之關係。與此黨與之運動。不能詳記者。非本書之所能詳。今因論述一切之社會主義。順序一言及之。以爲講究者得其大概。若欲知其精細。當於別策求之。

近世社會主義第三編終

第四編　歐美諸國社會黨之現狀

緒言

近世社會主義之理想。其種類如何。其發達如何。且於國民之間。其勢力又如何。前數編既已叙述。今進而攷述此主義之各種之黨與。與其形態與運動之顯於社會者。參攷各國之事情。不難縷述其起因。乃紀述各國國民之社會黨之現狀。

社會黨幾多之分派

社會主義之思想。其分派既多而歧。社會黨之運動其方針亦雜而不一。固守其自說。而設各種之名稱。以集同志。汲汲於增進自黨之勢力。然其理想之根底。除無政府黨之外。其餘大抵相同。各國互通氣脈。以相聯合。如馬陸科斯之組織之國際的勞働者同盟。近時於社會黨運動之支配。一時殆爲其中心點。然自哈伊科之大會分裂以來。同盟之勢力漸傾微弱。遂去歐洲而移於美國。其本部又移於紐約。至後數年。乃遂解散。然經此同盟一度之鼓吹國際的聯合運動。自後其勢燄益高。一國之結合既足。又謀諸國之結合。以一致共同之力。企圖社會改革之計畫者。亦日多。各國社會黨之聯合。隱約日臻其進步。相互遵守其主義綱領。依其同一

其運動之方針

之主義。而立論雖間有相違之點。不過形容之文句偶異。至如計畫之方策。以救貧本主與勞民之不和。調貧富之傾軋。皆亦大同小異。吾人於本編亦頗苦其煩瀆。大抵相似之說居多。然欲發表各種之黨派。則必揭載其宣言書及綱領。蓋必借是等之宣言書。乃徵社會黨其對現社會之懷抱與意見。與其改良之方案。亦借是可察而知足。爲來者之前鑒云。

各國社會黨之種類。既分各派之多種。就中其勢力之最鉅者。惟德意志之社會民主黨。德意志之社會民主黨者。其黨員之多數。與其運動之活潑。及其代議士之衆多等。特出於他國之社會黨。有各種之特質。如哥他會之發表宣言書。爲各國社會黨之模範。自後竟造宣言書之發表。綱領之明示。於社會黨之運動上。竟成一般之風習。凡議定公表其主義目的之宣言書者。皆以哥他之宣言書爲基礎。以自黨之說。加附於其間。雖或改竄補訂。其精神所在。則無有差異者。然以其運動之温激如何。與各國國情如何。其程度因之不免而差異。加之各國國民。皆有國有之性情。或喜過激之運動。或喜温和之舉動。故其黨派之外部。所以遂生各種之異色。故或因偶見一社會過激之舉動。遂波及於全社會黨。皆目之爲過激麤暴之兇徒。急欲排斥而去之。是殆未能認識社會黨之本質。吾人素知社會黨派過激之徒。蓋當時幼稚之時代。

不免有失當之舉。而着實之社會黨。亦非其類。至於近時之風潮。彼等亦戒其輕舉。費其無謀。因過激蠢暴之誤事。相導而爲溫和着實之徒。吾人今玆敘述彼等於各國之運動。所以描寫其現狀者。一則可知其對國家之勢力何如。一則卽其舉動而世之風潮之變態可察而知也。

第一章　英國社會黨之現狀

洛衞托拉野欲破社會改良之策。英國社會主義之運動。一時殆歸於絕滅。然事物推移。隱約之裏。日進其步。社會主義發達之趨勢。決非所能遏斷者。

英國同業者組合

千八百五十年。英國同盟合組與。至八十三年。忽盛忽衰。暗有自然之進步。其勢力之增加。遂占現時之地步。卽其證也。加以加列伊陸及拉斯契等之一派。其所唱道之新說。尤爲世所注意。故當時其數日增。彼乃大展健筆。以攻擊舊派經濟學之不德義。傾聽其議論者日多。

米陸經濟原論

千八百四十八年。米陸之『經濟原論』出世。爲經濟學上社會主義之一大勢援。乃將自來之舊經濟學。羣皆唾棄之。其思惟之感念日滅。學問研究之結果。必得實地問題之應用而後已。而講究之者。亦愈增加。

米陸之社會主義

且如米陸之自述。自稱爲社會主義之人。於現社會之組織。要求無數之大改革。其言曰。『吾人之於社會。必欲壓倒個人之組織。而極力反對之者。吾人苟非區別社會之惰民與勞民。則食其勞力之原則

馬陸科斯至英國

者。不獨至勞民而止。而欲望其適用之日。終恐不能。而且勞働者之結果。不但不能分配物產。且誕生無意味之事情。更不能望其得公平法則之日。蓋吾人者。欲求自己之利益。必先求社會公衆之利益爲宗旨。夫未來之社會問題。於世界之生產原料。果如何而能爲共有。以結合於個人的自由之下。且於結合勞働之利益。萬人分配一樣問題之外。而以如何之制度。始能得此種希望之滿足。且何時能達此滿足之制度。吾人所決信者。欲求社會改良之完成。必須於今日之勞働者。與無教育之人類。及其顧主之大半。必薰陶教化。一變其氣質。若於現時欲汲汲於自己一身之利益。必於社會公衆。以養其團結勞働之風氣爲必要。而此等之性情者。乃人間本來之特性。決無消滅之期。乃教育習慣及感情之養成者。故現時之人。爲國家征戰而不辭者。又或爲國家而任耕耘機織之勞作而不辭者。蓋自人智之開發。乃能如斯。本於歷世之涵養。決非一朝一夕之所能。故有妨害社會之進路者。必非人間固有之性情也。』由是而觀。則彼之理想。亦純然爲社會主義。其描寫未來之社會。卽採用社會主義之政策。其學理之趨向。益爲當時社會主義之所傾仰。自千八百四十八年。馬陸科斯漂流而來英國。至千八百八十三年。至其死後。居倫敦者。歷有年所。加以其同派之驍將野科陸斯。亦至英國。兩兩相

野契陸斯

共產的同盟會

開萬國勞働者同盟會於倫敦

攜。盡力以擴布社會主義。千八百四十七年。兩者相謀。設立正義同盟於倫敦後。更變更此同盟爲共產的同盟。翌年。於列陸希西陸府發表其旨趣。以大唱道共產主義之議論。及後野契陸斯及馬陸科斯爲其領袖。來會同者益多。千八百六十二年。開設萬國博覽會於倫敦。法蘭西勞働者之一團體。聞風而至英國。以交通於英國同業組合。六十四年九月二十八日。又創立萬國勞働者同盟於倫敦之西托馬陸茲賀陸。以教授卑斯列爲之管理。馬陸科斯助之。此會唯一之目的。欲結合列國之勞働者。織成全然一個之團體。然各自之特性。不能相合。以議論之衝突。啓感情之相違。會員之間。漸有不睦之勢。其目的遂不能達。而歐洲南部之黨員屬於衛科意之麾下者。唱道極端無政府主義。日耳曼之黨員。則唱道進步社會主義。法蘭西與白耳義。兩派分歧。互相衝突。一面方盡力而組合。一面又立幟而樹黨。而與英國所唱道萬國同業組合協會之所主張者。議論紛紛。極其淆亂。不能出於一途。千八百七十一年。哈契之會。同志遂生分裂。馬陸科斯與衛科意。各率社會黨。與無政府黨而分離。然英國之會員。亦以國際的勞働者同盟之所謂萬國者。不過指示歐洲大陸。頗不洽於其心。乃先而脫其同盟。而屬於英吉利同業組合之名下。以避當時世人所嫌惡社會黨之名稱。巧掩世人之耳目。於是國際的勞働者同盟之蹟。殆絕於英國。英國社會黨之結合。至千八百八十一年。乃以其名稱與目的。公然發表於天下。

哈利茲幼陸茲至英國

美國社會主義之勇將哈利茲幼陸茲。亦至英國。爲公演其持說之一事。與英國社會主義與一大戟刺。其結合之氣運。乃日熾於一時。自後乃唱道其持說之『土地國有論』其所著書。題爲『進步與貧困』大受社會之歡迎。英國社會主義之思想。漸由彼之說而嶄然一新。希度意爲野茲列所著之『英國之社會主義』記當時社會之狀態曰。『科列度斯托者。時爲內閣。其對愛蘭土土地同盟會。而行强迫的行爲。於是多數之急進主義者。相平而去自由黨。加以埃及事件之難局。雜處其間。其關係更加一層疏闊。而內閣之視社會問題。亦若等閒。毫不注意。故欲解釋此等問題之必要者。乃益迫切。千八百八十一年三月。卑度、馬哈陸衛陸托、衛洛及哈列拉洛陸女等。又組織民主的同盟。當時如『意野加斯陸拉他伊』所撰出之代議士。茲幼希列可野。公然由此顯名。而爲最初運動者之一人。此同盟之目的。採用社會主義之政策。以解釋無數之祖會問題。而其主眼所在。卽欲實行土地之國有。自後從此進步。乃改社會的團體之名。而爲社會民主的同盟會。時千八百八十四年八月。此同盟會者。以其主義目的之傳播

社會民主的同盟會

其首領卑度馬

於各所以倫敦爲工業的中心。於各都府設置其文部。以企圖布教之功果之普及。以上烏野列之記述。乘時勢之必要。以織成此同盟會於英國社會主義的團體之中。其勢力最鉅。運動最靈。時或會合於野外。特示非常之運動。以張其勢燄。其首領哈利馬加斯卑度馬、至今尙保其位置。

哈利馬加斯卑度馬者。以千八百四十二年生。六十四年、學於契列利茲托利意茲之大學。千八百六十六年。意大利之役。爲衛陸馬陸加西托之持別通信員。自千八百六十八年至七十年。漫遊北美合衆國及墺大利亞。千八百七十年。乃著一書。題爲『意大利之饑饉及印度之危機』八十年。爲馬利列賀候補之議員。千八百八十一年。當民主的同盟會設立之初。爲其中運動之有力者。八十一年。又著一冊。題爲『向之英國』八十四年。又著二書。題爲『英國之社會的改造』及『社會主義綱要』九十二年。又著『十九世紀商業社會之恐慌』利行於世。千八百八十六年。乃共衛斯茲野卑契及烏伊利耶摩等於托拉列亞陸加陸兵營將有異圖。乃受嫌疑而審問。然物留僅三日。幸免其罪。自後乃爲社會民主的同盟會之首領。繫心於社會問題。兼爲其機關雜誌『正義』（雜誌名）之寄書家。要之獻全身於社會主義。其忠實如彼者實爲世所稀有也。

其機關雜誌正義

其餘如哈陸衛陸托哈賀斯卑沙托茲耶卑拉托馬摩烏伊利耶摩賀利斯計幼衛斯等。亦皆錚錚者。週刊『正義』雜誌。以爲機關。而補成其運動。雜誌正義者。千八百八十四年。發刊其初號。千八百八十六年以後。乃聘科野陸爲主筆。今尚繼續其發行。

其宣言書

吾人今茲以發表社會民主的同盟會最近之宣言書。揭載於左。

其目的

社會全體之關係。依民主的國家之管理。以社會的生產分配及交換之方法。於男女兩性間。確立社交及經濟上之平衡。以免資本家之羈束。全然開放勞働者之事業。

其綱領

一自行政官爲始。凡官吏之任命者。凡丁年以上之成人。皆依直接平等之選舉。其俸給自社會支辦。

二依公衆而定法律。且此法律者。必得公衆過半之承認。其編制之法律。不得拘束其他事。

三廢常備軍。置國家的公民軍。收宣戰講和之權於人民之手。

四其教育不問普通與高等。必行强制主義。於實業的通俗。一切無謝儀。
五裁判之對社會。亦無謝儀。
六鐵道及其餘交通輸運之諸機關。及土地礦山等。皆爲共同或共通之財產。以共支持。
七凡生產分配交換之諸機關等。亦爲共同。或共有之財產。以共支持。
八富者之生產分配。以謀社會全員之共通的利益。由社會而管理之。

其救治策

救治現社會弊害之方法。直接採用社會民主的同盟會之方法。
以强制的組織。爲公衆建設衛生的家屋。且徵集其家貲。爲建築費及修繕費。以供其用。
廢世俗的自由。以强制學術教育全階級之人民。凡寄宿學校之幼童。皆任支持之事。
以法律規定產業上及工業上正當之勞働日。其勞働若八時間者。不出定限以內。又於一週間之勞働時間。限於四十八時間。若犯此禁者。以法律而罰其金。
一年所得三百磅以上者。以累進法。以賦課其所得稅。
鐵道者國有。瓦斯電燈及供水等之事業。爲各市府有。或置其管理之下。凡鐵道馬車。有獨占的性質之事業。皆爲全社會之利益而爲共有。
擴張郵便及貯蓄銀行。以利用金錢及信用之働。以除去私人獨占利益之弊。
公債之收設。
土地爲國有。收於國家之手。以組織農工的軍隊。以共有的旨意。而任各市府管理之事。
以上所計畫。爲平和的社會所應用。而社會民主的同盟會。更發表其主張曰。
國會議員及其餘之地方議員。及官吏之選舉。以公費而支辦。
凡丁年者。與有選舉之權。
每年開設議會。
上院斷行議案。
廢止國立寺院之設立。與資金之下附。
擴張地方獨立之權限。
於帝國之全部。以保其獨立立法權。
以上乃社會民主的同盟會公表其目的。及實行之方法。且此同盟者。各有其限。以馳驅於政治社界而試活潑之運動。於議員選舉之際。指定其候補者。且向勞働社會。而謀增加其勢力。

賀利斯之社會主義同盟

千八百八十四年。社會民主的同盟會員烏伊利耶摩賀利斯。脫其同盟。乃共其餘之人。而組織新社會主義同盟會。然當時之會員。多爲技術家及詩人。其舊同盟分離之原因。雖重自立。乃別組織新同盟。其同盟之政策。與社會民主的同盟相對。兩兩共相發達。然與此民主的同盟相比。則尙唱道一層社會的共產主義之議論。其於政府之感念。皆無關係之因。千八百八十五年。其所出之雜誌。題爲『共同之幸福』者。雖爲賀利斯得意之文筆。添誌上一層之光彩。至千八百九十二年。此雜誌與同盟者。共爲無政府黨派之所管理。賀利斯乃脫其同盟最初之組織。乃遂消滅。

列卑亞那沙伊茲

其餘尙有一層特種之勢力。其社會黨之結社。自列卑亞那沙伊茲而起。時千八百八十三年。至今其勢益赴旺盛。而其結合者。以敎育布敎等之目的爲始。以網羅吾團體之人。其結果甚佳。彼等之所講演。無論會合何處。必列席以集衆。倫敦之風氣。爲之一變。十年以前。倫敦勞働者俱樂部之特質的標記。皆消極之急進主義。今則一變其態度。皆爲積極的之公有主義。且增幾多之同業組合者。加之於政治界之勢力。亦極擴張。而彼等又蒐集新聞雜誌等公布雜

其主義綱領

報及論說暨此派社會主義宣言書以公表之於天下。千八百八十九年。又蒐集其黨員中之有力者七名。爲茲幼露茲衛陸那陸度希幼希度意烏野列烏伊利耶摩科拉科拉利衛科拉哈摩烏亞拉斯亞意衛沙托可衛陸托列拉托等之演說。而公刊之。題爲『對社會主義列卑馬之評論』。其發賣達非常之巨額。蓋此種之講演。不過一年之間。已達數千之數。其本營置於倫敦之斯托拉度街、二百七十九番。蓋以此處所行之英語。普及於各邦國。其論說與其餘之社會主義。關於文學之發達者。論說不知其數。自千八百八十七年至九十三之間。已及七十五萬之多云。加之國內各權要之市府。其支部共有五十地。此類之團體中。爲最活潑而易成功者。而此團體之外面內部之實力。殊極其盛。凡改革的運動之加擔者。雜誌新聞之執筆者。經濟學之講師。皆會萃於此會員之會籍中。可以察其勢力之一班。

列卑亞沙伊茲之所揭其主義綱領於左。

列卑亞沙伊茲者。其道奉之社會主義。其目的以土地及生產的資本屬於個人者。皆奪之而歸爲數人之所有。以改造社會。以企圖增進社會全般之利益。此方法者。於一國之自然的所得。及生產的利益。分配萬人於一樣。

以此之故。凡在此團體。盡力絕滅土地私有制。以除去街集地代之惡弊。於此團體管理社會的於生產的資本。必移之於社會之手。以傾既往獨占的生產之方法。變餘剩之利純而爲資本以造財產家之富者。而隷屬勞働者於此等之資本。僅得支持其生活之境遇之積弊。

別段之出費採用以上之方法。以地代及利息。增加賃銀爲勞働者之報酬。則爲他人而勞働以謀衣食與遊惰之民者。皆收其績。而改革干涉個人之自由。如現制組織者。則經濟上自然之傾向。廣有持保平和之機會。

列阜亞沙伊茲者。爲達此等之目的。而謀社會主義之普及。以切望社會及政治上之變革。而獎勵此主義之普及。其於經濟倫理及道德上個人及社會之關係上。以傳播智德爲必要。

以上所述。即英國三個重要之社會的組織之團體。然英國社會黨。以其實際之運動相比較。不過其一小部分。加以此等各團體之運動。於政治上及產業上。多抱不滿之念。故遵奉社會主義之英國同業者組合之最後之會議。以大多數之勞働者。爲候補之代表。必持公有主義

土地國有協會

英國土地復舊同盟會

市制及其發達

之說以企圖其決定以新同業者組合名稱之下。與社會主義之同盟團體與同業組合相結合。而爲一事。其關係非瑣末之小者。故今日社會黨派之運動。逐年而擴張其範圍。以企圖大同盟之氣運。益爲天下公家所認識。此等三個之團體。亦聯合各委員所署名。發表其宣言書於天下。以成一大聯合之形。

其餘於各社會主義之團體。有密接之關係者。又有二個之團體。以土地之國有爲唯一之目的。雖不能與其餘之社會主義的同盟團體。借其帮助勢援而成立。而兩者之關係。能保其全然獨立之態。如土地國有協會。即其一也。亞陸列卜度烏亞列斯爲其首領。彼爲著名之博物學者。近爲全然公言社會主義之人。其二則稱英國土地復舊同盟會。其所遵奉爲哈利茲幼陸茲之社會主義。而諸茲科哈摩大學之經濟學講師、沙伊摩斯、及數名之國會議員。爲其評議員。此同盟會者。傳播土地國有之福音。於地方農民之間。以覺醒其迷夢。此二者、共爲社會主義之別働隊。於英國之現社會。頗奏多數之功果。以爲社會改良之資。當今於社會主義的運動實際之上。所最緊切者。彼之市制。如地方會議之組織。於倫敦把持各種之權利。結合無數之小議會。以組織一大議會。實爲社會主義的運動之進路之一轉。教授野利曰。『社會主義之目的者。決無蹉跌。何也。有二個之實例證之也。一則於近來倫敦市會。約其所有二十一哩之鐵道馬車。以爲運轉。而其所有權與營業權。皆握於市府之手。爲社會主義者之大希望。然却非社會主義論者之所唱道。於倫敦此等之政策。則社會主義的之方針。如何傾注。可測而知。二則爲倫敦市之市權。禁止工匠於建築住居業之請負組織。要之此等之政策。地方議會之權力。由此漸進。其對社會。遂漸爲一般事業之模範的顧主。

衛米科哈摩之市制

衛米科哈摩及科拉斯可等之市制。皆人之所能知。然衛米科哈摩之市制。其整頓完美。世界中無其類例。如『事業家之經營事業爲事業的市府』之評語。決非過譽之辭。茲利亞拉陸列記其狀曰。『衛米科哈摩市自市街所布設之鐵道馬車。製造瓦斯。設供水。且備市民過半之食物。是等之物。皆販賣其需要者。又有自由開放之博物館。美術室。美術學校等。又設浴場於實費以內。令市民入浴。要之此等之事業。不外於社會團體自治自活之本旨。必求社會主義之實行。』於科拉斯可市亦然。此市近來除利衛列陸之外。凡英國羣集雜踏弊害衆多之市府。皆行市制之改良。水道瓦斯等。無市不有。所定公園制度。設於多人羣集組織之市場。市之歲入亦因之逐年而增加。漸升於最上等之市府。

社會的政策之應用

希度意鳥野列曰『吾人於國際的關係。及

海陸軍、警察、司法等之外。今更注意於社會。凡社會的事業。與各般之事業等。如郵便、電信、小貨物之運送、貨幣之鑄造、測量、通貨、及小切手。皆規定之。又如度量衡之定則、街道、里道、橋梁等之建築、掃除、點燈、生命保險、年金之下附、造船事業、株式仲買、銀行事業、耕作、及金貨等。皆其所經營。其餘自生至死。凡關於人事之事業。其經營者甚多。又如產科術。如保姆。如教育。如寄宿所。如種痘醫藥。如公衆之禮拜。凡關於快樂之事。以至埋葬之事。其類種不勝枚舉。且於此社會。凡社會自身之所有。如圖書館、公園、博物館、音樂室、里道、街道、橋梁、屠殺場、蒸汽機關、燈明臺、水先案內者、渡船、浮船、蒸汽船、救助船、墓地、公共浴場、洗滌所、獸欄、港灣、埠頭、病院、施藥所、瓦斯製造所、用水工場、鐵道、馬車、電信、牧場、學校、寺院、讀書室等。及萬般之物品。而社會之事業。如地質學、礦物學、統計學、動物學、地理學、及神學等之研究。凡關於是等之學理。與圖書之出版。供公衆之用者。無不備之。若於迷信之惡習、箇人之慾望、無秩序的競爭、貽國家之憂慮者。必嚴察之。而於此社會私人之事業。未能充分發達者。其監督視察無怠。凡此等多數之改革。而當時之自稱碩學鴻儒者。嘲其議論爲迂愚。誹其爲望外之要求。目之爲癡鈍事。擯斥而抗拒之。阻力極巨。而社會主義之事業家。排萬難而奏成功。不其奇歟。

社會的團體與政治社會

社會主義的政策之應用。其着着進步。既已如斯。然其目的。猶未能謂之完全。如英國工業上之諸規則。年年發布。以研究八時間之勞働問題。且講究此等限制。果應用各職業之可否。繫心於世之社會問題者不少。欲謀社會主義於實行的政策之上。以實行其意見。至於近日爲勞働黨獨立之必要。於是此等勞働者之代表者。或占議席。如千八百七十三年。選舉總統之時。亦有十三四名之候補者。爭逐於競爭場裏。而阿列契沙科馬科度那陸度及托馬斯衛托二氏。遂膺勞働者代議士當選之榮。然而勞働者之同盟。及社會黨派之政治的運動。增無限之戟刺。拉野之空想的社會主義。一時流行。其勢再熾。自千八百四十五年至八十五年。其視各同業者之團體。與政治上之事件。殆如置之度外。當時之時勢。實已如斯。至千八百六十七年。改正選舉法。大擴張其選舉權。自千八百八十二年至八十三年。英國之勞働者。其同業者於會議。凡丁年以上之男子。改正而認其選舉權。加之同業組合之組織。爲千八百七十一年所公認。且其組合員者。爲妨害職業。依組合之規則而得當然出訴之權。至千八百七十五年。是等組合之事業。而其團體之成立何如。尚未可知。當時勞働之投票。又忽分離。自由黨乃大失敗。於是保守黨之內閣。遂廢棄此組合規則。一掃而空之。然此等各種之爭鬭。適以與個人

同業組合之萎縮

新同業組合之再興

主義之經濟說所把持。且誡訓同業組合。除機關組之亞拿。工匠組之阿列卜加斯等。二三首領之外。其餘多數之同業組合員。全離政界。其同會之動靜。思慮別有所注。自後組合員之運動。漸得自由。其行爲已傾彼等保守退委之徒。如列洛度衞托。本有爲之人。尚反對八時間之勞働說。千八百八十九年。同業組合會。以大多數而非決之。於是新同業組合。更依新會員而組織。加以社會民主的同盟會。其所唱道社會主義傳播之結果。故此新組合者。漸爲多衆之所顧。千八百八十九年。船渠之工匠。以大同盟而罷工。其運動愈漸活潑。衞茲列希托女托馬摩幼衞等。凡社會之黨員。集而相謀。船渠勞働者組合之組織。乃見成功。當此種組織未結合之時。其餘種類之職工。及是等新設之同業組合者。而推新出之首領。其舊組合部下之運動。亦漸活潑。同業組合之面目。乃漸一新。千八百九十年。同業組合會。以新組合之勢力。遙出於舊組合之上。權勢漸去舊派而移新派。然尚未見其結果。只千八百九十一年。意加斯陸之宣言書。採用自由黨之意見。多數保守黨員。亦贊成之。漸次發生各派。乃得一層進步的手段。謀前進主義之發達。然此主義者。社會民主的同盟會。受非常之攻擊。衞斯馬等。遂脫同盟而退會。竟至自然之消滅。當此時。一而則進步的社會黨。於倫敦公立學校。設立會。倫敦市會。及其

公有主義之政策

獨立勞働黨

餘政治的議會。選出多數之黨員。即千八百八十八年阿意卑沙哈度拉摩等選出倫敦公立學校設立委員。千八百八十九年又自衛他希選出茲幼衛斯爲同市會議員。九十二年。又選舉國會議員。九十三年。以同業組合之大多數。更推選議會之委任長。

公有主義之政策。與望甚許。望其實行者亦多。千八百九十三年一月。獨立勞働黨。依國會議員契陸哈茲之指揮而組織。九十四年二月。改正同黨之規約。其目的者。以共有生產分配交換之諸機關。期共有主義之實行。其後此黨派徧傳於英國各部。於北部尤爲發達。於是各種之團體。及同業組合相應而附加之。其勢焰益隆。是爲英國社會黨於政治社會之運動。及其態度之現況。前所述二者之黨派。不問其主義目的何如。自漸採用公有主義之政策以來。漸次發達。國民之前進的性情。一般之趨向皆向於公有主義。勇壯活潑。詢不愧爲獨立勞働黨之名稱。其主義全遵奉社會主義。以社會民主的同盟會之黨議。指名其候補者。而且襲用社會主義之名稱。與政策。凡其餘之團體。及個人主義。全然排斥。其對社會主義。不問其敵之强弱。惟豫望將來之好運。哈衞托斯野沙以國會之議決爲基礎。而期社會的變革。且證明其餘幾多社會上之變革。漸次至於國家社會主義之侵畧。此等社會主義之潮流。徐徐彌蔓於國

經濟上之學理的趨向皆傾於社會主義

家。無論如何。社會主義的之政策。必察其實行之途。如千八百九十四年之教會條例。卽其適例也。

不止此也。社會主義者。於英國之現社會。有勢力之徵證。英國之經濟學者。亦變更其論旨。雖僧侶及教會。其地位亦漸變化。有趨向之勢。希托意烏野列曰。『於現今舊派經濟學派。横於經濟的社會主義之間。學理上之相違者。不僅其名稱之上。或非社會主義。則爲有名之經濟學者。當今社會主義的經濟學者。多爲教授。其青年輩依其薰陶。全爲社會主義之人。卽前所舉之現象。如教授馬希耶陸於各所誇稱其社會主義者是也。』而教授希玆烏伊科。以正確社會主義之大要。演繹正當之經濟原理爲主義。又編輯『大英百科全書』。皆出於有名英國之經濟學者之手。其經濟學之部門。斯學之大勢。漸傾於社會主義。其風潮之趨向。有不可遏抑之勢者矣。

要之英國社會黨派之現狀。於實行的運動之上。經幾多之攷察。其勢力亦决不易。當於學理上與社會主義之發達相比。未爲遜色。經濟學上之學理的趨向。亦漸傾注於社會主義之說。學者與議論家。無不傾心注之。故社會主義之將來。其發達之要點。吾人今日可豫測而知也。

墺大利亞之社會主義

勞働時間制

鐵道之國有

改權之分配

附墺大利亞及新西蘭之社會黨

歐美諸國流行之社會主義。其運動之地。不獨限於此二大陸。且遠及於南太洋。澳洲諸國之政策。與歐美諸國相比。同傾於一層社會主義之說。而社會黨派之人。却以此地爲社會黨派之樂土。故墺州諸國之政策。其方針如何。讀社會主義不容忽之而不加以研究也。

墺洲殖民地之中。最富於社會政策之實例者。爲新西蘭。其餘如烏伊科托利耶亦如之。如鐵道國有勞働時間之限制等。凡社會黨之所唱道。皆徵諸實行。其公共事業。大抵政府之所經營。至國立貯蓄銀行及國立保險會社等。皆國家事業之一部。千八百五十六年之頃。烏伊科托利耶州之首府。那陸賀陸。興列托馬耶之團體。要求確立八時間之勞働制。初於拉他科之殖民地。頗適用之。後乃全國採用。歐洲諸國所未決定此制度者。早於南太洋先見其適用焉。

鐵道國有者。歐洲諸國之政治家所常唱道之議論。未能見其採用。墺洲獨率先而採用此政策。其鐵道之大半。皆殖民政府所布設。絕少私設者。千八百九十七年。於新西蘭。凡百六十七哩。（政府線二千百十八哩）於新南烏野陸斯州。八十四哩。（政府線二千六百三十九哩）等。於烏伊科托利耶州。三千二百十二哩。科伊斯拉州。二千四百三十哩。全線悉爲政府線。鐵道國有。其盛如斯。而政府之國財。亦

澳大利亞所以採用社會政策

從而增加。千八百九十三年。其額既上二億磅。約二十億圓其中一億千萬磅。出於鐵道布設云。

政權分配之程度。與歐洲諸國相比較。亦早爲之擴張。如選舉權。其全階級。皆爲絕對的之普通選舉制。千八百九十三年九月九日。新西蘭之立法議會。又決可婦人之選舉權。

凡此等之事情。於政治界。足見勞働者之勢力。於新南之烏野陸斯州。凡多數之勞働者。爭爲候補之議員。以當選於新西蘭。而馳驅於政界。當時勞働者之勢力。殆壓於下院之勢力矣。

土地國有之可否。尚未決定之時。而澳洲亦先採用。非認土地之利。有以抑壓地主之勢。既而論土地國有者。勢力漸盛。乃遂逼其實行。爲他日事實之問題。所由顯出。乃起點於此。

要之澳洲近時之現象。無論世界之何邦國。皆非其比。其採用社會政策之度。亦無與敵者。故社會黨派目之爲樂境。洵非過譽。蓋此新開之邦國、採用此等政策爲最早。別無鄙惡之習慣。阻撓其間。其事多屬於國家的。凡新開之邦土。所最要者。如拓草澤。通河海。開拓不毛之原野。放棄私人之事業。費幾多之年月。皆爲政府之事業。故其經營開拓之功、爲最速。而南澳之諸國之殖民地。白人之移住者。尚未甚久。不能任政府試其開拓。任其開墾。故進步發達之期。不免遲滯。但其國之國情。於國家事業之種類。悉奪之於私人之事業。於不識不知之裏。與社會主義之政策相吻合。其原因蓋在於茲。故墺洲之社會政策者。一面實行社會主義之學說。其一面則於開墾拓殖之事業。以期其速成。故其採用社會主義之政策者。其勢頗勝於他國者也。

法蘭西社會黨派之分類

第二章　法國社會黨之現狀

千八百四十八年之革命。爲復舊的勢力。告其終局之期。法蘭西社會主義之運動。遂生一大頓挫。希賀列利陸旺盛之時代。再演於舞臺。列拉死後。而無有繼列拉而起者。額衛死後。而無有繼額衛而起者。罵倒財產家之盜賊。如列陸度其人者。今則寂焉而潛其聲。所謂第一期法蘭西社會主義旺盛之極點。今茲則寂寂寥寥。歸復舊態。天長地久。謳歌復舊的政府之萬歲。然則第一期之社會主義。所培養之遺蘗。果遂枯死乎。未必然也。加之第二期德意志社會主義之感化薰陶。以擴布此主義而加一層擴張。於法國現時之社會黨。其黨派各以類列於左。

第一　公有派　卽馬陸科斯派

第二　無政府黨

第三　契度黨

第四　列陸斯黨

第五　列拉契黨

第六　阿列馬意斯托黨

其餘尚有急進的社會黨。然不過現時之勢力。其發達之經路。一起一撲。或盛或衰。其對國家彼等之勢力漸向隆盛之域。其代議士之數亦大增加。熟察其狀態。此等各種之黨與亦足見社會的之勢力。吾人今茲欲知其現狀。則其發達之順序。不可不先講究之。而後窺其涯涘也。

千八百四十八年之革命既息。國家謳歌於無事太平之裏。社會問題。乃繼之而漸起。千八百五十六年。社會改革之運動。至拉列撲之手。乃再開始。然草創規模。未能爲純然社會主義之運動。自後此主義。再依國際的勞働者同盟。乃復興起。其餘如羅甸諸國。共脫社會主義之範圍。而移於無政府主義。以唱道過激麤暴之議論。時際普法戰爭之終局。顛覆法蘭西帝國。再建共和政體。中級社會者。其資本家之威。不能再振於社會。於是共產黨派。得乘好機。以結會其黨與。一時突興於巴黎及其餘之都府。時千八百七十一年三月十八日也。然其結果。又歸失敗。朝廷又復於其首領等處以逮捕追放之刑。乃各離散。卽如列露斯者。自希渥衛而再逃

公有派即馬陸科斯派

於倫敦馬洛則走意大利。契度亦走希衛洛。而與列陸斯相會。此時國際的勞働者同盟。亦因衛伊契之會而分裂。馬陸科斯與衛他意全絕其氣脈。一面則以平和的手段。以謀現社會之改革。一面則盡破壞的方策。以企現社會之撲滅。乃大匡合同志。以圖暴舉。輕佻蠢暴易激生事者。法國人民之特性。彼等豈讓於前人。故附於衛科意者頗多。然亦漸覺此等蠢暴之改革。終不能其成功。又注意於馬陸科斯之社會主義。其贊同之數。亦次第而增加。千八百七十九年。契度自希握衛而歸。亦爲馬陸科斯派之巨子。千八百七十九年開放共產黨之令。旣出共產黨員接踵而歸國。馬洛自意大利。列陸斯自倫敦。皆歸其本國。列陸斯之在倫敦。直接而受馬陸科斯之感化。其思想全然傾於公有主義。乃遵奉此主義。而組織此强盛之黨派。加之茲野陸烏亞列發刊之雜誌。題爲『人民之聲』以擴張公有主義之勢力。此雜誌者自千八百七十九年以後。益向感況。而公有主義者更得志於同志與同業組合之間。千八百七十六年。開設勞働者之大會於巴黎。七十八年。又會合於里昂。其決意之旨意。大傾於社會主義之議論。千八百七十九年。馬陸希野之會。僅除其會議之名稱。與全社會黨派之會合。毫無所異。種種辯論討議。以多數之結果。議決土地爲社會之共有。且併生產之材料。亦論斷其爲共有。

無政府黨

機變黨

法蘭西革命的社會主義之勞働團體

然而公有主義者。其對其餘之社會。終未能奏終局之凱歌。蓋科洛賀托契及列科拉斯。共戴法蘭西之無政府黨。張其勢力。其志氣益益旺盛。改革之熱情愈昂。科洛賀托契於希渥衞發刊之雜誌。題爲『革命』以爲移入法國之機關。其運動之部步。亦復整然。於是社會主義中又復數派分離。以馬陸科斯之公有派爲中心。左翼則爲形成之無政府黨。右翼則結托政治的急進黨。以求其共同的運動。又有機變黨與協力黨之名稱。皆其黨派分離者之所織成。千八百八十年哈列陸之會議。分離之形蹟愈顯。全然分爲三者之黨派。成鼎足之勢。然近獨立之政治的公有派之議論者。終爲多數。右翼則因現在之政治的團體已陷於失敗。而別組織革命的社會黨。千八百八十一年。組織於巴黎。八十二年。又開自黨之會議於賀陸度。而其左翼無政府黨者。議論行動。兩者皆走於激烈麤暴。竟至放棄社會主義。而徒務暴舉。於是其中心馬陸科斯派之社會主義者。集自黨之同志。乃得自由結合。遂得組織法蘭西革命的社會主義之勞働團體。千八百八十一年十一月二十一日。開其結黨式於拉希。發表『賤民』雜誌爲其機關。

先是茲野陸契托所發刊之『平等』雜誌。亦爲社會主義之運動之一大勢援。盛唱道公有主義之議論。千八百七十八年。其首領契托會勞働者於里昂。大論勞働者之不平者。不得其勞力。

相當之賃銀。宜以勞働者之資本及機械一部之所有而與以利益配當。然勞働者於酌當利益之要求。與社會主義者之議論本爲應當之舉。而彼等乘其客氣。採一層過激之手段。而其『平等』雜誌。亦極口攻擊現制組織。爲求社會改良。更吐過激之議論。額倍他見之。而大怒。一面於政府之機關紙反駁其議論。一面禁其『平等』雜誌之發刊。且課其購讀者之罰金。而「平等』最後之終刊。更呈一種慘憺之敎氣於紙面其述告辭曰『吾人急圖再刊之舉。更加以一層極端一層過激之議論。使讀者相見。知吾人必有再舉。以企革命派之組織。必奏社會改良之功而後止。』政府屢次設法。欲其停止。而終不能禁壓之。於是社會黨運動之氣運。更增一層之活潑。其勢之所及。愈壓之而愈開。滔滔社會之風潮。遂如長江大河。有一洩而不能遏抑之勢矣。

其一面法蘭西革命的社會主義之勞働團體既成。而契度之運動益劇。此新說之團體。遂至分裂。其議論之爭點。蓋欲實行完全社會主義之敎義。應時期之緩急。與部分之大小。其果實

可能黨與契度黨

行與否之疑問。其後之不贊成者。因得可能黨之名。遂脫勞働者團體。而前者之主張者。襲其首領契度之名。而自稱爲契斯托黨。以組織一新團體。而集合同志。以大試其運動之方針。希野陸契度者。以千八百四十五年生於巴黎。受父之教育。三十歲之時。執筆而爲政治的雜誌。於巴黎茲陸及賀托衛陸野陸等。草反對王政之文。遂革『民權論』題於發刊之雜誌。政府以爲煽動革命之文字。禁錮六月。後共有黨之一揆。於賀托衛陸野陸。乃其煽動革命之功。千八百七十一年。又受禁錮五年之宣告。乃逃而走希渥衛。雖與設立萬國勞働者同盟會之一派。而於馬陸科斯衛科意二者之爭論。毫不干預。千八百七十六年。被逐於意大利。後歸於巴黎。初刊雜誌。題爲『民論』。又續刊『急進』『市民』等之雜誌。千八百七十九年。又謀於同志。以發行『平民』雜誌。爲公有主義擴張之機關。至千八百八十七年。又爲『民之聲』雜誌之主筆。八十九年。又爲『平等』之主筆。要之彼爲法蘭西馬陸科斯派之首領。社會主義所以能旺盛於法蘭西者。彼之力居多。其著書最著者。爲『公有主義之革命』（千八百七十九年出版）『法國之公有主義』（千八百八十三年出版）等。

法蘭西革命社會主義之勞働團體者。自可能黨與契度黨之分離。各採其所主張之議論。毫

列陸斯黨

不相讓。然其黨內分雜之狀勢。尚不止此。此黨派中又復分離二者之小黨。千八百八十二年。此黨乃開會於由茲阿斯。列陸斯乃起而代中央共集權的公有主義。以擴張地方村落之權限。以主張其分權。遂離可能黨而新組織列陸斯黨。列陸斯黨者。其發達最速。爲最有勢力黨派之一。其會員中自議員而選出於巴黎市會者不少。千八百八十九年。其會員茲列利。又選出爲國會議員。然而列陸斯者。乃易變其性質之人。後日又稱之爲急進革命黨之巨子。

賀陸列陸斯者。生於賀托衛利耶陸。初修醫學於巴黎。千八百六十七年。爲醫士。自千八百七十年迄七十一年。爲『民權』雜誌之副主筆。是年同受三月之禁錮。乃逃於西班牙。乃結合萬國勞動者。而開西班牙之無政府派。又自西班牙而赴瑞西。會衛科意。於其麾下、爲茲陸拉聯盟會之首領。次又爲意大利無政府派之設立者。及無政府主義書籍之出版者。千八百七十九年。於瑞西。將受刑。遇赦而免。再行倫敦。與馬陸科斯及野契陸斯相聚。蒙其訓化。乃捨無政府主義。而奉馬陸科斯之社會主義。千八百八十年。再歸法蘭西。八十二年。發刊『平等』『賤民』等之雜誌。千八百八十二年。又共馬洛及其餘之同志。離契陸托黨而組織列陸斯黨。千八百八十七年。選出爲巴黎市會之議員。自後於法蘭西社會主義之中。爲一面之勇將。其後來之持說。欲實行急進的革命之政策。糾合其同志竭力不怠。而運動之進步。亦日進不已。其所著書有『普通選舉關於人民主權之問題』千八百七十四年出版及『恐慌論』千八百七十九年出版等。其餘又如渥契斯托列拉契亦唱道公有主義。而自組織黨派。雖其勢力微弱。黨員亦少。然至今其基礎尚存於法蘭西社會主義中。而成一團體。其設立者。採列拉契之名。而稱爲列拉契黨。而其所奉者。乃過激之破壞主義。此黨之特色。與其總理以重大之權力。其全黨亦任其操縱指揮。如專制君主之馭其臣下者。其黨員隸屬於其首領。其運動皆遵其頤使。一舉一動。皆爲所束縛。而甘而忍之。是以此黨不能有多數之黨員。其勢力所以微弱之一因。然其黨員。多猛勇壯膽者。其對社會不平不滿之聲。終不能抑制和融。而其運動亦往往涉於過激。終企現制組織之破壞而後止。故其目下之首領烏度。於千八百七十一年。巴黎暴動之際。並無和平回復委員之一人。加之其機關發刊之新聞題爲『無神無主』者。而資力缺乏。今歸廢刊。要之此派之現勢。於社會的勢力。終恐不足。然其黨員雖少數。其結合鞏固。亦不容易絕其命脈也。

路易渥契斯托列拉契者。以千八百零五年生於列契茲野陸。千八百二十四年。出巴黎從教師。修法律與醫學。千八百三十年之革命。爲人民而採銃砲。自是遂居巴黎而組各種之一揆。

以發刊雜誌。題爲『人民之友與社會雜誌』受三年之處刑。千八百三十七年。先期放免。千八百三十九年。又別興一揆。尙無成功。又受死刑之宣告。減一等。遂處終身徒刑。禁錮於賀沙美契陸及希陸等。至千八百四十八年二月之革命。又得自由。四月二十五日。又於巴黎組織中央革命委員。是年五月十五日。乃再被捕。受十年之刑。拘留於衞陸伊阿陸斯及可陸希加。千八百五十九年。刑滿受赦。又謀異圖。又受四年之禁錮。後千八百七十年九月。法國布告共和政體。直赴巴黎。而投於極左黨。乃著一書。題爲『國家之危機』公刊於世。越二年。至七十二年。爲大統領兹野陸所捕。又受追放之刑。然健康如常。漂流於科野陸科拉賀等之各所。千八百七十九年。依大統領科列烏之赦免。是年。又選出爲賀陸托之代議士。至八十年。遂逝。蓋彼素奉神黨論。好言革命。而不喜專制組織。然其思想。不能保其中庸。往往有走於極端之弊。然其常所遵奉者。爲公有的社會主義。其著書有『恆星之無極』（千八百七十二年出版）『社會之危機』（死後千八百八十三年出版）等。

以上列序。現今法國社會黨中之各派。只其列陸斯黨。更分裂而生阿列馬意斯托黨。其首領阿列那之麾下。所運動之一事。爲最近之事。而兩者之間。實相逕庭。此等各種之黨派者。一離

阿列馬意斯陸黨

一合。殆無常局。於第一回總選舉之際。是等各種之社會黨。雖各自指定爲自黨之候補者。以待法國選舉法之通則。第二回目之投票。爲社會主義的團體。多數之制。各派又相互爲一致。近來之風潮。不但傾注一致之結合。如彼國民社會黨會議之際。各派之黨員皆得列席。其餘尙有各種之國際的會議。以供彼等一層團結聯合之機會。然此等社會主義之學說雖年年進步。而各自分立。此種之運動。則不免有退步之虞。今則聯合之氣運漸盛。其勢力亦大進步而發達。千八百八十九年。選舉之際。凡六百八十四萬七千之全投票。而社會黨派之得票者。僅九萬千票。不過一分三釐之例。千八百九十一年。乃得五十四萬九千對全票之合割九分之上。至九十三年。其得票數。始達九十萬之多。代議士之數。自十五人而增加至五十三人。更加以急進的社會主義者之可列卜衞陸他一派之人。其數乃更增加。是社會黨各黨派之勢力。共年而發達。各派雖或不無各異。而其勢力之根據地。無少異者。即如列陸斯黨與其餘之黨派相比。則於巴黎之勢力。已各不同。而阿列馬意斯托黨之勢力。亦甚微微。又如馬陸科斯派（即公有黨）獨自占有地方之大勢力。即其例也。然而阿茲區之社會黨派。悉附爲阿列馬意斯托黨。是爲異數。要之法蘭西之社會黨者。於上院未有一員之議員。於下院約有六十名之議員。

其中五十三名爲社會黨員。七名爲急進的社會黨員。就中各團體之所重者。如公有黨之契度希幼烏依卑伊野陸烏。列拉契黨之烏伊阿希幼野陸烏拉他野陸渥洛希列陸斯黨之拉烏伊列盧特鐵陸烏伊野陸。阿列馬意斯托黨之列衞洛契洛希野科他特茲阿衞希希烏沙獨立黨之米野拉茲可列烏產阿科洛烏伊卑可科希馬衞托茲野利契列可茲阿托美陸馬等。於巴黎市會。其十七名之社會黨員。與十九名之急進社會黨員。皆以其議論而施運動之手段。

法蘭西革命的社會主義之勞働團體者。凡社會的之生產機關。各自以其才能。而採實用之職業。以其所要之物品爲潤色社會之目的。以開陳其旨意而發表其宣言書。

勞働團體之宣言書

第一　政治上之綱領

(一)凡市町村自其長官爲始。自撰一切之吏員。

(二)市町村會議員及其吏員。而與其給俸。

(三)公債及豫算等。必要之問題。必依公民之投票而決。

(四)凡市町村公示之決議。且屬市有之建築物。皆許可勞働者及其餘之團體所使用。

（五）於政治法律上之權利。男女共得同等。
（六）凡紛紜之市。必從其所選出仲裁人之仲裁。
（七）廢常備軍。採人民皆兵之制度。
（八）凡官吏之轉任。必從勞働團體之地方支部之所命。其團體之轉移任其自由。
（九）勞働者團體之會員。於市會之委員。必得半數以上之社會黨員。乃得辭受其任。
（十）凡二個以上互異之團體。其相互合同連結。許其自由。
（十一）各市會議員者。凡關於國會議員之問題。皆得投票。

第二　經濟上之綱領

（一）凡市所現有之物之外。不得設別路之要求。凡將來所收沒等。皆歸之爲市有。
（二）瓦斯鐵道馬車等。皆移於市之管下。其實費以內。則市民供給之。
（三）地代之支拂漸次禁之。凡貸與及建物住居對地面之事。則課其二割之租稅。
（四）凡兒童。其市任其敎育之事。
（五）設各種保險事業之組合。以經營之。對老者與衰弱之職。必其市爲之支持。

契度黨之宣言書

(六)全廢市之租稅。代之以三千法以上之所得者爲賦課。與累進法之所得稅二萬法以上之相續者爲賦課。以爲相續稅。

(七)第一。防獄舍勞働者與自由勞働者之競爭。第二。禁同業組合之同盟罷工。第三。保公衆之安寧。且規定同業組合。以賃銀使役勞働者。以其市之權力而干涉其生產事業。

是卽勞働團體公表於天下宣言書之概要。更可卽馬陸科斯派（卽契度黨）之宣言書而察之。

第一　政治上之要領

(一)出版法集會法及結社法等。皆得自由。廢上一切拘來之法律。

(二)收沒寺院之財產而歸官有。

(三)公債之收沒。

(四)廢常備兵而用擧國兵之組織。

(五(其市自行行政警察及自治之事。

第二　經濟上之要領

(一)勞働者與以一週一日之休暇。壯年一日之勞働。限八時間。十四至十六之青年。限六時間。

（二）酌量各地之價物。定其每年賃銀。以最低額爲率。

（三）男女之賃銀。必歸一律。

（四）凡諸般之科學。及關於職業者。與兒童之教育。皆無謝儀。

（五）以公費養老者及不具者之事。

（六）爲救濟勞働者。凡勞働者之資產。有管理處分之權。

（七）顧人罹不時之災害。顧主負其責任。

（八）勞働者於製造條例之制定。與以參定之權。且於製造所禁其擅課科料之事。

（九）凡銀行鐵道鑛山等公共之事業。皆爲官業。凡官業工場之管理。於其工場。任其勞働與職工之事。

（十）凡間接稅。皆廢之。代以三千法以上之所得者。以累進法而課其所得稅。

（十一）凡直接統系財產之相續者。悉廢止之。卽如雖系直接統系之人。凡二萬法以上之財產。皆得禁止其相續。

農業社會與社會主義

馬陸科斯派對社會之要求。卽已如斯。更至列陸斯派。於市之警察、兵備、行政、及司法等。一切自治。且又於市自設瓦斯燈、水道、地方之輸運事業、麵包製造所、倉庫、及肉店等。以供給市民。又說立生產的團體及製造所。以管理勞働者。而允許其要求。

法國之社會黨。其於工業社會之勢力。卽已如斯。彼等又生幾多之分派。分幾多之黨與。其運動之方法。大抵出於一轍。其對他黨而爭勝負。而欲其相結合。以集中其勢力。則亦甚難。更轉而察農業社會。此社會者。亦與工業社會等。如近來社會黨派所歡呼而稱道者。如拿破侖一世以英邁之姿。以君臨法國。自舉行田土平均之大改革以來。歐洲中所稱最得平均之法國。而土田兼併之傾向。因之漸生。今則其三十萬野科陸之土地。有二萬九千。屬之於大地主。其餘六百萬之農夫。其實不過所有六百萬野科陸。質而言之。其農夫僅有一野科陸之土地者。實居六百萬之多。故彼等之資本。機器之應用。其餘利用文明之餘意。乏者不少。而債主又時時來襲。彼等困於衣食。無以給之。其下等之農民。殆常時之狀態。其事情如此。故社會主義之議論。自然爲彼等之歡迎。而土地之國有。賤民之保護等。又爲彼等而唱救濟之長策。凡彼等之味方。皆占有其勢力。而社會主義之議論。漸於此等農業之間。而作爲其根底。

社會黨列拉茲

然而社會黨派之勢力。一時爲列拉茲將軍挫折其勢燄。當此時法蘭西多數之不平黨。與其王黨賀那衞陸托黨與爲商爲工者。接彼堂堂之威風。誤認大英雄之再來。奉戴之而爲首領。相擁以醫積年之鬱屈。於是社會黨中。亦皆贊成此舉。其去黨者甚多。其黨派一時頗呈寂莫之觀。然而卽知列拉茲非大才之器。不能統御之。彼等又相率而復歸於社會黨。千八百九十年社會黨之勢力。較昔日而倍蓰。彼等既振其威力於法國全土。以至路衞加列賀托路耶那路賀米之諸市。全爲社會主義者之統治。馬陸西野之市長列卜希野陸。賀陸度之市長科斯托烏等。亦爲社會黨中錚錚之人。社會主義之狀態。於現在與將來之運命。其希望不淺也。

法國社會主義之學理

法國社會黨之運動。既已如斯。其學理之發達。與其所謂社會主義之學理的講究爲何如。是不可不深察之。吾人驚其進步之程度過於遲緩。蓋亦有由。蓋法國之社會主義者。於第一期之時。當時之所唱道者。一時極其全盛。次則更受德意志社會主義之系統。以大助其發達。遂生幾多之分派。其見於學理者。不過於前者之遺志繼續祖述之。馬洛常痛歎謂『法國今日之社會主義。非以自已之思想。向學問界而開陳之。不過專以繼續先代之思想。』於學界斯學之現狀。一語道破。彼等徒向自由平等友愛之圓滿。逐其發達而狂奔。而其能解自由說

拉沙列死後之德意志社會黨

平等。以歸正當之途。實則未嘗研究。但憤慨社會現制之腐敗。而其舉動。往往涉於過激。流於麤暴。遂至爲社會之人所指斥。而投於無政府黨之輩益多。然不獨於法國爲然。殆社會黨派之通弊。然法蘭西國民之特性。彼等之輕舉暴動。最易感觸。故雖能運動活潑。志氣發揚。而欲其潛心而探眞理之蘊奧。練學理之研究。是彼等之缺點。故彼等於社會主義。或採一種之科學。以從事於研究。非其所長。徒向實行之途而急進。於一般學理的研究。皆輕視之。只此一端。於法蘭西社會主義之將來。頗爲遺憾。至其運動之擴張。學理之發達。兩者相併而謀社會將來之改善。則法國之社會主義。爲天下之所切望者。誠不淺也。

第三章・德意志社會黨之現狀

社會黨之二驍將。馬陸科斯拉沙列之所生地。非德意志乎。自拉沙列之死去。（千八百六十四年拉沙列死委細與第二編第四章參照）馬陸科斯之移住。（千八百四十九年馬陸科斯移於倫敦度其餘生委細與第一編第一章參照）社會主義之運動與發達。乃遂衰退萎靡。馬陸科斯雖去德意志。彼於倫敦。遙爲本國同志之應援。拉沙列之後嗣。衛希契陸。亦繼其先師之遺意。開社會主義運動之進路。添幾多之勢力。加以利列科渥卑度衛威陸之師弟。及希野阿伊兹野路之徒。相續相率。盡瘁於此主義。至於今日。德意志社會黨之勢力。殆全冠

希野阿伊茲野陸

利列科渥卑托與衛威陸

於天下者。職是之由也。

惟其然也。故當今社會主義之運動。最爲活潑。其研究學理。亦最進步者。莫如德意志也。自馬陸科斯拉沙列之並起。交相唱道。以其敎義普及於全天下以來。德意志亦於此主義之中。生幾多之分派。然其氣燄頗極旺盛。拉沙列之死後。衛茲契陸茲由阿伊希野陸襲之。繼續爲其運動。於拉沙列之死。僅一月。千八百六十四年九月。乃開會於倫敦。而成國際的勞働者同盟爲全世界增一最大勢燄。利列科渥卑托衛威陸等之徒。亦表贊同此同盟之意。卽如彼等之主旣贊成日耳曼同盟之政策。而爲此同盟盡力。以試其運動者。亦決不少。

然而拉沙列之主義。與國際屬勞働者之同盟相比。則有多少相違之點。卽如前者向現時之國家。主張要求其助力。而後者則毫不依賴國家之力。而自人民之協力的運動。於生產界。以解放勞働者。以企圖貫徹其目的。然於德意志國際的勞働者同盟之黨員。除其一二之外。如其思想涉於過激。其舉動陷於亂暴者。則亦絕少。

衛威陸者。蓋信用組合之創立者著名希幼陸野特利玆野之黨。與本特利茲野之說。共拉伊列茲卑與勞働團體之首領利列科渥卑托相結合。一時雖遵奉此主義。後復贊同拉沙列之

阿伊西那茲科之會合

說。於千八百六十七年之秋。爲勞働者聯盟團體之首領。其翌年於勞働團體例會之際。此團體乃遂採用國際的勞働者同盟之宣言書。共利列科渥卑托糾合聯盟團體多數之役員。此團體乃大集同志而占重要之地位。

衞威陸更共列利科渥卑托與特利茲野之黨與。而生內訌。以企其成功。千八百六十九年。自勞働者聯盟團體。與全國勞働者同盟團體等。而脫會集國際主義之人於阿伊西那科結合社會民主勞民黨。以八月七日。開黨員一同之會議。於是於瑞墺普各國之勞働者選出二百六十二名之代議員。爲贊成國際主義十五萬人勞働者之代表。此爲此社會民主勞民黨之誕生。會議定此黨之成立。後來德意志之社會黨。聳動世人之耳目者。不外於亞伊西那科之會合。而爲此民主黨發達生成之基礎也。

此民主黨者。改題『烏拉陸科斯列托』與『茲賀科拉茲西斯拉希也列拉托』爲其機關紙。表潑其意旨。以傳播於各勞働者之間。千八百七十年。開第二回之會議。於斯他托加托。以期黨勢之擴張。然因千八百七十年十月。其機關紙。揭載過激之議論。以利列科渥卑托。衞威陸及海列渥陸三人。爲機關紙之責任記者。爲政府所逮捕。利列科渥卑托。禁錮二年。衞威陸禁錮二年九月。獨海列渥陸受無罪之宣告。其後議會復解散。社會民主黨出十名之議員。得四十五萬之投票。（十名之中拉沙列派出三名阿伊希耶茲科派出七名而成）當時衛威陸與利列科渥卑托雖繫身於縲絏。彼等終爲哈希科希衛陸賀斯托等之一派。著名代表之人。故社會黨之勢燄漸赴旺盛。今則政府欲爲鎮壓之舉。乃遂竟用過激之手段。千八百五十年。布發利用集會法。於普魯西之勞働團體。以警察權嚴命其解散。社會民主黨。不得不接其嚴命。其餘如希野阿伊希野陸之設立。及凡同業組合。全因之而解散。各種之社會黨。遇此不幸之大擊打。於是各派互相聯結同盟。以振作其氣運與行爲。利列科渥希托與契野列率民主黨與哈希科列衛陸及哈列希陸馬共拉沙列派而相會合。德意志社會黨之大聯合之形成。千八百七十五年三月一日。著名之可他克會議。爲百四十四種國體之代表。九千之希伊希耶科黨與民主黨。百四十八種團體之代表。共一萬五千之拉沙列派。於萬民歡呼之裏。大開集會。列於此會議者。代議員之總數。共一百二十五名。所謂哿他宣言書者。既得彼等之贊同。以公表於天下。對天下之公家。始識認社會黨之勢力更增一層盛大矣。（哿他之宣言書者與第三編第二章社會民主主義之條下參照）

哿他之大會

哿他於拉列沙派與馬陸科斯派之結合。乃集數派分離之社會黨。而爲一團。更織成强盛之

拉沙列派與馬陸科斯派之結合而成社會民主勞民黨

黨與。因此結合之團體。是爲社會民主勞民黨之始。社會主義之發達。於此社會民主勞民黨之下。更增一層之進步。因此壓抑而政府愈有困難之感。先是拉沙列多年唱道普通選舉之制。以千八百六十七年採用於北日耳曼聯邦。既而於千八百七十一年。又爲日耳曼帝國所採用。於政界之局外。社會黨之勢力。得施之於政治上者。歷多年之磨鍊。以喚發其精銳爭勝負於選舉塲裏。以示其勢力之消長於議會之上。自後此派之勢力。其年增進。於是政府對之而計畫果斷之方策。然未得輿論之賛同。不能鎮壓之。卑斯馬克苦心焦慮。以俟時機。然當時社會民主之勢力日趣旺盛。黨中過激之末派。欲乘客氣。以一擊斃政府而襲內閣。以期社會主義之實行。

德意志皇帝之危難

第二回

千八百七十八年三月十日。皇帝嗚伊利耶摩共皇女衞特之大公妃同車遊於栢林。利特音城內。社會黨過激之徒。携短銃而狙擊皇帝。三擊而不中。兇徒遂被逮捕。審問之時。答辯不諱。社會戰慄。國民激怒。兇徒自稱其名爲賀特陸。爲社會民主黨之一員。卑斯馬克遂乘此機。於行刺之第二日。乃於議會提出社會黨鎮壓令之法案。望其通過。既經三月後。賀特陸於栢林。竟受死刑之宣告。人心恂懼。漸入融和。以待議會之否決。此法案而議會仍抗之。既而其餘之社會黨。再加危害於皇室。以是年六月二日。加陸拿利科又狙擊皇帝於利特街。

提欠社會黨鎮壓令之法案於議場

皇帝被傷。於是對社會黨非難之聲。又大興起。物情恟恟。民心動搖。竟目社會黨爲不忠不義之名。視之竟同蛇蝎。反對者即日增加。政府之勢力。遂增進。此黨派之運動。與國家社會之將來。極其危害。一世之民心。乃漸離叛於社會黨。政府之炯眼。察破此機。乃再提出鎮壓令於議場。一擊之下。社會黨立見失敗。其法案以二十九條而成。與行政官及警察官以强大之權力。殊非立憲的之法律。其大要曰『社會民主黨社會黨及遵奉共產主義之各團體。以紊亂現今之國家及社會之秩序。宜禁其結社。（第一條）有職業的煽動者。受自宅監禁之刑。又職業的煽動者處罰其營業人。社會黨員禁止其營業。（第十七條與第二十九條）由第一條指示之運動。有紊亂公共上之安寧者。其區域及場所。得以臨時施行小戒嚴令。於危險公共安寧秩序之人。不得滯在此施行小戒嚴令之地內。（第二十八條）提出此法案之理由。依政府之說明。社會民主黨對國家而布告戰爭。則政府以防禦爲目的。以採應戰之勢。』然此法案者。殊非權利平等之點。大有壓制之弊。然爲國家之秩序與安寧。依此法律而保護。故亦不得不施行之。於議事日程上之於議會。討論涉二日。卑斯馬克乃昌言自由與信實對經濟上及社會上開陳自已之意見。又公言誓必採用國家社會主義之政策。其對社會民主黨與兇者之

衛威陸等之反對

暴動。乃出自己之志意。辯明其與社會民主主義之思想不相關聯。以明世人目彼等爲社會黨之妄。而雪社會黨之冤。衛威陸卽述曰。『吾人於現制。於土地共生產及勞働之諸機關。暨反對私有之制度。希望其絕滅與變革。故謂之爲反對。現社會之組織云。於此等事吾人不憚公言之。然我黨雖反對社會之現組織。然決不欲輕舉暴動。以紊亂社會之安寧。破壞社會之秩序以爲快。豈敢以此過激之手段。而棄擲其私有之財產。而圖此煙銷火滅之暴舉。況以個人之破產。豈能救其畧奪資產之暴乎。彼等以如斯之論鋒。以求此法案之通過。而收沒新聞及出版物。以蹂躙社會黨及其同志。確然之權利。卑斯馬克與拉沙列結托。以相非難。向勞働者確信其社會的服從之正理。以相論難。以辯論社會主義之決不爲激論暴說。求多數之同志。於議塲以止法案之通過。

其通過

大勢已定。然而公言企圖私有制度之絕滅。此主義者。大害資本家之感情。其對者僅百四十九。以二百二十二之多數。於是社會黨之鎭壓令。得議院之通過。十一月九日。得皇帝之裁可。以是月二十一日。遂見施行。

社會黨鎭壓令之實施

社會黨鎭壓令既得實施。凡有共和的社會的共產的意味之團體。皆命解散。勞働者之社會黨員。亦解散之。有擾亂各階級間之親睦和合者。皆嚴禁其出版物。其對社會黨員之一舉一動。皆放熟練之探偵以探知之。且禁其集會。妨其講演。加以利用警察官吏以妨禦其運動。然於社會主義之擴布。欲嚴滅之而終不能。其宣言書散布其秘密之理。其會員亦設種種之名稱。時時而暗相合。而社會黨之代議士。凡演說於國會議場之議論。則爲議事錄。以傳播於國民之腦裏。故社會主義。仍得間接傳習之機會。伏於社會之裏面。而社會黨之勢力。遂進步發達於冥冥之裏。

社會黨鎮壓令之施行於表面。則爲妨壓社會黨之運動。似奏異常之成功。而社會黨員深痛其燒社會主義之出版物。禁社會黨之結合。其勢力將掃地而絕滅。於是改革社會組織之聲。一時竟絕響於天下。然此不過其表面之實事。於其裏面。彼等之運動進步於冥暗之裏。巧集同志。以互通其氣脈。知國內之會合。必遇警察官暴命之解散。乃集會於國外者二回。自千八百八十年一月二十日至二十三日。開其第一回之會議。於瑞西之烏阿伊特。先是千八百七十九年九月於拉伊列茲卑之近在。開會於烏阿列。以爲社會黨之會議。急激黨派之勢力。極其旺盛。其首領哈西陸馬與賀陸托殆掌握全會之主權。最唱極端之議論。欲達此等之目的。不惜以血而要求。如賀斯托、其常服膺此主義。以暗殺爲社會進步之好手段。凡暴掠刼掠殺戮等之惡手段。皆不諱之。以爲對壓制者之正理。（賀斯托之事情與第三編第一章無政府黨主義之條參照）然其如斯過激之議論。於社會黨之全部。究不能得其同情。既而會於烏伊特溫急兩派之討議更昌。然其會議。全然採用溫派之意見。哈斯陸馬與賀斯托兩者。以全會一致而除名於黨籍。衞威陸與利列科渥卑托得會議之同意。與其黨籍之名。於社會黨之意嚮。雖大傾向於溫和主義。而其機關那希阿陸特賀科拉托。尙持續其論鋒。而欲設立共和的國家。揚言過激手段之必要。千八百八十一年三月。俄帝亞歷王第二世。斃於虛無黨之毒手。警報達於普國。普帝直命卑斯馬克對破壞的無政府黨之防禦手段。以盡歐洲諸國連衡之策。而爲英國政府之反對。遂不克奏其成功。

意野特陸烏阿陸度之陰謀

國內之社會黨。其形勢如此。而政府又復計劃戰慄之暴舉。則意野特陸烏阿陸度之陰謀是也。此計畫者。乃不平之社會黨之異圖。以謀顚覆普國之皇室。而其運動。頗爲秘密。政府不能探知之。警吏與探偵皆未覺察。而冥冥之中。暗圖進步。其機逼於一髮。是年九月。其將發之先。乃始發見。爲警吏所逮捕。審問於拉伊列茲卑之法廷。審問之末。其首魁二人。受死刑之宣告。於是社會黨鎭壓令之施行期限。于八百八十六年九月三十日。布告延期於二年。翌年三月

延期鎮壓令廢止之限

十五日。政府又依此法令。恐其妨害公共之秩序安寧。選二三之地。施行小戒嚴令。自柏林始。及拉伊茲卑哈衛陸科並其餘之都府。以施行其法令。各地之行政官。政府賦與無二之權力。社會黨員。雖不得自由施行。而益不屈。益謀養成其勢力。以擴張其勢燄。三月十二日。衛威陸於議會。大嘲笑政府之行爲。謂以『社會最有勢力之土地。却爲行政官把持過大之權力之土地。然而政府欲施其壓伏之方策。今變爲助長其勢力之計畫云』蓋此中之消息。一語盡之。其機關紙『那希陸阿陸特賀科拉托』本國禁其發刊。自移於外國。反增多數之讀者。資金雖不免缺乏。彼等竭力而能維持之。故衛威陸曰。『社會黨鎮壓令之創案者。實即日耳曼無政府黨之創立者也。』言頗奇矯。於彼等對社會黨鎮壓令之感情。亦可察而得梗概矣。

社會黨於國外。既成第二之集會。自千八百八十三年三月二十九日至四月二日五日之間。乃開會於唯馬之可衛哈契。於烏阿伊之會議。行急進主義之淘汰。其意嚮大傾於溫和主義之結果。故可衛哈契之會議。頗能和合。以完全諸般之議事。社會黨會議之適弊。與喧騷紛亂之狀。殆掃除之。

千八百八十四年之總選舉

當此時。社會黨之勢力。更因試驗而逢遇一機會。即千八百十四年之總選舉是也。當時德意志之社會。因社會黨鎮壓令。社會之勢力。頗爲壓服。其運動頗拘束。彼等對議員選舉之運動。亦加非常之妨礙。而社會黨決無屈服之心。其秘密之運動。具非常之熱心。以爭其勝負於選舉埸裏。其結果也。社會黨之總數。與以前相比。出於倍數之上。遂得二十四名之代議士。即其國別者。於普魯西十名。於沙科那野五名。於衛利耶二名。於衛茲希一名。其餘之諸國六名。於柏林總議員六名之中。有二名出自社會黨。於哈列陸科及列卜斯陸。其三名之中。亦有二名出自社會黨。更有非常之成功。其得票數。全國之數。共得五十四萬九千九百九十名之多。

社會黨鎮壓令之施行。而社會黨之勢力。反如是其增長。政府對之之政策。更加一層之苛刻。

列拉伊衛陸科之疑獄

千八百八十五年六月。遂生列拉伊衛陸科之疑獄。以其違反政府之法令。以企秘密的結社。逮捕社會黨員凡九名。而繫之獄。而其中六名者。如衛威陸呼烏陸馬陸特伊斯拉野陸列洛那衛列科皆爲國會議員之現職。法庭審問之末。皆坐有罪。皆受六月至九月之刑。就中以衛威陸及其一派之國會議員四名。尤處以重罪之刑。

德意志議會之解散

千八百八十七年二月。德意志之帝國議會。因否決軍事費而解散。舉國之民心。一時而大興奮。千八百八十八年。普帝烏伊利耶摩一世殂。渥亞特利科亦在位僅數月而逝。今帝烏依利耶摩二世卽位。大行計畫社會改良之方策。八十九年。烏野斯托列阿利耶及拉伊各地其鑛與一大同盟罷工。全國之勞働社會。一時風靡。威風甚熾。皇帝慮之。漸漸和解。雖得多少之讓步。終局之勝利。終歸勞働者之手裏。以大發揮社會社會的之果効。此際新撰之議會。以鎭壓令之存廢。爭論不絕。或主張其修正。或主張其廢止。議論久而未決。千八百九十年三月二十

卑斯馬克之退隱

日。皇帝裁可大宰相卑斯馬克辭職之件。於是鐵血宰相懸冠歸里。乃隱逃於政界。蓋當今帝卽位之初。意見常與首相不合。以爲萬事主宰、不任臣下之意。固守皇帝神權之說。以自視政治。故卑斯馬克追積年之習慣。居廟堂而處理萬事之行爲。居常頗有不滿之色。事事物物。頗極其衝突之點。至其終局。遂至卑斯馬克之退隱。而其近因。不外於對社會黨鎭壓令。相互之確執。卽欲保存首相永久以壓服社會黨。而皇帝又廢止其自由之運動。一任相讓之結果。卑斯馬克乃決意而辭其職。皇帝於是初親政治。是年九年。際鎭壓令之滿期。遂勅認其廢止。於是社會黨乃復如前。同處於光天化日之下。再爲運動之開始。

社會黨鎭壓令之結果

社會黨鎭壓令廢止之後。試先述叙社會黨之運動。其對鎭壓令之實施。竟有如何之効果。雖以卑斯馬克素以此一法案自信其爲絕滅社會黨之根底而無遺類。然彼豈眞未嘗探尋此

社會黨。何故發生於此世。而彼豈不知多數人民之不平而必計畫幾多之法案。千八百七十八年鎮壓令之法案。提出於議院。彼之附言曰。社會黨之鎮壓者。彼等單依暴力。必不能得其成功。必別求好手段之計畫。則爲余所認識。蓋社會黨之發生者。皆因多數人民之間。而抱不平不滿之念。故此感情不和。而欲醫此念慮。必先打破此社會黨之根蔕也。

然則平醫多數人民之不平者。卽所以與社會黨之一大滿足。凡幾多問題之解釋。亦不外平醫此不平之舉。然而果如何而平愈救濟之。雖鐵血宰相之手腕。亦所大惑不解。而彼先揚如斯之議論。其視社會黨如竊盜強賊。必欲盡力而勦滅之。故社會黨鎮壓令者。於鐵血宰相監視之下。以行非常之勢力。解散其團體。監禁其黨員。禁其集會。妨其講演。甚至貸席於社會黨之會合。亦逮捕而禁錮其主人。嗚呼。人竟勝天。社會黨遇此暴行。接此壓抑黨派之勢力。挫折窮蹙。黨員之結合。亦漸弛。屛息屈足。無所施爲。議員投票之數。爲之大減。然而天定終勝於人。以一時姑息之人爲的壓抑。終不能保永遠之平和。於是怒其苛法。激其暴政。更興起社會黨員之熱情。較之以前。更增倍蓰之勢力。遂起反動之餘勢。以激發民心。而法律警察。亦不能鎮壓之。國會議員之投票數。亦激於此苛法。以漸增加。比之鎮壓令發布以前之票數。殆占倍數。

卑斯馬克之社會政策

加之黨員結合之度。更致一層鞏固。相誓致死以敵之者。其數甚多。社會之趨勢。旣已如斯。而鎮壓令之効果。不惟不能妨壓。而徒激動民心。而其激動之極。人民反走於過激。流於麤暴。反驅温良之人而採非常之手段。嗚呼古來之國家。徒藉權勢依賴一片之空文反抗社會之大勢。而不能收充分之果効。徒貽壓抑專制之汚名者。以貽笑於後世。以彼對鄰邦强盛剽悍之法國。而奏異常之奇功。博絶大之名譽。以鐵血宰相之敏腕。而試之於內國。竟爲一微微之社會小黨所苦。果何故歟。毋亦未嘗深察大勢而致敗歟。後之對黨人之舉動者。宜三省也。

社會鎮壓令之成功。不過一時之幻影。其結果徒招一時黨員之激怒。其運動之方法。更陷於陰險麤暴。鎮壓令最後之目的。終欲貫徹而不能。遂不得不廢此法令。而社會主義的政策。卑斯馬克又大採用於德意志。如鐵道國有保險條例之施行等。國家社會主義之實施。亦皆彼之功績。彼雖讐視社會黨派。而終識認之而不疑。（卑斯馬克之社會政策其詳細記述於第三編第四章與此參照）其於此等之法案。於議場上。社會黨之議員。亦不能不贊之。皆忘私憤而殉公事。竟與其終世之敵卑斯馬克。而爲一大聲援。如三種之保險法。社會黨之力居多。由是而觀。卑斯馬克之所以惡社會黨者。非其主義全然相反。蓋因彼等之運動。不洽其意者居多。蓋彼別爲一派之社會黨。而與懷抱共和的思想擴布共產主義者。則有絕對的反對之意見。而憎惡之。故遂挫其勢力。抑其議論。以抑壓其思想。彼之以暴力而對社會黨者。所以發布其鎮壓令。而抱絕滅此等之思想也。若夫除此種之議論。以國家社會主義。與彼之政策相對照。彼雖一面爲社會黨之敵。而其一面則實爲無二之味方。其政策實爲實施社會黨之政策之同志。豈誣言哉。

鎮壓令之後之社會黨

令於卑斯馬克退隱之際。値鎮壓令之滿期。社會黨之運動。全然自由。于八百九十年十月十二日。社會黨員開大會於哈列。是爲鎮壓令滿期後第一回之總會。自千八百七十八年。社會黨爲鎮壓令所苦以來。亦既十有三年。而社會黨之勢力。雖發達於冥暗之裏。今得再顯於自由之天地。其方針何如。其主義何如。其思想何如。彼等革命之目的。久爲鎮壓令所屈服。於是彼等之精神。以企圖如何種類之革命者。舉國之民心。皆注目於此總會之舉動。彼等於向後之運動。又抱恐慌之念。彼等所唱道之暴論激說。爲無責任者之團體。然彼等於最近之總選舉。得多數之代議士。彼等之領袖。對社會既立於有望之地位。彼等之中。雖或有急躁過激之士。然其依賴秩序的方法者。終占其多數。故得漸達其目的焉。

哈列之大會

哈列之大會者。出席者有三百六十之代議員。曾決議於胷他之總會。以修正烏伊特會議之

社會黨中之急進派

宣言書。更決議此大會之宣言書。九十一年。又會於野陸列陸托。以温急兩派之爭論。而兩黨又生分裂。即衛威陸利列科渥卑托及烏拉陸馬陸等反對温和說。共烏亞伊陸托衛陸契陸烏野陸渥陸等。採革命的手段之急進主義。於是兩黨分裂。而温和派常執社會黨之牛耳。而急進派亦力養成其勢力。時或向温和黨而誘起其內訌。兩者之間。遂呈多少之異色。然其爭鬬之弊雖甚。而社會民主黨徐徐增進其勢力。盡力於教義之普及。向柏林哈列陸科及其餘工業的都府而傳播之。至於近日。自德意志之各部而來集者。志氣勃勃。向軍隊之兵士。而注入此種之思想。如入軍人之兵營。規矩嚴肅。秩序整然。毫不紛亂。彼等之一部。已成社會之絕好組織。遂欲以其唯一之型模。以改造舉世。皆成此軍隊的組織。如前編所記述者。（與第三編第二章參照）

社會民主黨於議會之勢力

及後千八百九十二年。提出常備軍隊法案於議場。社會民主黨與自由黨及中央黨結合之否決。因之而解散帝國議會。更出多數之議員。自德意志帝國建設以來。彼等之勢力。其發達於政界者何如。可察而知。今舉其總選舉之得票數及代議士之數。以示一斑。

第一　社會民主黨得票總數

選舉年次	社會民主黨得票數 票	社會民主黨投票數對全投票之割合 分釐

千八百七十一年	一二四、六五五	三〇
千八百七十四年	三五一、九九二	六八
千八百七十七年	四九三、二八八	九一
千八百七十八年	四三七、一五八	七六
千八百八十一年	三一一、九六一	六一
千八百八十四年	五四九、九九〇	九七
千八百八十七年	七六三、一二八	一〇一
千八百九十〇年	一、四二七、二九八	一九七
千八百九十三年	一、八七六、七三八	二三三

第二　社會民主黨黨代議士總數

年次	社會民主黨議員總數人	各議員之平均得票數　票
千八百七十一年	二、	六二、三三七
千八百七十四年	九、	三九、一〇六

千八百七十七年	十二、	四一、一〇七
千八百七十八年	九、	四八、五七三
千八百八十一年	十二、	二五、九九七
千八百八十四年	二十四、	二二、九一六
千八百八十七年	十一、	六九、三七五
千八百九十〇年	三十五、	四〇、七八〇
千八百九十三年	四十四、	四〇、六〇八

（註）自千八百七十八年及千八百八十一年之投票。數及議員之總數。頗形減少者。卽社會黨鎭壓令之結果。政府以此法令限制其一時之運動之所致。然至千八百九十年。其期已滿。社會黨之勢力。俄然增進。至九十三年之選舉。乃更增加一層。其勢力益益旺盛。觀其表而可知。

吾人於現今德意志之社會民主黨。欲知其如何之目的與主義。則觀其千八百九十一年十月野陸列陸托大會可決之宣言書之綱領。可以知其梗概。今揭載於左。

社會民主黨最近之宣言書

宣言書綱領

第一　凡關於選舉。無男女之區別。凡丁年以上者。皆依普通平等之投票。國內諸般之事物。而與以處決之權。○定比較代議之制。於此制度實施之間。凡一樣之人口之選舉區。依此法律之規定。○立法議員之限期。以二年爲限。○除年齡限制之外。凡政治上之權利。皆去其限制。

第二　於立法部。由人民直接之選出。協贊制定法律之事。○定帝國及聯邦諸國各郡町村自治之事。○依人民之投票選是等之長官。且其長官有對自治政之責任。○關於租稅之事。以年次投票而定之。

第三　爲軍事教育普及之事。○組織民兵隊而廢常備隊。○爲人民之代表者而委以宣戰講和之大權。○於國際間之紛擾。一任萬國仲裁委員會之裁決。

第四　廢止妨害輿論之發表及集會結會之自由之法律。

第五　關於公事及私事。男對於女一切不私益之事。皆廢止其法律。

第六　凡宗教之私事之公表。與宗教上之目的。及寺院等。禁其支出公費。○其處辦寺院及宗教的團體。獨立各自之事務。以獨立的結合體處置之。

第七　行通俗的之教育。凡公立學校。强制其子弟入學。其教育自由而給與教育上必要之器機。且支辦小學校之學費。不限男女。於學業發達者。其勉修高等教育。而給與學費。

第八　司法官公撰之事。有不當之裁决。則受禁錮罰金之刑。對人而損害者。且必償補之。

第九　醫藥之支給。無代價。以及埋葬之事務。皆無報酬。

第十　爲公共之用。賦課其所得及財產與階級的租稅。以財產之額。及血族之遠近。而課其相續稅。爲少數者以犧牲其社會之利益而廢止間接稅關稅及其餘之財政的法制。

尚有日耳曼社會民主黨要求勞民保護之個條。舉之於左。

第一　如左列之方法。以確立一國及萬國之保護制度。

（甲）於勞働時間。一日不得超過八時。必依規定之法律。

(乙)禁止使役十四歲以下之幼童。
(丙)依事業之性質上與學理的理由及經營公共的利益之外。禁止其夜間之勞働。
(丁)向勞働者一週間至少必與以十三時間之休息。
(戊)勞働者賃銀與物品之支拂制度。一切廢止。
第二　設立直接之勞働監督局。以監督市府及地方之勞働者。且調査其狀態、併監理其工塲之事。○於工塲之衞生規則。必完全而普及。且嚴責其施行。
第三　農夫及家內職工并工塲勞働者。皆有同一之權利。且廢止其關於主僕一切之法律。
第四　確立結合同盟之權利。
第五　勞働者之保險自政府營之。只於其管理上。或一部分。餘皆委於勞働者。
以上皆社會民主黨。向現社會要求各種之要件。而彼等之結合。漸漸鞏固。其勢亦逐年而發達。至今日。其機關之數。有三十一之日刊新聞。四十一之週刊。及隔週雜誌等。加以一種之學術雜誌。一種之家庭雜誌。二種之滑稽雜誌。及五十四之風俗雜誌等。以各種之表面。以傳布其機關紙其敎義於社會之各階級。現時社會民主黨之勢力。又深浸入於農民社會。以社會主義修養之目的。於各所設立夜學校。加之其大學之學生。贊同此黨派者甚多。千八百九十三年十一月。於西渥衞及端西互相會同。以研究討論社會主義實行之方法。

德意志其餘社會主義之團體

德意志之社會主義。惟社會民主黨。獨爲占有絕大之勢力。而德意志其餘之社會主義。亦相結合而成三種之團體。

第一舊教的社會黨

其第一者。爲舊敎的社會黨。千八百五十年。牧師契托列陸等之所唱道而成。今茲其黨派。於政治上。時時與社會民主黨。不相聯合。其運動之徑路。每不相容。卽如民主黨派主張『無神唯物論』。則常相反。而舊敎社會黨者。則於敎會保護之下。以企圖社會之改良。故彼等所與民主黨所唱道同胞主義之共和政。不相附和。而惟倣國家社會主義之說。彼倣國家社會主義之說者。蓋欲依賴國家之權能。

第二新教的社會黨

其第二者。爲社會的團體。千八百七十七年。斯托契陸之所設立。係新敎的社會黨。此黨派者。包容二者之團體。一爲富者之團體。一爲勞働者之團體。是也。而舊敎社會主義。共國家社會主義。兩者互相卵翼。今尙佽助其運動。國家社會主義者。自大學講師之一派所唱道。而成爲一種之社會主義。於德意志社會主義

第三國家社會黨

之中。爲最有力之一種團體。吾人目之爲德意志第三種之團體。然此團體者。與其餘之社會的團體相比。其組織既無大異。其運動之方法。亦大抵相同。不過大學之講師連。對舊派之經濟學。而樹立一新說。以敎授傳播於學生之間。千八百七十一年。『那茲幼那陸希伊他額』之新聞紙。而加以海陸拉海哈伊摩『講壇社會黨』之名稱。以評論此派之議議。至七十二年。阿伊希耶茲科之會。敎授希野賀列陸。採此名稱。以開陳自己之意見。且以其所說重置國家之故。遂稱之爲國家社會主義。或又加以講壇社會主義之名。

國家社會主義之如何。吾人既已說之。（與第三編第三章參照）而此派之運動。與其要件。則又不容不記述。千八百七十二年。自希野賀列陸採用講壇社會主義之名稱。至七十三年。乃集同志。以組織社交的經濟俱樂部。每年時相會合。大發舒其議論。以研究社會改良之方策。其初亦不過此團體之事業。既而學者政治家及有名之人士。亦多加入此黨。或講演。或著書冊。以辯明其主義學說。且其所說。多以實行的爲基礎。故國家社會者。其對社會。爲最有名望。且著勢力之一團體。其黨員自哇科渥陸賀希野陸始。其餘如列卜他耶那希卑陸特列拉度科陸拿度等。皆知名之官吏政治家敎授等。相合組織而成。凡包容者共一百五十名。其黨派頗盛。

德意志施政之方針傾於社會主義

近來德意志政府施政之方針。亦傾於國家社會主義之說。自馬陸科斯之下。皆大採用此主義於國家其採用之事實吾人既已記述。（與第三編第四章參照）蓋欲記述德意志之社會黨。必與其餘之社會主義分類。又或稱以帝國國家社會主義之名。然政府之社會主義的政策。與國家社會主義之學說相參酌。以爲國家之應用。故吾人欲分類別個之社會主義。則於德意志之政府。留心以解釋社會之問題。而詳記採用社會主義政策之一事。讀者注意而詳察之。則得矣。今日德意志社會主義的運動之狀態。既已如斯。今區別其黨派。錄之於左。

第一　社會民主勞民黨

第二　舊教的社會黨

第三　新教的社會黨

第四　國家社會黨

凡之四者。就中以社會民主勞民黨爲最大。其黨員之多數。與其勢力之旺盛。且其代議士之多數等。與其餘之黨派相比。大顯頭角。千八百七十五年。於晳他以拉沙列派與馬陸科斯結合。而組織新黨派以來。其勢不獨振於德意志。且廣通於歐洲。目下之首領。爲衞威陸及利列

社會民主黨中二三之人物

衞契陸

希野烏亞伊茲野陸

科渥卑陸兩者。

就社會黨各派之運動而觀之。吾人既描寫其一斑。今更進而觀察其內部之人物何如。如上所記述。千八百六十四年『日耳曼全國勞働者同盟會』之創立者。拉沙列既死。遵彼之遺言。以衞契陸襲其後。而占首領之地位。以臨此同盟會。然其才具。終不勝任首領。加以拉沙列所親善之衞斯列野陸度伯爵夫人。於黨內之權力。互不相讓。兩者之間。頗形不和。猜疑嫉妬之念愈高。其餘響波及同盟。乃妨其團結。害其和合。其事態如斯。故同盟將來之命運。一時不免危殆。當此時。利列科渥卑托、方主張溫和說。惡其言論之麤暴。折其痛詆馬陸科斯之一事。於柏林之會合。遂發言而除彼之名。竟得可決。自衞契陸去同盟。而伯爵夫人亦背同盟之意見。自脫其黨。自是其同盟共舉希烏阿伊茲野陸為首領。因彼之指導黨員之和合團結。漸呈昔日之觀。其勢力亦大振起而發暢。

野亞衞列斯科列渥希野烏亞伊茲野陸者。產於列拉科賀托拉耶。家素富裕。以戲曲家顯其名。戲曲之著述。亦頗不少。壯年之時。素行不修。頗受世人之擯斥。遂去鄉里。流離漂泊。汚行醜舉頗多。放蕩無賴。以至不齒於社會。然一自其列名於社會民主黨。前者之性情大變。遂為著

利列科渥卑托

實有爲之人。畫策運籌。處理黨務。人始驚其奇才。銳意盡事。其熱誠往往激人。於是黨員翕然歸心於彼。遂推爲其首領。改革紛雜擾亂同盟之弊事。而聯鞏固確實之團體。加之又興一新雜誌。題爲『社會民主黨』爲同盟之機關。以辯明其所說之主義。屢屢振其健筆。於其新雜誌上。其銳意於黨務者四年。千八百七十一年。乃辭其任。自後靜養素修。從事著作。千八百七十五年。時四十二歲。乃逝。

希野阿伊茲陸既死之後。同盟乃與馬陸科斯之一派而合同。以組織現時之團體。屬於社會民主勞民黨之下。以衛威陸及利列科渥卑托爲其領袖。以謀達其社會改良之夙願。

烏伊陸衛陸摩利列科渥卑托。以一千八百二十六年。生於拉伊列茲希卑之一貧家。然彼雖生於貧家。無卑野之性行。行爲謹直。以高潔自持。無富貴榮達之念。幼學於科野希衛陸沙及亞陸衛茲科等。千八百四十八年。以組織衛陸沙之革命而被捕。自是年九月至翌年三月。皆受禁錮之刑。遁至瑞西。復至英國。與馬陸科斯等相會。大受其薰陶。其論社會主義。熱情溢於面。口角飛泡。議論激發。聽者奪膽。然其熱誠之極。往往涉於過激。成猛烈麤暴之癖。日常之行動。麤野質樸。嘗謂衣食以繫生命。居宅以防雨露。以此自足。不求過安。謹行屈身。不爲富貴而

衛威陸

變心。不爲黃白而枉節。嘗漂流之苦楚。前後三回。千八百六十二年八月。自英國歸。創立一新聞。題爲『北日曼加西特』千八百六十五年。再逐於普魯西。又走拉伊列茲卑。又典一『共和主義』之雜誌。至千八百六十八年。爲政府所禁止。先是彼歸於柏林。受三月之處刑。後於千八百六十七年。爲沙科那意州之代議士。列於北日耳曼議會。自後常爲立法院之一員。然其罹處刑追放之厄甚多。千八百七十年。又被逮捕。受二年之禁錮。千八百八十一年。鎮壓令之條規既解。又放逐於拉伊列茲希卑。雖經漂流各所。而彼之懷抱之社會主義。逢遇是等幾多之困厄。毫不爲變。因德意志政府之嫌惡。而其感念益激。每以壯快激烈之說。以左右社會黨之行動。其運動之方法。時或陷於過激麤暴。至其與衛威陸共謀。結合馬陸科斯派與拉沙列派以來。隱然爲兩者之領袖。德意志現時之社會黨。依彼等之力。益益揚其勢力。然彼等雖立嶄新奇拔之說。以開拓一新派。而述馬陸科斯等之遺志。以傳播於勞民之間。以社會主義之理想。注入於其胸裏。彼一世之事業。所勤勉不倦者。而其筆亦足以暢達之。千八百七十四年。所出版關於土地問題之一書。爲社會主義之著述中最不易得之善本。大受社會之歡迎。

共利列科渥卑托同目之爲目下德意志社會黨之巨擘者。惟衛威陸其人。衛威陸以千八百四十年生於可洛之近傍。爲旋盤匠之弟子。盡其身於一職工。然自安其分。不敢求高尙之職業。嘗謂職業無貴賤。皆盡力於社會。亦無二途。孜孜以勉其業不懈。更專心以自修。不遑他及。嘗奉希野列茲希野列利希茲之說。加入信用組合。後又爲利列渥渥卑托之門弟。以遵奉社會主義。而其職業雖卑賤。然性質極敏慧。英才秀於衆。與利列科渥卑托。共盡力於社會之間。爲衆人而運動。於是社會黨中。咸推重之。其職業亦日赴繁榮。嘗集二三百人之職工與使役於拉伊列茲希卑宏大之邸宅。共利列科渥卑托。以結合拉沙列派與馬陸科斯派。而組織社會民主黨。隱然爲其首領。千八百六十七年。爲沙苛那意州選出之代議士。以盡其職。爲社會黨中有力之議員。於議席聲名大振。然社會黨頗爲當時之政府所嫌惡。千八百六十九年。又被捕。處禁錮者二年。自後彼雖屢屢處繫留追放。然與利列科渥卑度。始終不變其志。爲社會主義。盡勞盡瘁。今此二人爲德意志最有勢力社會黨之領袖。彼爲人質樸温厚。訥訥若不出口。滔滔懸河之快辯。固其欠點。而其諄諄不倦。以說服人。殆其所長。勞民亦皆心服之。傾聽其說。奉戴爲其首領。以彼起身於一賤職工。而占政治社會重要之地位。聲名隆隆。壓倒儕輩。其感化訓育之力。至深且大矣。

德意志社會黨之現勢

除利列科渥卑托與衞威陸之外。德意志社會黨之中。亦有其餘之有力者。然其勢力。終不能與此二人相比。於當今德意志社會民主勞民黨。專爲此二人所指導操縱。其餘他人之經歷。今不能一一記述之。要之今日德意志之社會民主黨。儼然保一大黨派之態。不獨於職工社會爲然。卽政治社會。彼等之勢力。亦年年而增進。如集選舉人。與收農民。其多數之黨與於議塲。以把持政治社會之大勢力。是彼等於現今最所注意留心者。至其結果。千八百七十一年。彼等之得票數。增至十二萬四千有餘。至千八百九十三年。又得八十七萬有餘之多數。又當昔時。不過僅得代議士二人。今則有四十四人。其進步之徑路。誠爲刮目。自後以此訓令。而日有增進之機。彼等向後之運命。其臻臻日進。殆有可以豫測者。

第四章　中歐諸州社會黨之現狀

吾人於前三章。序述英德法之社會黨。今進而說其餘之諸國社會黨之現狀。然此等諸國之社會黨。與前三國之社會黨相比。其發達之歷史。多占幼稚之點。故先以歐洲中部之諸洲。括概爲一章。以述其概要。

白耳義瑞西二國之地形

中部歐洲之中。以白耳義及瑞西之二國。介立於法德兩國之間。德法二國之社會黨。避內地之刑律。而欲竊達其目的。乃集同志於鄰國。會合於瑞西白耳義之各地者甚多。從此二國之勞働者。亦屢屢加入其列。以聽社會黨派之議論。遂養成此種之思想。而爲發達之基礎。當馬陸科斯衛科意之徒。相結合而設立國際的勞働者同盟於歐洲諸國。大相會合。以集聚勞働者。而說明社會主義。於是社會主義。廣傳播於各所。

伊大利及和蘭

自亞摩斯特陸他摩之集會。（千八百六十九年）爲和蘭社會黨之種子。至洛沙之會。（千八百六十七年）遂生伊大利社會黨。自是各種之系統。遂爲中歐諸州社會主義之所發生。

第一節　白耳義之社會黨

白耳義之社會黨

白耳義之社會黨。蒙加陸馬陸科斯之感化者最深。當馬路科斯逃其本國。以漂流之身而定住於倫敦。時遊白耳義。千八百四十五年。遂於巴黎。共其友野契陸斯而至列陸希陸斯。公刊其著書二種。越三年。又於此地爲倫敦共產黨而草宣言書。千八百六十四年。爲國際的勞働者之同盟。又開其第一回之集會。於其國。爲白耳義政府所拒斥。不得其意。至六十八年。又因其第三回之集會。又開會於列陸希陸斯。當時白耳義人之同盟委員。約達六七萬人之多。然不盡受馬陸科斯之之指導。其多數者。懷抱極端之無政府主義。至哈伊科之會。（千八百七十二年）同盟之分裂。多左祖無政府黨之首領衛科意之說。至西渥衛（千八百七十二年）列陸希陸斯（千八百七十四年）衛陸（千八百七十六年）等之會合。其出席之白耳義人。大抵皆爲無政府主義之人。故無政府主義之勢力。一時極其旺盛。卽爲社會主義。伸張其氣燄之由。所稱『革命的同盟』之團體。亦爲無政府主義之系統。以張其勢力。白耳義之社會主義。皆懷抱此種之思想。然與他國相比。亦分爲溫和過激之兩派。其手段則多用刀火彈丸之力。以圖暴舉。而以平和穩當之方法者。亦間有之。不外依其各自特性之發達。

白耳義之社會黨。大抵傾於無政府主義。其餘之社會黨員。則依共働的方法。以實行其主義。漸張其勢力與作爲。如千八百七十九年。野度烏度阿希陸所設立共働的麪包製造所。卽其一也。其後千八百八十二年。列陸希陸斯之社會黨員。以一類之組織。名爲『人民之家』。而造共働的團體。八十三年。烏陸烏阿亦與此種之同盟。自後四年間。此類之結合。頗爲盛大。國內之各市及工業地。多見其設立。而此種團體之組織。其整頓之規模。不外其團體食料之外。以供給多數之物品。如所稱『人民之家』之團體者。至千八百九十六年。有代表一萬戶與一萬人之會員。一週之間。其製造之麵包。至達於十萬塊。其餘如石炭肉類器具衣服藥品等皆所產出。凡共働的。皆以實價定之。且至會合室書籍館道具室及其餘一切之必要品。無不具備。而此會員者。爲社會勞民黨之發表。有服膺宣言書之義務。以擴張共働的生活之方法。而保全勞働者之權利。其所謂白耳義社會勞民黨之宣言書曰『勞民黨者。以白耳義勞働者之所結合而成。爲勞働者以攺復政治及社會上之權利爲目的。而吾人必借助之。以遂行此目的。熟察社會之現制。其社會制度之不備不全。犧牲勞働者之幸福。以蹂躪其權利者。實爲不少。得些少之賃銀。而終日勞働之勞民。一旦爲病災而失其職。饑饉日逼。而不能自謀。自由之權利。完全之教育。及文明國民所得享有適當當然之事項。勞働者獨不得預其分與此等之事。不一而足。爲遭不時之不幸。又割其勞銀之幾分。其薄資不足以自給。凡農工業上必要之器械。一非彼等之所有。加之監督主理之權。終非彼等之所預。以故經濟社會時時發生惑亂恐慌之境。彼等獨蒙其害而無術以救之。故一切之人民。其侵害勞動者之權利。即己如斯。而勞民黨。即爲欲施改革。先要求於國家之干涉。以救濟勞民不時之災害。依共働團體之組織。而造其資金。依政府之保護。而堅其基礎。於政府爲貧困社會之救濟策。而廢資本的生產組織。以結合勞働者與資本家。置其土地與其餘之必要品。於資本家與地主之學中。而爲一切

社會勞民黨之勢力

勞民之所共有而爲欲達此目的。彼等於政治界更有多少之要求。(一)普通撰舉之實施。(二)普通敎育之普及。(三)政敎之分離。(四)施行平等之司法權。(五)常備軍之廢止。(六)地方自治權之獨立等。於經濟上。亦有多少之要求。(一)八時間勞働問題之決定。(二)幼兒勞働使役之制度法。(三)囚徒勞働之保護。(四)國立保險事業之開設。(五)消費稅之廢止。(六)勞働者之使用物品。以廢止其租稅等。於此之外。更有幾多條件之要求。以冀圖其實行。白耳義之社會黨。其勢力俄然增進。至其組織。亦優於他國。至千八百八十五年。以政治上之目的。而忽興起白耳義勞民黨。誘起政治社會之狂亂。與憲法上之大變革。而爲之大敵。加以以財產而定撰舉之資格。故彼等一時欲振威於政界而不能。自後自由撰舉之議案。提出於上下兩院。而終歸失敗。於是勞民黨又希望全國之同盟罷工。政府乃不得不讓步而採其意。然其所設立自由撰舉之制。實有名而無實。毫不能達勞民之素願。而彼等又企同盟罷工以應之。終得確立完全之自由選舉之法制而止。此制度者。凡丁年以上之男子。皆有撰舉權。其外則爲三十五歲以上之有妻者。與資產家。皆賦與以投票權。爲此選舉之制限。一時屈伏之勞民黨。猛然因此新制而振興。至近日總撰舉之制。亦由多數之同志所選出。今於白耳義之

白耳義政府之政策及其社會的狀態

政治界。占有第二等之地位。以增進其勢力。時進占有第一等之地位者。於政治界而把持有最大勢力。是爲勞民黨將來之希望也。

白耳義近時之改策。採用社會主義之議論者甚多。如其鐵道。全國總計二千八百十哩之中。爲國有者達二千零十八哩。乘車賃銀之廉。除印度之外。其餘無比例者。而其布設費其金額一億八千有餘萬法。自千八百三十五年。鐵路之開通。至千八百九十二年。其所得三億千七百萬法以上云。

加之國內之勞働者。以短少勞働之時間。所得割合多額之賃銀。凡職工之衣服及住宅。受顧主之支給者。亦不少。其賃銀之貯蓄。共有六百零九之國立貯蓄銀行。以應其需。即電信郵便。亦爲國家之事業。而政府營之。集學識經歷之人士。以組織會議。而謀勞働者之妥協。凡其方法。政府皆當其監督獎勵之任。其如災害保險及製造之條例。與英德二國相比。則雖不免有多少之遜色。然其經營設施之謀。政府與人民合力而圖之。黽勉不懈。以企成功云。

第二節　瑞西之社會黨

瑞西介立於歐洲强國之間。國小人尠。然其國民。天資敏悟。能解自由平等之眞理。上下相和。

亡命之客集於瑞西

瑞西之社會黨

民人相親。施共和之政。收民政之美。其地形亦風光明媚。不似他國國民遊惰之習。流寓者輒生久戀之情。

社會黨興起於歐洲諸國。出於賤民挑發之舉。物情洶洶。民心動搖。政府設法令以壓伏之。其首領避難於他國。以逃刑辟之禍。皆多走於瑞西。亡命之說客。前後接踵。雲集於此。以爲避難之區。自馬兹伊拉沙列衞科意馬陸科斯爲始。於是意大利之愛國黨。俄羅斯之虛無黨。德意志之社會黨。法蘭西之革命黨等。皆避難於此。以謀他日之再舉。其主義思想。漸次感染於瑞西國民之腦筋。故社會主義之學說及其運動。皆依此等亡命之家。以傳播於瑞西。而漸次發達。

千八百四十八年之革命既終。革命之失敗者。皆走瑞西。就中自德意志而來者。尤占其多。遂說瑞西國民之一部。相共而組成德意志社會黨。是爲瑞西社會黨結合之濫觴。後千八百六十四年。開國際的勞働者同盟之會於倫敦。衞加設其支部於瑞西。六十八年。發刊其機關紙。自後各所結合此等之團體者甚多。其最盛之時。希渥衞共存三十六之支部云。千八百六十七年。結合是等之各支部。以組織一團體。千八百七十二年。哈伊科之會。無政府黨之分裂。當時衞科意滯在西渥衞。遂逐其居住。於是瑞西之社會黨。於無政府黨之外。設立自治的集會。以爲眞正國際的同盟。其後更無幾何。黨內之議論。互相衝突。以致紛擾。至千八百八十八年。紛亂不絕。頗歷時日。是年。瑞西社會民主黨之團體乃成。於是紛亂之形勢一變。諸事漸達整頓之域。其黨員爲瑞西社會黨中之錚錚者。網羅千七百名。勢燄漸揚。且其機關紙。發兌至四千四百部。乃大吐露其自說。以盛張社會主義之氣燄。而彼等所持論之唱道者。曰生產機關之國有。曰勞働者之保護監督。曰敎育之普及等。悉與其餘之社會主義者之說相同。故資本家及地主之一派。頗惡彼等之舉動。加之彼等之政治的議論。欲除去聯邦諸州之高等警察。自人民而選舉國民議會。且於聯邦之選舉。用比較投票之制等。更提出其餘數個之要件。方社會民主黨之勢燄漸熾之時。瑞西之職工同盟及同業合組之組織。亦極旺盛。而能實行社會主義之說。其最有勢力者。則推科陸托利之團體。

科陸托利之團體

科陸托利之團體。千八百三十八年。與於希渥衞當十四世紀之初。千三百零七年。烏利希烏伊茲拉伊海陸科三州相合而成。爲瑞西聯邦之基礎。當時之事情。不過偶立此名。至於今日。於瑞西各種之團體中。把持最大之勢力。有三百五十二之支部。一萬五千餘之會員。其會員中。雖勞働者與職工充其過半之數。而顧主及有勢力之政治家、加入此團體者亦甚多。其餘更有外國人之會員。然而外國人者亦如內地之會員。有裁決投票之權。其團體之維持費年七千磅。自會員醵金充之。又別有一萬四千磅之豫備費。以『科陸托利』之雜誌。爲其機關。會員有購讀之義務。而此團體。於聯邦之地勢及言語等。毫無區別。故其勢力。陰然把持東部諸州徧及德意志之國境。以二百六十之支部。其使用德意志語者。設立於聯邦內。以對使用法語之聯邦諸國。大振其威。然亦因其權力之分配。頗不平均。於是東部諸州工業繁盛之度。遙壓西部諸州。亦爲一最大原因之一也。

科陸托陸團體者。其目的素以改良保護勞働者之利益與地位。及政治上社會上經濟上之意見。徵其千八百八十一年之發表宣言書。可得而知。而其懷抱政治上之意見。雖傾於中央制派。而其政策。多折衷調和於自由主義與社會共和主義之兩說。以計畫各種之方策。不持麤暴過激之說。以難當世。以漸期社會改良之實功。吾人今欲知彼等之目的。特畧述其宣言書之大要。卽如彼等之宣言書。先則注意於敎育。其普通敎育者。以公費支辦之。其對貧困者。施與一切之敎育費。其關於勞働之保護。以法律確定勞働日與勞働時間。改正工場條例。嚴行十時間勞働之制。爲保護勞民。以定國際間之規則。且於衛生上之醫藥。及葬禮一式之費用。皆歸於國家與公共團體之負擔。凡調查勞働者之狀態。與統計表年年公表之。就勞働者之賃銀。參酌地方之狀況。爲充分勞働者自活之費用之標準。確定以最低之賃銀。不限於男女長少。服一樣之勞働者。支給同一之賃銀。凡工塲衛生之監督。職工之病災保險等。皆爲國家之事業。其餘如鐵道電信銀行（有發行紙幣之權者）煙草寸燐等。凡獨占的之性質者。皆爲國家事業。而政府經營之。又如小作條例改良之方法。更大講究。以企圖其改良。

勞働者之聯合會成

科陸托利之團體。其勢力如斯。彼等爲貫徹自黨之主義。千八百八十六年八月二十八日。向聯邦政府之商務局。與自己之團體。使命一名之勞働書記官。且此書記官之給俸。與政府之官吏同樣。而要求政府之支給。此議自科陸托利團體始。其餘如瑞西全國之勞働團體。及同業合組之代表。集會而要求其條件。皆得政府之認可。千八百八十七年四月十日。開其第一回選擧會於阿洛。此選擧會者。包括各聯邦之同業組合、病災救護組合及其餘各種之團體。於中央部。則二十二個之團體。於地方部。則百二十個之團體。其代表有百五十八名之代表者。與三十七名之列席員。以開會。科陸托利之團體。於會議之第一著。遂提出結合此等各團體與組織瑞西勞働組合之議。竟得贊成。於是勞働者之一大聯合會之形成。此會員之總數。科利托利團體固有之會員一萬三千人之外。其各團體及新入會員其設立之初。亦既十萬三千人。至千八百九十三年。其數乃更增加。竟至包容三十萬人。

聯合會之目的及組織

聯合會之目的。其規則之第一條。爲瑞西勞働社會共同的利益之代表。凡共働團體。依其統計報告。以從事共働的生產。而其第二條。舉其組織聯合會。與數個之要素。以明斯會之本性。即如聯合會者。以第一各團體之代議員。第二聯合會之中央委員。第三事務委員。第四常任勞働書記官之四種而成。代議會員者。每三年。開會一次。其開會之時日。任中央委員之決定。或有總數十分之一以上之代議員。請求於中央委員之時。則可隨時而開。中央委員者以三年之年期。由代議員會選出之。且自其中而選出事務委員。常任勞働書記官者。自瑞西公民之中。由中央委員選任之。以造統計報告。審查勞働社會之狀態。需要供給之模樣。時時報告於各聯合之團體。又對各種之質問。示以答辯等及諸般之事務。其俸給自政府支給之。其資格亦與政府之官吏同。凡會議及其餘之諸經費。自聯合會支辦之。以規定多數緊要之條件。然自第一回之聯合會。開會選舉勞働書記官。以斯利希茲之統計家海陸科利希茲當其任。

至千八百九十三年。科利希茲三年之任期既盡。於是聯合會。更再選其當任者。

憲法改正之請願

瑞西社會主義之黨與。其勢力漸漸增進。彼等更向其餘之方面。而謀貫徹其目的。千八百九十二年一月。衛陸州之社會黨員。對勞働者爲保全對勞働者報酬之權利。要求憲法之改正。即爲彼等對聯邦各州及各市之勞働者。要求普及之報酬。以增加勞働者之需要。(一)短縮勞働之時間。(二)勞働者新設一直轄之一局。爲無職業之勞働者。易於求職業之地位。(三)依法律上之規定。以杜絕顧者解顧勞働者之弊。(四)凡國立者。自其國有之財本。以設立私立之保險會社。以保護無職之勞働者。其餘更有幾多之改正。以企圖勞働社會之改良。蓋瑞西者。以公民五萬以上之連署。以請求憲法之改正。不必人民之投票而後決其可否。其制如此。故彼等先得五萬之同志。然後依人民多數之贊助。以冀達其目的。於是連署憲法改正之請願者。其數及五萬二千之多。其第一之目的雖漸達。然不及問人民之可否。不能得其多數。而憲法改正之事業。尚未見其成功。

瑞西社會的之狀態

瑞西社會黨憲法改正之事雖失敗。然人民與此改正案同意者亦甚多。加以其勢力日漸增加。彼等遂信爲貫徹其目的之期。乃又繼續其運動。而聯邦政府施政之方針。亦漸逐年而採

徒弟規則

用社會主義之說。工業上之諸規則。年年完備而整頓。依於市制之發達。而勞働者之住宅。亦漸改良。於瑞西之市立及州立之博物館及工業學校。於世界中。共稱其爲最完全。而其工業學校之種類。無一不足。自彫刻美術。始至農業及時計製造業。皆由專門教授之學校。就中擇其最必要者。以陳之。千八百九十一年。所布發之『徒弟規則』。是其經驗之證也。

徒弟規則施行之主意。以徒弟之身分。以習職業上之熟練。凡適用之職工。其所最重要者。如時計製造業之徒弟。彼等依其社會監督之保護。設同業組合之委員。時時巡視其工場及製造所。以監視其徒弟之修業。雖顧主亦不能擅使用其徒弟。爲其餘之事業。且必與以餘裕之時間。以從事於宗教上及普通之教育。自十三歲至十五歲之幼童。其事業限於十時間以內。自十五歲以上之學童。不得過十二時間以內。爲定制云。

千八百八十七年。又得實施酒精專賣法之好結果。其酒精專賣之方法者。分數種。(一)其國內製者。則政府酒精購入所而購入之。更由仲買人而購賣之。(二)以外國產之原料所釀出之酒精。則賦課其租稅。且凡酒精與列拉特。自外國輸入者。於政府購入之。若經私人之手而輸入者。則高課其稅。以保彼此之平均。

酒精專賣法之實施及其結果

酒精專賣法施行之精神。關於財政及道德上之二點。自政府以收入於國庫。以除倫理上酗酒之弊害。以謀社會之改善。瑞西政府自施行此法律。其收入漸漸增加至千八百九十六年。專賣所之利益。達六百三十萬法之多。政府以此十分之一。以與聯邦諸國。以充救濟除去酒精所生幾多之弊害。一面又收酒精專賣之利益。於是酒精需要之額。乃大減少。於法律實施以前。一人平均自九利托陸與十利托陸以上之酒量。至千八百九十一年。減少至六利托陸半之內外。加之政府專賣之酒精。其性質純粹。故消費者害於身體者絕少。專賣法施行之結果。既利個人而利國家者亦不少。政府則爲公共之利益。禁止私人之營業。而代個人以營之。於瑞西政府之成功。已有可見。然而反駁政府之營業者。以爲侵害人民之自由。亦所宜察也。

第三節　意大利之社會黨

意大利社會黨之發生

意大利社會黨之發生。亦享國際的勞働者同盟會之餘波。千八百七十六年。洛沙之會。出一名之代議員。是爲社會黨之萌芽。自後社會黨派之運動。漸漸擴張。衛科意之設立無政府黨派者。隱然伏於社會之裏面。與他國之同志而通其脉絡。時或施粗麤過激之手段。以逼高貴。大招社會之嫌厭。然而無政府主義者。不過行其一部。施其一種之慣用手段。而凡意大利之社會黨。因之悉被過激粗暴之名。彼等因或者屢害其安寧秩序。終始不得達其目的。行其主義。於是馬茲意與加利海陸茲。因觸政府之嫌忌。而解其黨。又或爲警官之威力所壓伏。終未能成。既而當建國之初。於諸事糾紛之裏。以期舉國一致之運動。而織成一大黨派。殊非易事云。

馬茲意

意大利之社會黨。企舉國共同之運動。一再不已。然其目的久無可達之期。千八百六十一年。依馬茲意之指導。結職工同盟於卜洛列斯。其創立之始。雖蒙政治的多少猜疑之邪念。尚能結合三千人之會員。而有一大共働工塲與一千卷之書册。其設立之書籍館。超於十年以前者。至千八百七十一年。職工之代表者。會於羅馬。以結相互扶助之友愛的契約。自後遂包容六百個之團體。千八百九十二年。於希利島之衛列陸賀。開第十八回之總選舉。於政治上。信奉馬茲意之說爲宗旨。

勞民黨

千八百八十二年。投票擴張之舉。至千八百八十五年。信奉社會主義及無政府主義之意大利勞民黨。興於米拉。其勢力頓見旺盛。至八十五年。因政府而遂解黨。至千八百九十一年。米拉及希耶亞。又興新勞民黨。發社會主義之宣言書。盛募同志。區別社會上下二段之階級。以

意大利社會勞民黨

打破資本家之階級。而爲勞働者之階級之勢援。而其目的。卽以土地礦山製造所及鐵道爲共有。除去富者獨占之弊。其加入此黨派者。凡都鄙之職工及社會主義之人。時催會員之總集會。或設委員置書記。謀通信於諸外國。其勢力漸次大昌。至開第二回之總會。於野美拉州之列希拉。附於意大利社會勞民黨之名稱。以與國際的勞働同盟而通氣脈。千八百九十三年。又開同盟會於斯利茲。發刊幾多有益之報告。而其黨員之數。雖不能知其細數。然其通常會員二十萬人之外。尙包容三百個附屬之團體。與一萬一千人之農民。因此黨派之助援。於國內之各處。更組織續出此種之新團體。於卑度賀度及他斯加意各地方。其數尤多。又如衞陸加賀及科列賀卜之紡織職工。與希利之農民等。企圖同盟罷工。（時千八百九十三年九月）又與以直接間接之助援。千八百九十三年。三月一日。意大利全國之勞働者以試一致之示威運動。其後援者。亦出於此社會勞民黨云。

勞働會議之設立

意大利社會的運動之結果。卽勞働會議之設立。是也。勞働會議設立之本旨。大抵如下所錄者。（一）依其職業以區別勞働者。（二）普通敎育及技藝敎育之普及。（三）裁定顧者與被顧者之紛擾。選定仲裁委員等。一意擁護勞働者之地位。是等會議之性質。於政治上有何等之意見可測而知。於政治社界雖無絲毫之勢力。然勞働者之勢力。漸趨旺盛。彼等於政治上有希望參議之期。而此會議最後之整頓。於美拉府之勞働會議。自千八百九十一年九月。始設立之。勞働者結合之勢力。愈趨旺盛。意大利政府。雖欲限制社會黨派之運動。而終不能絕滅之。蓋社會黨之基礎。有多少之確固。不能動搖。故雖以政府之權力而欲芟除之。終不能奏其效果。於是政府乃變其方針。視機應變。以抑制其強暴。壓伏其橫行。而暗圖以挫其勢力。

第四節　嗹馬和蘭之社會黨

嗹馬之社會黨

嗹馬和蘭之社會黨者。即謂之爲德意志社會黨之分派也可。其主義運動。常採之於德意志之社會黨。或隨附之。以張其勢燄。千八百七十六年於可衞海契開嗹馬社會黨之集會。自五十五個之團體。而撰出代表員七十五名。且此團體之會員。併計五千五百人。是爲嗹馬社會黨結合之端緒。千八百七十八年。社會共和黨之勢力。又漸旺盛。國內之名士。皆爲所包容。八十九年。竟出二名之代議士於下院。舉賀陸摩賀陸他二人。且相續而有六種之機關紙。其發刊者。雜誌凡五。新聞一。然與德意志之社會黨相比。其勢力之微弱。究不可同年而語也。

和蘭之社會黨

和蘭社會黨之發生。以千八百六十九年。設置國際的勞働者同盟會支部於亞摩斯特陸他摩爲始。同時又發刊其機關紙。然至千八百七十二年。同盟會二派之分裂。黨勢衰頹。漸不能振。自後度那拉意野由列斯突起而鼓吹之。社會黨派之運命乃再興復。千八百八十八年。乃選其代議士。八十九年。設立社會共和的同盟會。示其綱領而發宣言書。以大糾合同志。先是共働的事業。早已實施於和蘭。如麵麭靴等之共働製造所。盛行於哈伊科。千八百八十九年。其利益達於三萬列洛利。然資本主與勞働者之間。不相和融。既而社會黨派。說破其功。乃大挫折其氣運。

和蘭社會黨之所以不振

和蘭之社會黨。其勢力雖不免甚微。其結合之度亦甚弱。其運動顯著之事蹟。亦甚鮮。蓋其氣運使然。而其國之狀勢。亦其作爲之原因。當今和蘭之國民。進取之活氣漸減。改良進步之途。亦絕其蹟。偸安姑息。以圖一日之閑。加之社會主義者所唱道共働的事業。雖實施於此地。又爲他事之所阻。而和蘭之社會黨。一時又傾於無政府主義之態度。如其首領意由野列斯者。全爲信奉無政府主義之人。故以社會黨與無政府相混視者甚多。而嫌惡無政府主義之念。遂延至以嫌惡社會主義。而於社會主義發達之前途。遂生一大障害。識者爲之隱慮云。

第五章　東歐諸州社會黨之現狀

第一節　墺大利匈牙利之社會黨

墺大利匈牙利

位於東歐諸州之邦國。社會主義發達之最盛者。以墺大利匈牙利二國爲極點。其餘則始於衛陸加諸州。而至瑞典那威。皆爲大供研究社會主義之好資料。而俄羅斯者。以專制主義之反動。而生極端之無政府主義。其勢蔓延。又促虛無黨之發生。不過所以酬報政府之壓抑。遂逞一種過激之手段。而如社會主義。講求社會組織之改革。爲唯一之目的。以求救濟貧民之策者。殊未見其完全之發達也。

墺大利匈牙利之社會黨

墺大利匈牙利之社會主義者。其系統亦始於德意志之間。爲使用德意志語之國民。於是鞏固之基礎乃成。當德意志社會共和黨未成之先。德墺二國之社會主義者。隱然通其氣脈。互相爲之勢援。其會於亞伊希耶科也。墺國亦送代議員而列會。自後社會黨之勢。談漸致盛大。政府遂發令禁止其集合。於是社會黨之運動愈盛。黨內不平之士亦漸生。是等之人士。互相結合。其派遂成兩歧。遂組織溫和的勞民黨與急進的勞民黨。急進黨派者。與封建主義之僧侶相結託。以當自由黨。而張其勢力。於是溫和派亦聯合自由黨以當敵黨。磨堅勵銳。互相競爭。

溫急兩派之分裂

蓋溫和派之所以組織自由黨者。頗欲根絕封建制之遺風。與僧侶之跋扈。而望社會組織

衛列度陸之集會

之改良。以奏其功。然自千八百七十八年。德意志之發布社會黨之鎮壓令。於是政府之意志。全然與社會黨相叛離。墺大利之社會黨。亦大失望。由失望而變爲絕望之期。故急進黨派變爲無政府黨。溫和黨亦轉化爲自由主義。其態度遂爲一層急劇之狀。以故自千八百八十一年至八十四年之間。無政府黨之暴動。愈出愈劇。屢屢危害社會或紊亂秩序與安寧政府愈欲借强力以壓之。亦發令以壓抑社會黨員與其機關紙。自後社會主義。乃以同業組合爲中心。而持續其運動。千八百八十八年。衛列陸度之集會。更舉結黨之式。急進黨與溫和黨。除其中之無政府主義。再相結合。別共組織有力之團體。是爲現時墺國社會共和黨顯出之端。

墺國社會共和黨所服膺之社會主義。以馬陸科斯之說爲根柢。與德意志各派之社會黨同。以制立八時間勞働之問題及禁止日曜勞働爲目的。禁止使役十四歲以下之幼童。保護婦女子之勞働。監督工場之衛生。又爲保護職工之完成。制定嚴密之工業條例。以公費而救濟職工之災害。加之彼等經總會之決議。發表社會共和主義之宣言書。（宣言書載第三編第二章社會共和主義之條下相參照）以公表自己之主義目的。其手段方法。亦以溫和著實爲宗旨。而避過激麤暴之舉動。於是社會之面目一新。以副社會之輿望。

社會民主黨。其勢力既漸漸增加。其發兌之機關紙。銷暢亦多。於墺國社會政治上之狀態。亦傾向於斯黨之發達。政界之風潮。亦漸認社會主義之說。千八百八十九年。自由黨諮問於政府。設立勞働會議之可否。指命特別委員。設立勞働會議之委員會。然其結果。終無效驗。於是國內各所之勞働者。翕然集於社會黨之旗下。社會民主主義之氣燄。更增一層之光彩。

其勢既已如此。而勞働者反抗之氣燄。日進不已。同盟罷工。與一揆運動。隨處而勃興。政府再欲以强力壓之。乃解散其集會。停禁其新聞紙之發行。其機關紙之發行者數名。爲政府所逮捕。其結果也。遂致社會共和黨於千八百九十一年六月二十八日。開第二回之總會於維也納。

維也納之總會者。得墺大利政府之說。公認社會共和黨之設立。且此黨派者。限制其擾亂國民之本性。及對其餘之種族而施一切違反之規律。公認其爲獨立之團體。

千八百九十二年之冬。其對社會共和黨出版物之檢閱。復盡力於運動。以奏其功。於國會而制定其出版條例之目的。更選定其特別委員。

千八百九十三年之初。爲施直接之平等普通選舉制。朝野兩黨之議論漸盛。是年四月。於白

普通選擧制問題

耳義國接施行普通選擧制之報。墺國之社會共和黨。豫想將來自國之功。遙表祝賀之意。千八百九十三年五月一日。奉行祝典之時。全墺國之社會黨員出其多年之宿志。所注八時間勞働之問題。併普通選擧制之改正。發表自黨之宿論。以試活潑之運動。集千五萬人之老幼男女。依軍隊的運動。橫行於維也納之街道。每至貴族之門前。三唱社會民主主義之永續及八時間勞働制及普通選擧制之確立。以盛示示威運動之態度。六月。又會二十萬人於維也納。誓約無論如何之障害。必排除之。以期貫徹終局之目的。

其法案

是年十月一日。提出伯爵他列一議案於議會。以施普通選擧之制。然此法律者。欲謂之爲純然平等的普通選擧制而未能。不過依墺國之選擧者。以其數至二倍之多。而計算社會共和黨雖素欲贊成此法律。以達自黨之目的。爲一段之階梯。然此法案一度提出於議會。忽爲政畧之一問題。於是各派之有志者。爲研究該問題。大集會於各所。故中級社會、地主、及國民黨、之代表。三種之黨派。互相聯合。以反對其決議。遂至內閣有交迭之擧。

三派之聯合

於是社會黨大會同志於維也納。三派聯合之運動。以相非難。曰『於國會以有力三個之團體相聯合。以反對選擧改正法之一事。爲我黨之所最注意者。爲全國之勞働者。此等聯合之運動。殊不易當。於社會

社會共和黨

共和黨一切人民之平等利益。於制定直接普通選舉之制。可決其挫折失敗。」同時其首領亞度拉亦公言曰。『吾人於政界爲貧者之抗對富者及特權者。故爲一團相結合。以組織一新團體。今日貧者議論之上。相爭論之時期既去。必於階級間之爭鬩。以準備其開戰。』於是兩派之氣燄。達其極點。社會共和黨之全力。共傾入於墺國政界將來之問題。與普通選舉制之問題。

社會黨之機關紙

社會共和黨依於幾多之政治的俱樂部及新聞雜誌。以鼓吹其氣燄。凡屬此派之新聞雜誌者。其勢力漸赴旺盛。是等各種之雜誌中。其最盛者。發兌自一萬至二萬部以上。然其妨害社會主義之傳播。爲最有力之一條件者。則無政府主義與社會主義之混同是也。蓋無政府主義者。純然與社會主義相殊。故社會共和黨之主張社會主義。與無政府主義之所說相比。全然大異其趣。然世多以兩者相混視。而嫌惡無政府主義之極者。併社會主義。亦加非難。大爲其擴張黨勢之妨害。是不獨墺大利爲然。其餘之諸國大概而能判別此兩種者極尠。故社會主義。大因無政府主義之妨害。而阻其進步。故吾人於此點。而爲社會主義雪其寃。則其爲功於社會主義誠不少也。

社會主義傳播之妨害物

第二節　瑞典那威之社會黨

瑞典那威二國之社會主義之所以不發達

瑞典那威兩國之工業的進步。與歐洲中部之諸國相比。大有退讓之形。於現時社會的趨勢。與文明之進步相隨伴。而都府人口之增殖。亦隨之。然此二國未有顯著之事例。其住都會之人口。與全國民相比例。不過僅當其一割五分。故其資本制度之發達。亦未甚盛。而顧者與被顧者間之關係。其困難亦甚少。社會之狀態。常處於沈靜。其餘諸國續出之社會問題。亦尙未擾破斯國之民情。其製造事業之發達。亦甚遲緩。故社會主義之必要。未能大動志士之心。以如斯沈靜安穩之社會。而終不能不感激於他國之風潮。當此社會的運動之時。豈無戟刺其民情者。

瑞典那威半島之社會主義

千八百七十三年。和蘭之社會黨。試移植社會主義於此地。一時於科利斯茲阿耶設立三十餘個之團體。其漸次離散之蹟。至千八百八十三年。及其餘之社會民主的團體之同市興。至八十七年。開社會民主主義之總會於阿列他陸。是爲社會黨之萌芽。漸漸發生。千八百八十八年。社會黨派於瑞典國內。有四種之機關新聞。其後其政府停止其中三新聞之發刊。且禁錮其發行人。至八十九年五月。而二十五個之團體又成。又開社會主義之總集會。自後其運動雖持續不絕。而其氣燄。不過於一部之人民。以支持其命脈。至千八百八十七年。

那威之勞働黨與千八百九十三年。其會員之數。達於九千人之外。於社會黨發達史之上。別記載其事實焉。

俄羅斯與社會黨

第三節　俄羅斯之社會黨

俄羅斯者。與其餘之歐洲諸國。大異其趣。其餘諸國之社會主義。多自社會之不滿而發動。其懷抱以調和社會的不平均爲目的。匡正貧富之懸隔爲感愈。獨俄羅斯之社會問題者。其於政治上之問題。深相關聯。蓋以俄國特有之專制主義。相激而成。以調和匡正社會之不平均與貧富之懸隔。必先平其政治上之不平等。而謀民權之伸張。此等政治上之革命。爲改革派畢生之目的。若於續出殖產社會以解釋社會之問題。爲唯一之目的。以與諸國之社會黨相與一致。則於俄羅斯。尚未見發生也。

無政府黨及虛無黨

俄羅斯之國情如此。以政治的不平等之反動。而相結合。與社會黨相比。更有一層過激極端之思想。其運動之陰險。其手段之𪚥暴。時時爆發。以害社會之安寧秩序者。不一而足。暗殺官吏刺弑皇帝等。數見不鮮。俄羅斯近世之事蹟。爲腥風慘憺之局面者居多。實爲歷史之一大污點。而虛無黨內所計畫秘密之手段。如衞科意科洛賀契之徒。不外於傳說無政府主義。兩兩相携。施其詭計於社會。漸失衆民之輿望。然其勢力頗擴張。吾人既於無政府主義之條下。以描寫俄羅斯社會之內情。不再述之。然以俄羅斯政府之專制。雖未能促社會主義之發生。而獨激陰險疏暴之徒。逞其跋扈。其政府亦岌岌而可危。俄羅斯之現象如此。而社會主義之發達。亦不遠矣。

衛路加諸邦之社會主義

其餘於東歐諸州之社會主義。亦尚可尋。如衛路加諸州。亦此種黨派之所發生。以解釋此社會問題。又如陸馬意耶之社會團體。列陸加利耶之社會民主黨。雖集多少之黨員。把持幾多之勢力。而未足以大動社會。其所説者。多模倣德墺諸國之學説。爲勞働者之保護。貧民問題之研究等。自德意志之社會黨而轉化者甚多。不能唱道一最新之學理。而别著一見地。而其運動影響於社會之趨勢者亦不甚多。故是等諸國社會問題之研究。與德法諸國相比較。誠不可同日而語。然自西陸卑耶與其餘之邦國。所結合社會主義之團體。而爲勞働者之集會。時或有之。然其所結合。不過一時而止。求其團體永續。以當社會者。其數甚稀。故一研究其社會的勢力。其價値未易認識也。

附西班牙葡萄牙之社會黨

西班牙之社會黨

社會民主勞民黨與無政府主義

西班牙社會黨之發生。自千八百六十八年萬國勞働者同盟會之設立爲始。其後根柢漸深。至千八百七十三年。包容六百七十四種之支部。與三十萬人之會員。如衛希洛耶及米那陸加島苟稱工業地之所。必有存在者。然而西班牙之社會黨多帶無政府主義之性質。當同盟分裂之際。衛科意之一派。乃投於無政府黨。以故西班牙之社會的運動與指揮。大抵皆爲無政府黨之一派。千八百八十二年。馬陸科斯派之社會黨與集其同志以謀政權之分配。共働的財產之共有。及工業的結合之基礎。以圖社會組織之改良等爲目的。而組織社會民主主義之勞民黨。然西班牙之社會黨者。倣共和國之聯邦組織。爲數個之分立。故中央團體之勢力。甚爲微弱。不能統御之。其氣燄故不能大振。加之其對社會主義之綱領。黨內又生幾多之異論。往往與無政府主義而相混同。其極遂爲千八百八十一年國際的勞働者同盟而改造西班牙之團體。布散秘密之綱領。自後此黨派之狀勢。稍顯恢復之色。千八百八十八年。乃採社會主義。以組織西班牙全國之勞働者同盟。此同盟者。當設立之初。包容二十九個之團體。三千三百有餘之會員。漸次擴張。今則有百十二個之團體。八千九百有餘之會員。隔年爲一次之總集會。且得歐洲諸國之社會的運動之勢援。五月一日。乃試行其運動。社會黨之舉動。

亞美利加社會主義之發生

乃漸活潑。

第六章　亞美利加社會黨之現狀

社會主義者。不獨局限於西大陸之一天地。至北美合衆國。亦發其萌芽。以擴張其勢力與作爲。此其偶爾之事情。然其爲一大富國。其工業的進步之趨勢。與歐洲諸國相比。遙出其上。其製造事業之發達。共年而盛。貨殖之術。亦日進。拓無限之遺利。而造饒多之富。國運暢進之度。今爲冠絕世界之邦國。然其貨物分配之制。或失其平。其豪富紳商。或有巨萬之富。而獨占製造機關。把持工業社會無限之勢力。或專有萬頃之土地。富淩王侯者。而勞働者之賃銀。未能滿足。彼等故製造事業之改良。不獨爲資本主之利。而勞働者之益。亦併之。既而財產偏集之趨向漸盛。上有喜驕奢之士。下有唱不平之徒。其事情如斯。故社會制度之改革。遂發其端而不容已也。

於是祖述歐洲之社會主義者。遂移植爲亞美利加之社會主義。於歐洲既有數種之分派。在亞美利加者亦然。而復加以特種之學說。自各種之方面。以開發社會主義之運動。而亞美利加之社會黨。遂生五種以上之分派。

於美國特種之社會的現象。包容各種之移住民。故其社會主義。亦自是等各種之移住民。各各亦異其組織。一團一體。互作獨立之黨派。以至今日。其分類甚爲不少。而其人民。多有遠離故鄉以移住此新開國者。故能以共同一致。而勵貨殖之業。以共產主義。爲其本職。其團體自然而成。此美國之社會黨。所以爲幾多之共產的團體也。

共和主義之團體

美國之共產的團體。其數雖甚夥。然大抵皆帶宗敎的性質。依其敎義。以結合同志。而從事於共同之生產。全然爲一個之社會。至於今日。稍有名者。如西加哈賀意耶陸亞馬耶等之團體。其餘如紐約州之拉渥他茲幼哈列利所設立之伊加利阿。及法蘭西社會黨加衛共其黨與所設立之伊加利亞（伊加利亞之團體與第一編第二章相參照）等之團體。其勢力頗微。不堪屈指。又如英國之洛衛托拉野。亦於伊茲阿耶州而設立意野哈賀意之團體。其結果亦屬無効。前已記述之。（與第一編第三章參照）

西加之團體

西加派之團體。初組織於亞美利加千七百七十四年。阿他利率其同志所設立。其住所定於可洛臯耶州之列衞那山麓。今茲尙極其繁榮。以營共同事業。於百有餘年之間。大貯蓄其財產。以宗敎上之信念。而企共同福祉。且企圖團體之鞏固與隆盛。其餘又與此派之團體於各所。說明以宗敎上之敎義。熱心而謀共產的生活之方法。以實行爲自黨之任。而遙期後來之大成。既而教義之信念漸薄。會員之熱誠亦漸減。故彼等以宗教上之教義。爲社會之應用。以企圖共產主義之實行之一事。恐不免有誤其目的之期。然彼等於蓄財之上。今已達其目的。則後來之發達。亦未嘗不可豫期。

哈賀意之團體

次於西加一派之設立。而顯於美國。爲共產主義之團體者。則稱哈賀意之團體。千八百零三年。烏特衞陸科之人茲幼陸茲拉列。共其同志而來此國。遂移植於哈希陸衞意耶。後又移於伊希耶那之哈賀意。遂組織哈賀意之團體。千八百二十五年。又移於拉野。後又移於卑茲衞陸科之近方野可那美。以自家之所說。而組織一團體。仍襲哈賀意團體之名。今仍存在。此團體亦加以宗教說參與其間。而實行無妻主義。傳自重信仰友愛等之福音。雖大募同志。而其勢力未能大振。只依各自勤勉之結果。以貯蓄其財產。故勞働者與使役。不過支持日常必要之生計。會員之數。因之漸減。以至垂垂而盡。其運命亦隨之。

耶陸之團體

希幼西列列陸那陸於千八百七十年。率退教者之一派。自烏特衞陸科而來此地。依科野加宗徒之助力。乃購哈希陸衞意耶州之耶陸之土地。而造共產組織之一團體。其勢力至今。尙頗繁榮。此團體者。亦如拉列之團體。純然而守無妻主義。及後雖得許可會員之結婚。然於團體之員數。不能增加。獨至其財產。以會員勤勉之結果。得大增殖。自千八百八十八年。併其所有之財產。至二千五百萬弗之多額以上。一人約有五千弗貯藏之財產。

亞馬耶之團體

亞馬那之團體者。與前二者之團體相同。自日耳曼殖民地所發生。千八百十七年。科科斯茲亞那斯以宗教上之信仰。而成高尚共產的生活之基礎。而組織一團體。千八百四十二年。自美國而來。移住於紐約州之衞哈洛近郊。自野列渥沙而移住於拉哈幼州之亞馬那。遂稱亞馬那之團體。時千八百五十五年。蓋亞馬那者。本一村落。以其營共產的生活。併七個之村落。而稱高原之名。其會員許可其結婚。有造家族等之自由。與亞美利加其餘之共產的團體相比。最爲採用自由簡易之方法。

以上各種之團體。大抵皆爲宗教的共產主義之團體。彼等於貯蓄之點。皆能達其目的。其餘團體之勢力。則誠不免太微。而其運命間有危殆之時。其餘之目之爲共產黨者。皆信奉列利陸之說。以組織共同組合。Phanix 然只一時之事業。今攷其事蹟。其第一著。爲美陸烏易耶之

列利陸之團體

團體。有百四十五人之會員。二千三百野科陸之土地。設立列利陸主義之共同組合。然以管理之不充分。設立後僅二年而遂失敗。次之則爲千八百四十三年意野希陸茲之賀馬烏斯

社會民主主義

之團體繼興。初僅十二人之會員與八千弗之資金。至翌年增加會員至七十七人。資金之額。至二萬八千弗。遂呈一絕大之現象。自後經十二年。爲火災而銷盡。以千八百五十五年。乃遂告終。其餘同樣之共產的組織之團體。一時甚夥。皆未能達其目的。僅爲宗教的組織之共產黨。其餘既歸於失敗。於是美國之共產主義。其勢力愈漸衰微。

共產團體其續現出於亞美利加者。爲社會主義之分派。如馬陸科斯派。卽社會民主派是也。擾亂歐洲之天地。煽揚革命之勢燄。至千八百四十八年。乃始歸於穩靜。於是社會主義。超大洋而渡至美國者甚多。就中以德人烏依陸衞陸磨烏依托利科爲其先導。彼等於其本國之間。唱道共產主義。有『德意志共產黨之父』之名。自移於美國。又唱導民主主義。又稱爲『美國社會民主主義之父祖』。於紐約而組織勞働者之同盟。得伊科沙科可茲等之助力。故得繼續其運動。至中途而變其目的。委身於器械之發明。天文學之研究。而其持說之社會主義。則全放棄之。其後體育的同盟會既興。又唱社會主義。與紐約衞陸茲賀阿等相會合。共定規約。與精神之修養。及身體之修養。其格言有『聰明之精神。住於壯健之身體』云。蓋求適應之方法。以促身心之發達。爲其目的。此團體者。雖因其內訌而分爲二。然其勢力漸次遂集。以至

國際同盟會之分派顯於亞美利加

南北之戰爭。當此戰爭之際。其會員之任兵役者。多至四割乃至五割以上。而其戰爭終局後。改名爲北美體育同盟會。以改正其組織。而遵奉社會主義。不僅於其名義上。更進而於實事上。試講究其問題。其規定之綱領曰。『爲身心之發達與健全。以期眞正之共和政體。依此理由。以企圖社會宗敎及政治上之改革。而成就德育智育之普及』云。其目的如此。可想而知矣。

千八百六十七年。拉沙列派之黨與。於紐約而造一團體。此新團體者。與前此社會主義之團體相聯合。而組織社會黨。千八百九十六年。與國際的勞働者同盟會。通其氣脈。而傳播其思想。自後自千八百七十年至七十三年之頃。各種之團體續出。同時又有幾多之同業組合。亦相聯合。而爲國際的同盟會。北美中央委員之一人。爲三十萬以上之會員之代表。係由同業組合之組織。與紐約勞働同盟會之出席。又國際同盟會歐洲中央議會之書記長茲幼陸茲野加利耶斯寄書於卑耶特陸卑耶開會中之國民勞働會。要求於沙陸開會之時。勞働會派遣委員而出席等。於是社會黨派之運動漸漸活潑。與歐美兩國之黨員互相呼應。以期黨勢之擴張。國際勞働會之勢力。於美國一時。大向於盛運。然同盟會之運動。流於過激。自急進主

國際同盟會之本部移於紐約

義而移爲無政府主義。遂顯革命的社會黨之本質。於是英美二國之同業組合。遂脫國際的勞働會。

國際勞働會與同業組合。既相分離。其運動益涉於過激。千八百七十二年。歐洲之本部。移於紐約。其運動雖繼續其盛。然自哈伊科之大會。分裂又生。此同盟自移於美國。黨內又生內訌。社會黨與無政府黨之主義。常不相合。同盟之運命。日趨衰靡。又設種種之名稱。開會於各所。前後凡四回。每度開會之期。兩派之感情益傾疏遠。千八百八十二年十二月。希幼賀斯度至紐約而有所謀。又爲一種之導火線。千八百八十三年。無政府派會於卑斯衛陸科社會黨派集於衛陸渥賀亞。互相密議。然確執不相讓。而衛陸渥賀亞之會。竟至排斥賀斯托而命其退會。千八百八十五年。倫敦之暴徒。既與無政府黨派反稱揚其舉動。而社會派則全然非難之。於是兩派分離之形蹟。乃更大顯。無政府黨派與國際的勞働同盟。雖別爲一派之樹立。而其組織甚雜。不能統一之。故以馬陸科斯派之社會黨與國際同盟會相比。全然大異其趣。彼蓋以輕舉暴動擾亂社會之平和。集合一種狂躁無賴之徒。而成一無秩序的之團體。

社會黨既離無政府黨。而新組織。乃稱爲勞民社會黨。與德意志勞民社會黨之主義相同。採

美國社會勞民黨之興

用胥他之宣言非。着力盡力。以擴張其黨勢。然其黨員之多數。多爲德意志之人民。其舉動亦全出於德意志。而美人對之。感念頗薄。往往與麤暴過激之無政府黨之舉動而混視之。其黨勢之發達。未極其盛。千八百八十六年。紐約市之社會黨海利希幼茲。爲爭市長之候補者。彼等從而援之。得六萬有餘之投票。八十七年。希幼茲自自黨而除去社會黨。其結果又歸於失敗。千八百八十八年。勞民黨又推舉紐約之市長。僅得二千之投票。自後此黨派之勢力愈趨不振。其運動之方針。亦不能與同業組合相同。其黨內之意見。內情因之分裂。千八百八十九年十月十二日。因茲加胥而再組織新黨派。廣發表其宣言書。以明示其主義綱領。於是其黨勢乃漸振興。美人之加入者。雖未見多。然亦非如昔日不睦之狀況。其開會於茲加胥也。自經濟上與政治上之運動。決議而採兩者一致之方針。自後美國之社會黨。乃復盡力於其運動之問題。以誘導新同業組合之設立。且於此組合運動之外。因社會勞民黨之孤立。又謀與同業組合而聯合之。以期一致之運動。此乃必然之事情。其結果之機期。必早現於社會。千八百九十年。於紐約州之社會黨員之選舉者。其數得一萬三千三百人。至九十一年。又得一萬四千五百人以上。是年投票。而舉自黨之大統領候補者。得票數一萬八千有餘。皆其一例。其發達如此。

吾人茲於美國社會勞民黨茲加哥之大會所發表證正之宣言書之大要。揭載於左。

美國之社會勞民黨者。於其總會。皆得凡人間之生活自由及幸福之權。全然確認之。政府之目的。保公民之安全。使行以上之權利。共美國共和政體之創立者。皆爲吾人所確認。然其制度有對生活自由及幸福等而有不公平者。則寧破壞的現社會。使人民於以上之權利。充分而施行。亦吾人之所確信。

政治之眞義。爲政治機關之轉運。以委託於全人民者。共共和政體之創立者。皆爲吾人所確認。而社會之發達。與生產機關之全部。亦爲人民之所共有。然共和政體之下之政治機關。全依人民之轉運。若生產機關。爲少數者所專占。於經濟社會而有專制組織設立之特權。現出一種之階級。以政府之腐敗。而公財公權及公職。亦爲此階級所蹂躪。於是人民之大權。遂歸於此階級之手中。吾人於正理。決不能認識。

加之共和政體之偏僻。遂變爲富豪政治。勞民以自己之生涯。而不能拒富者之分取。使用自家之勞力。而不敵機械。加之賃銀之制度。以奪生產之必要件。而且浪費人力及天然力。

皆爲富豪政治之所主宰。而其連關之所發生。遂有暗愚與悲慘之二弊害。自賃銀上而使人民爲奴隸的拘束。永久無救援之期。故各種發明之學術。其目的專救婦女幼童而陷落於奴隸的境遇。而欲增進社會全般之幸福。蓋以社會之組織如斯。故社會勞民黨。益覺以達自黨之本旨爲必要。吾人更再言之。凡生產上之天然的原料及勞働之機關。而爲私有者。則其餘之人民。皆爲經濟上之奴隸。政治上之服從者。此其一大深因也。

依以上之理由。而觀察之。一面則趁社會進化之自然的趨勢。與此危機之發生。促其運命之打破。其一面則依其餘之妨組織之建設。與資本集合之傾向。爲打破現在組織之好機。將不免逼迫而出此。

故吾人今以此無謀的生產、工業的爭鬪、社會的不秩序、而搆成共働的民主政。要求各勞働者之勞働自由。發揮其才能。而獲得其利益。且以近世充分文明之功價與人民而建設平民政治。以其手段而獲得政治上之權利。得一大勢力之作爲。以企圖人民一致之結合。於是更爲改善勞働者之狀態。吾人特表其於社會及政治上要求之數件於左。

社會上之要求

（一）以生產進步之比例。以減少勞働之時間。
（二）凡鐵道運河電信電話及交通機關皆爲合衆國政府所專有。
（三）凡地方之鐵道渡船用水工業瓦斯電氣業等獨占之性質皆爲地方廳及市廳專有之事業。
（四）凡公共上之土地禁止讓與他人又廢共同團體及私人土地之賦與。
（五）依國家的組織於地方之同業組合而謀法律上之結合。
（六）貨幣發行之權。爲合衆國政府所獨有。
（七）森林水路之學理的監理。經國會之決議。依法律而禁止浪費地方之天然的財源。
（八）凡事業自何人而發明者。許其自由。且特別視其發明者。以表尊敬國民之意。
（九）賦課其所得及相續與累進的租稅。於所得僅少者則免除之。
（十）十四歲以下之兒童教育。採强制法。且無謝儀。
（十一）凡關於貧民之食及徒黨等。廢除雜種之法律。
（十二）關於勞働之統計。官設統計局。禁使役學齡之兒童。禁壞亂健康及道德。與使役工業之婦女。廢囚徒勞働者。以物品支拂賃銀之制。
(十三)地方及中央。謂之爲公廳。禁使役職業之勞働者。
(十四)凡勞銀必以合衆國政府之通貨以支拂之。雖婦女子。服男子同樣之勞役者。則必支拂同樣之賃銀。
(十五)關於身體及生命所設之保護法。顧主負擔其充分之義務。
政治上之要求
(一)人民所提出之法案。於重要之事件。且認議定其權利。
(二)廢止中央地方及市之行政官之不認可權。
(三)凡選舉行直接密秘之投票。不限人種宗敎及男女。皆與以普通平等之投票權。以法律上之休日。定爲投票日。其當選之裁定。以比較之多額而決之。
(四)施合衆全國一樣之民刑兩法。凡裁判。無手數料。且廢死刑。
以上皆其所要求者。
亞美利加社會主義之發達。其系統皆自歐洲而起。然野度哇度及衞利茲幼陸茲等之唱道。

衞拉美與茲幼陸茲

國民黨之與

純然爲社會主義的議論。又亞美利加之社會主義。如衞拉美之『陸契科衞科哇度』爲社會小說中最有名之著述。先是衞利茲幼陸茲其所自著『進步與貧困』盛唱自說以單稅主義而求社會之改良。於是亞美利加社會主義之風潮。遂成一派。當時國民黨之名突然而顯。一社會主義之團體。以國民與社會之本位。而唱道國家社會主義。以國際間交際之親密。而謀未來之國家的聯合。其目的則爲亞美利加之進化的社會主義。其首領爲衞拉美及科利等。野度哇度衞拉美者。以千八百四十九年。生於馬沙茲由希斯州之斯列利科列伊陸度。入由義契大學學法律。大學卒業後。爲雜誌記者。又著數種之小說。就中以『陸契科衞科哇度』爲最著名。以小說而說社會主義。描寫紀元二千年卑斯托希之社會。又著一種名爲『由度卑耶』此書於千八百八十八年。於美國始出版。其出版之部數殆在五十萬部之上。其餘如俄德法各國。皆以歐洲各國之語而飜譯之。於是衞拉美之名。爲世人所熟知。其後創立國民黨。遂爲其首領。千八百九十一年。發刊週刊之雜誌。題爲『新國民』千八百九十一年。以再刊之目的。一時廢刊。乃於故鄉之近方茲可卑渥陸。共其筆硯之友。以文字發揮其宗旨。其晚年所著一書。題爲『野科利茲』大顯於世。然其脫稿未久。遂臥病。以千八百九十八年五月二十二日乃逝。

千八百九十一年。衞拉美所發刊之雜誌。題爲『新國民』者。爲國民黨之機關。唱道組織進化的經濟。向社會而論明其主義綱領。以千八百九十四年一月。乃廢刊。國民黨亦遂解散。

衞利茲幼陸茲者。美國社會主義派之驍將。以千八百三十九年。生於卑拉持陸卑耶府。初爲雜誌記者。千八百七十一年。共其同志發刊雜誌。題爲『桑港郵報』同年又著一書。題爲『土地及土地政策』千八百七十七年。又公刊其著述『進步與貧困』名聲漸顯。社會黨中歡迎彼之說者甚多。蓋此書以彼之自說。以公論社會主義。於經濟學上之學理。雖間有異論者。而奮力勇赴。意義明晰。縱橫排奡。以摘出社會裏面之弊事。盡資本主之橫暴之狀。爲勞民而叫其不幸。論駁經濟學者之學說。以樹自家之新說。以大警醒世人。爲社會主義中最特出之著述之一種。故其議論。雖或蒙世人之反駁。而同時熱誠心服者。其同志之士。隨處而有。不獨美國。卽南洋諸州。其師事於彼者亦甚多。其勢力漸漸擴布於勞民之間。遂爲社會黨中所特重。

『進步與貧困』者。起筆卽爲社會問題之發生。隨世界文明之進步。以講究社會問題發生之原因。次則論資本與賃銀之關係。與主張現時之經濟學者。論難賃則之定則。更論人口力辯

單稅論之大要

人口趨加論之妄。其論述社會改良之方法。講究租稅之原則。以述自己之主張。以唯一之土地。而唱道有名之單稅論。其言曰。『國家公共之收入。其最良之租稅者。必依其適當之條項。如下所述者。(一)以一般財產之增殖力。則障害之度最少。(二)徵集之法簡易。(三)收入之確實。(四)以對社會一般之不公平而調其弊是也。而其第一之條項。則謂以生產之方法而課稅。如徵集製造貿易資本及改良事業等之租稅。恐其減少富者之增殖力。必宜排斥之。然今日各國之政府。以是等爲稅源者居多。又其課稅有專占權之力。其發見於各國者亦多。然其專占權。有數種之別。其例如服權之特許權。爲限於一時之專占權。如土地鐵道等。爲永久之專占權。而前者之專占權。若發明社會之利弊。受著作之報酬。故以特權賦與彼等。而課稅其有害與不正者。又如鐵道郵便電信事業等。爲國家之所有。則暫措之。故課稅土地之專占權者。爲最適當之方法。何以故。如鐵道瓦斯及其餘特許的性質之諸事業。有一部專占的價格者。則其一部。必用資本與勞力之製作。而定正當之價格。而爲土地之價格。(即地代) 其上則一爲資本。一爲勞力。質而言之。以人間之力。而定製出之價格。是也。然此價格之課稅。其率若在地代以上之上。則又恐其生產力之減少。與產業社會之衰退。故第一條之條項。必以課稅土地之專占權。爲最適當之稅則。其第二之條項。則說明土地與稅源適當之理。蓋土地上之性質。不能隱蔽與攜帶之。一度確定其稅率。則多年不得而變更。故租稅之徵集。頗爲容易。故土地因之而得確實之收入。其第三之條項。亦以租稅之原則上。爲必要之要件。於土地賦課之租稅。雖有不確定之弊。然與課稅其餘之動產物之租稅相比較。其確實之度。則不可同年而語。而最後之要件。其對社會一般。必劑於公平。故於稅則之確定。爲必要之條件。當時又爲至難之問題。然於此點。亦必以土地課稅之方法。爲最得其當。何以故。蓋此等之租稅。社會享有過大特權之利益。而歸人人之負擔。蓋土地者。爲社會一般之需要。故必增加其價格。而土地價格之所以增加者。必賴社會一般之力。決非一人一個之力。故以其騰上之價格。而充租稅。以供國家公共之用。爲最正當且公平之處置。以以上之諸論而推測之。則撰擇稅源者。其最適當之方法。惟天下唯一之土地。而徵集土地所得之地代。爲國家充分之國費。而國家即以此充分之歲入。則其餘幾多之租稅。則不難概廢止之云。

單稅論者與社會主義之分離

以上乃彼所唱道單稅主義之大要。自來單稅主義者。爲社會主義中之一分派。千八百八十七年。單稅論者之一團。遂與社會黨而分離。蓋單稅論者。如社會主義所主張資本及土地之國有。其說曰。『夫社會貧富之懸隔太甚。而下層之賤民所以日赴困乏者。自自然之趨勢而來。因反抗其自然而遂生現象。故社會亟宜變更是等之組織。而其稅源與幾多之物品。非限於惟一之土地之一事。不能達其目的。是卽勞働者之利益。而亦地主之利益云。

千八百八十四年。玆幼陸玆又著一書。題爲『社會問題』痛論社會現時之積弊曰『社會雖日有長足之進步。而個人之富厚亦逐月而蓄積之。然是不過社會一部之現象。而是等文明之裏面發見幾多悲慘之實事。而多數之勞民。因其生產之機關與其原料。不能自給而不能謀獨立之生計。不得不托生於資本家。以謀一身自活之資。豈非社會組織之一大弊事乎。社會之狀態。旣已如斯。於是勞働者一身之權利。雖曰自由平等。此等之自由平等。豈足以救彼等乎。譬而言之。如導人而置之於四面淼淼之太平洋中。而曰汝有自由平等之權利。從自己之所好。以自達於自由之陸地。吾人爲救護之義務。爲誘導之責任。是豈爲救護誘導之道乎。嗚呼。是導人以陷於死地。爲殘忍之最者。而社會現時之狀態。是殆類之。勞働者之於世。土地旣歸個人之所有。而生產之機關。亦不許其使用。而彼等名爲自由自主之人。從自己之所好。以誓自由生計之權。是無異擲彼等於大洋中。而空言救護與誘導。則早晚將有溺死之不幸。

茲幼陸茲之逝世

而今日之解釋社會問題者。其救濟是等不幸之人。名爲救其溺死。除其困厄。而終不能得其安息也。嗚呼。試一側觀社會裏面之眞像。覩其悲況。誰不寒心哉。

千八百八十一年。茲幼陸茲爲講究社會問題。而訪愛蘭土。千八百八十二年。乃著『愛蘭土土地之問題』。八十三年。又航英國。爲其地之社會運動之勢援。一時遂受敎唆之嫌疑。將受留繫。因科拉度斯托而得赦免。千八百八十九年。爲紐約市長之候補者。以劇烈之競爭。得六萬八千之投票。遂爲合衆黨候補者所制。千八百八十七年。又推爲勞民黨之總務委員。彼雖致力於社會黨。然爲單稅論與純正社會主義。故意見時相衝突。於是彼之議論。漸與社會黨而叛離。既而單稅論者與社會黨分裂。彼又共合衆黨而唱自由貿易論。千八百八十三年。又著一書。題爲『自由貿易乎保護貿易乎』。以論國費之支辦。自土地徵收租稅以充之。依單稅主義之議論。主張保護稅之廢止。千八百九十年。又遊墺大利亞諸州之人民。皆大歡迎而聽其說。南洲諸州。信奉彼說者亦甚多。遂自桑港因土地問題。而開數回之演說。千八百八十四年。又著『土地所有論』。千八百九十七年。再爲紐約市長之候補者。爲爭其勝敗。於各所而試其演說。其運動甚爲勤勉。突爲病魔所冐。是年十月二十九日。遂溘然而逝。

以上於亞美利加社會主義者之議論。並其黨派之運動。既已敘述之。而社會主義之思想。於亞美利加。如何流布於社會。則不容不觀察。然必區別之爲二種。其一則流布於同業組合間。

學者間之社會主義

其一則學者所講究之社會主義是也。而學者間之社會主義者。則採德意志國家社會主義。如哇科渥陸洛希陸等之學說。爲此社會所尊敬。而亞他摩斯野陸衞陸斯西摩斯可賀斯等。皆爲其錚錚者。而彼等之學說。雖云社會主義。而純然與社會主義。大異其趣。其對事物有天然的專占之性質。與其餘之社會主義者不同。又如國家雖唱道地方公廳之獨占。又與其餘之社會主義。以土地資本之兩者併主張爲國有者亦異。然依彼等論定之學理。非認獨占事業之私人的專有而唱道國家事業之設立。其對社會主義。以打破各人之偏見爲社會主義之功能。乃其目的也。

社會主義之實行

加之美國社會主義之議論。其能實行而有至效者不一而足。如公立學校、書籍館、國立大學病院、市衞生規則、勞働事務局、製造條例等。其數不勝枚舉。

要之亞美利加之社會主義。既各種之黨派所唱道。於其黨派以外。亦有隱然發達之機。純然對自由任放之制。而加幾多之限制與約束。時或設條例以保護產業。而庇蔭勞働者。以大資

美國人口增加之速度

本家之多數。獨占交通機關之大部。與大製造所而振其主權。於是勞民之數。益益增加。而資本集中之勢力。未能全然遮斷。然因製造工業之發達。日益隆盛。而勞動者之需要。亦從而日增。因生存競爭。遂惹起悲慘之局。勞民相互。而愈苦惱。加以并無新開百里之沃土。無處而求遺利。故其生活之資。因之愈苦。故社會的悲慘之狀況。未有甚於此者。然既脫歐洲諸國之競爭塲裏。而移住於此新開國。其數既每年而日增。與本國之人口。增加以相竢。其繁殖之度。亦極其速。今摘其近五十年間。其人口增加之比例。表示於左。

年次	人口	移住民	人口增加之割合
千八百四十年	一七、〇六九、四五三人	五九九、一二五人	三二、六七
千八百五十年	二三、一九一、八七六	一、七一三、二五一	三五、八七
千八百六十年	三一、四四三、三二一	二、五七九、五八〇	三五、五八
千八百七十年	三八、五五八、三七一	二、二七八、四二五	二二、六三
千八百八十年	五〇、一五五、七八三	二、八一二、一九一	三〇、〇八
千八百九十年	六二、六二二、二五〇	五、二四六、六一三	三四、八六

人口之增殖。雖直爲社會問題發生之意味。而人口之增加。實自都府之膨脹而來。而都府之膨脹。往往自貧富之衝突。遂爲勞働問題之發生。而爲增大社會黨勢力之機。實可斷言者也。以基督教之教義。而解釋社會之問題。以救貧富之衝突。如歐洲諸國者。又發生於亞美利加。自國民黨之興。共爲其組織之發表。依列利斯等之首唱各教會盛傳其意以勸誘共同之運動。復刊行機關雜誌。以傳布其主意。設立之日雖淺。而其勢力未極旺盛。尚未有大惹社會之耳目者。故於今日此派之社會主意。雖存在於亞美利加。而無一事之可記述。然此種之學說。就其書册而講究之者。不乏其人。此派之黨員中。皆盡力以求自黨之擴張。以試活潑之運動。他日而於社會能占鞏固之地步。果爲社會的最有勢力之團體。亦未可知。且亞美利加之國勢。今尚駸駸示進步之趨勢。其商工業。遙遙凌駕於歐洲諸國之上。社會問題。從而發生者亦甚多。他日是等數多之黨派。以解釋社會之問題。振大手腕。以求進步之大業。是亦未可限量者也。

近世社會主義第四編終

近世社會主義附錄

第一　社會主義及其黨與之重要諸件表

其一　英國

洛衛度契野從事於意野拉耶科紡績會社之紡績事業	千八百〇〇年
沙洛衛托卑陸初提出製造條例	千八百〇二年
禁買賣奴隸之制	千八百〇七年
廢止以裁判規定賃銀之法律	千八百一十三年
契野組織社會主義的社會提出其考案於議會	千八百一十七年
列拉希斯列陸斯及希幼西耶卑陸摩之集合	千八百二十四年
廢止法律	千八百三十二年
第一回改正選舉法	千八百三十四年
新貧民救助法之成	千八百三十五年
國民的大同業組合與	千八百三十五年

希野之全國民全種族之團體成初使用社會主義之文字	千八百四十六年
廢止穀物條例	千八百四十七年
十時間條例之案出	千八百四十八年
耶蘇教的社會黨與美陸著經濟原論	千八百五十三年
機關夫之同盟	千八百六十〇年
第一回倫敦同業者之開會議	千八百六十四年
倫敦國際的同盟與時九月二十八日	千八百六十七年
馬陸科斯著資本論——第二回選擧法之改正	千八百七十一年
同業組合之組織完成	千八百七十四年
國會初用勞働者之代議士	千八百七十七年
耶蘇教的社會黨希度馬西耶生	千八百八十一年
衛利希幼陸茲至英國	千八百八十三年
社會民主的同盟成列卑耶利沙伊茲生	千八百八十五年

社會黨同盟形成	千八百八十八年
地方會議法案出	千八百八十九年
船渠勞働者之同盟罷工	千八百九十〇年
新同盟漸次擴張	千八百九十二年
獨立勞働會生	千八百九十三年
同業組合會議開而制於保守說之多數	千八百九十四年
勞働之調查委員之報告出書	

其二　法蘭西

革命終	千七百九十九年
拿破侖登帝位	千八百〇四年
列利陸著四種運動之原則出版	千八百〇八年
沙希賀著制度職業	千八百一十七年
沙希賀新耶蘇敎論出版	千八百二十五年

沙希賀講演其學說　千八百二十八年

衛沙由列茲與那意陸賀他糾合同志會於巴黎時七月　千八百三十〇年

革命再興拉那耶著未來記　千八百三十九年

列沙契與一揆　千八百四十〇年

列陸托著財産者何也　千八百四十〇年

列拉之勞働組織論加衛之伊加利加出版

革命既興宣言要求共和政體設立社會黨國民工塲列拉謀倒政府國民工塲告成功

千八百四十八年

拿破侖三世再建帝國　千八百五十一年

勞働者之同盟與國際的勞働者同盟形成　千八百六十四年

巴黎共產黨與可托度馬著舊敎社會主義出版　千八百七十一年

法國社會黨之宣言書出　千八百七十六年

科度歸巴黎唱道社會主義　千八百七十九年

大赦一揆　千八百八十〇年
哈衛陸之會合社會黨與無政府黨分裂　千八百八十二年
列陸斯結合自己之黨派　千八百八十三年
無政府黨騷記　千八百八十七年
勞働者之代表者集於巴黎　千八百八十九年
社會黨得九萬一千票　千八百九十一年
社會黨得五十四萬九千票　千八百九十三年
社會黨得九十萬票　千八百九十四年
無政府黨弒其大統領加陸耶——出鎮壓法　千八百四十二年

其三　日耳曼

馬陸科斯著列意茲野加希特出版洛托衛陸他斯輔之
馬陸科斯之新列意茲野加希特出版——拉沙列揭角於茲希度陸卜——契托列陸之
基督敎的社會黨與——勞働者會合於列拉科賀陸托——革命再興

千四百四十八年	
千八百五十〇年	希陸野特利茲野之信用組合成
千八百六十二年	拉沙列爲勞働者演說於柏林時四月十二日
千八百六十三年	日耳曼組織國際的勞働者同盟
千八百六十四年	拉沙列逝時八月三十一日
千八百六十九年	組織社會民主勞民黨
千八百七十一年	社會黨得十二萬四千六百五十五票——建設日耳曼帝國
千八百七十二年	阿伊希耶科會合講壇社會黨
千八百七十五年	會合於脅他馬陸科斯派與拉沙列派合同
千八百七十七年	斯托科陸之基督敎的國家 社會主義興
千八百七十八年	社會黨鎭壓令出——社會黨得四十三萬七千一百五十八票
千八百八十一年	災害保險法成——社會黨得三十一萬一千九百六十一票
千八百八十三年	疾病保險成

社會黨得六十四萬九千九百票　千八百八十四年

社會黨得七十六萬三千一百二十八票　千八百八十七年

老者及不具者之保險法成　千八百八十九年

社會黨鎮壓令之廢止——社會黨得一百四十二萬七千二百九十八票——卑斯馬克之退隱——工場法之改正成　千八百九〇年

軍事費未就議會紛亂——社會黨得一百八十七萬六千七百三十八票　千八百九十三年

其四　亞美利加

契野組織意野哈賀意之團體　千八百二十四年

亞馬耶之團體興　千八百四十二年

列利陸派之會合　千八百四十四年

第一回之國際的職工會議開會　千八百四十五年

契渥伊他之團體興　千八百四十七年

內亂與	千八百六十七年
內亂治	千八百六十五年
國民的勞働黨之組織	千八百六十六年
奴隸開放時一月一日——國際的勞働者同盟輸入於歐洲	千八百六十七年
賀施托之八時間同盟與	千八百七十九年
國際的勞働者同盟之本部移紐約	千八百七十二年
社會主義之勞働同盟成——鐵道工夫之大同盟罷工	千八百七十七年
勞働者同盟之第一總會	千八百八十八年
無政府黨與社會黨之分離	千八百八十三年
單稅論者與社會黨分離	千八百八十七年
基督教的社會當與	千八百八十八年
人民黨之結黨	千八百九十〇年

其五、其餘諸國

倫敦共產黨之同盟興	千八百四十七年
馬陸科斯野科契陸斯自撲陸斯陸寄贈共產黨之宣言書	千八百四十八年
國際的勞働者同盟開第一總會於西渥衛	千八百六十六年
開第二總會於胥沙	千八百六十七年
開第三總會於列陸西陸斯	千八百六十八年
開第四總會於衛沙陸	千八百六十九年
豫定開第五總會於巴黎爲普法之戰爭而止	千八百七十〇年
開第五總會於哈伊科——無政府黨與社會黨分離	千八百七十二年
社會黨會合於可衛海契	千八百七十三年
西班牙之社會民主黨成	千八百八十三年
白耳義之社會民主黨成	千八百八十五年
瑞西之社會民主黨成	千八百八十七年
瑞西選定勞働書記官——墺大利之社會黨會合於海列陸度——開國際會議	

千八百八十八年 開國際會議於巴黎——社會黨會合於瑞典
千八百八十九年 墺大利之大同盟工
千八百九十〇年 白耳義開社會主義之國際的會合
千八百九十一年 社會主義之國際的會合於斯利茲——白耳義爲得普通選舉而同盟罷工
千八百九十三年 意大利鎭壓社會主義的團體——無政府黨員殺西班牙之首相
千八百九十五年 無政府黨員殺墺大利之皇后——意大利首唱鎭壓無政府黨要求於國際會議
千八百九十八年

此表附於列利斯氏所著社會主義提要之末參酌取舍而編纂之

第二　重要參考書目

科烏那氏卑斯馬克與國家社會主義（Dawson's Bismark and State-Socialism）

科烏那氏不當利益之增加（　”　Unearned Increment）

列利斯氏社會主義提要 (Bliss's Hand-book of Socialism)

瓜加列氏社會主義歷史 (Kirkup's History of Socialism)

野利氏經濟學緒論 (Ely's Political Economy)

野利氏近世法德之社會主義 (,, Fr. and Ger. Socialism in Modern time.)

海利茲幼陸茲氏進步與貧困 (H. George's Progress and Poverty.)

海利茲幼陸茲氏社會問題 (,, Social Problem.)

馬陸科斯氏資本論 (Marx's Capital.)

希耶列陸氏社會主義之本質 (Sahaffle's Quintessence of Socialism.)

希那列陸氏社會共和主義不可行論 (,, Impossibility of Social Democracy.)

希耶列陸氏勞動保護之理論及政策 (,, Labour Protection)

斯他列斯氏土地及勞働者 (Stuss' Land and Labour.)

美習陸列陸氏近代政治史 (Muller's Political History of Recent time.)

烏列斯氏土地國有論 (Wallace's Land Nationalisation.)

烏希氏英國之社會的運動 (Wood's England Social Movement.)

烏野茲列氏英國之社會主義 (Webb,s Socialism in England.)

他烏那氏德意志社會主義與拉沙列 (Dawson's German Socialism, anb Ferdinand Lassalle.)

其外尚有多數今省之不列

近世社會主義附錄終

光緒二十八年十二月二十七日印刷
光緒二十九年正月二十五日發行

（定價大洋六角半）

著者　日本福井準造
譯者　武陵趙必振

印刷所　廣智書局活版部
上海英界大馬路同樂里

發行所　廣智書局
上海英界大馬路同樂里

近世社會主義

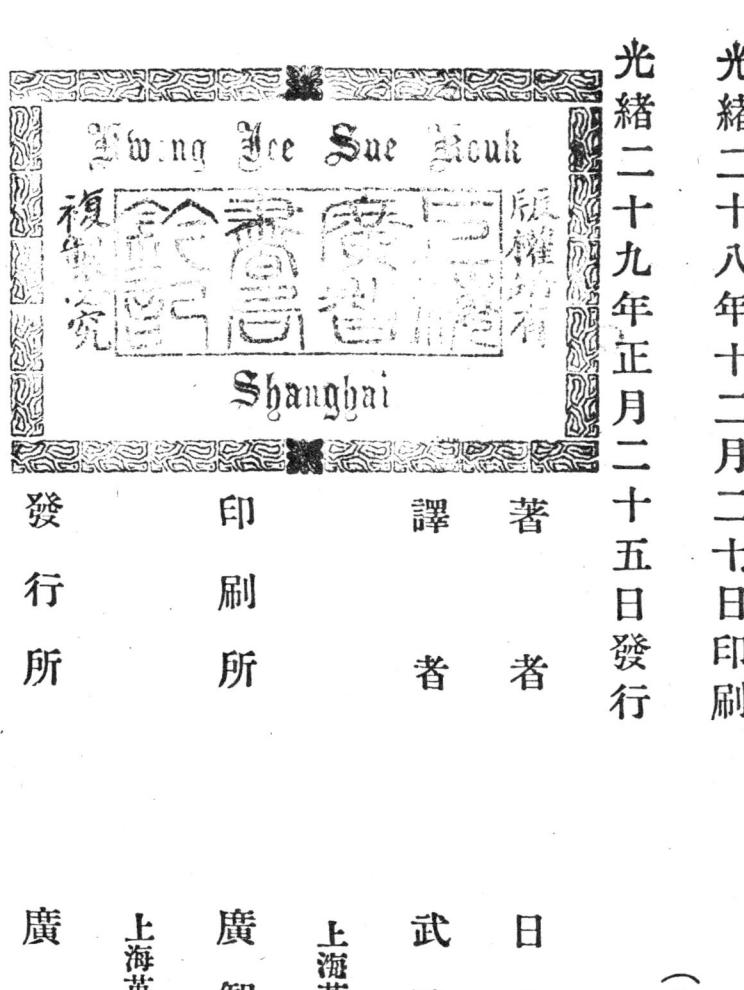